AF330993

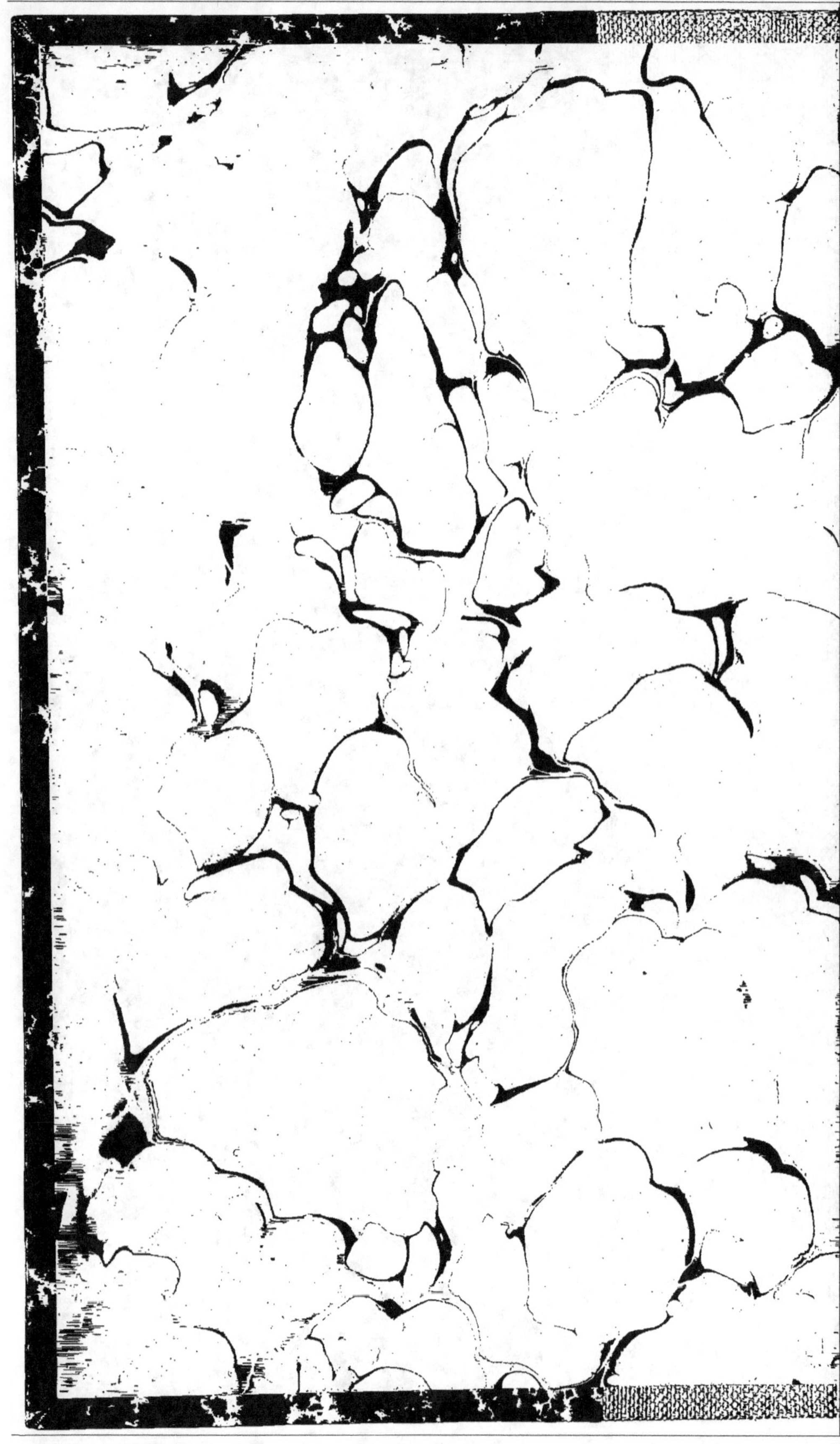

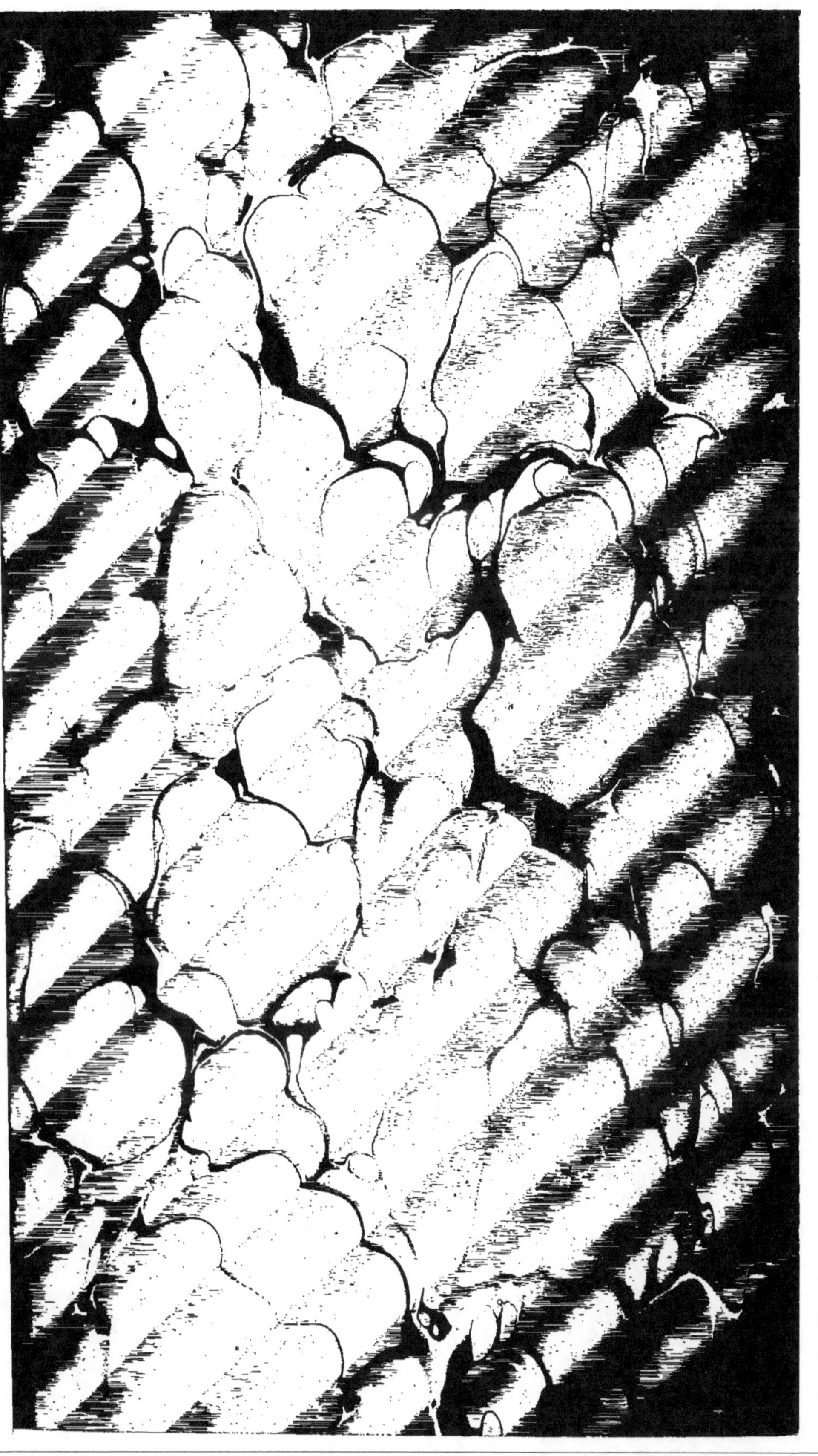

Château de Madrid

d'après les Documents inédits

avec deux planches

PARIS

Le Château de Madrid

LE PETIT MADRID

Château de Madrid vers 1724

HENRI - GASTON DUCHESNE & HENRY DE GRANDSAIGNE

Histoire du Bois de Boulogne

Le Château
de Madrid

d'après les Documents inédits
des Archives Nationales, des Archives de la Seine
et des Mémoires manuscrits ou imprimés.

Ouvrage orné de deux planches gravées et d'un plan

PARIS (IXe)

H. DARAGON, LIBRAIRE-ÉDITEUR
96-98, RUE BLANCHE, 96-98

MCMXII

PRÉFACE

Faire renaître de ses cendres le château de Madrid, remettre en pleine lumière ce monument qui a suscité tant d'envies, tant de jalousies et dont on parle si peu actuellement; faire tinter à nouveau ce nom si sonore, si joli, si gracieux, qui fleure tout à la fois et la poudre et la bergamote;

Faire se souvenir de ce nom, seule chose qui reste du monument grandiose qui s'élevait autrefois magnifique et hautain dans le bois de Boulogne dont il était le grand seigneur, voilà quelle était notre ambition. Devant les difficultés à vaincre, nous avons laissé tomber notre plume souvent, effrayés que nous fûmes à l'idée de combattre et l'oubli et les idées modernes portées vers le futur et non vers le passé.

Notre découragement ne fut pas de longue durée. Lors de nos nombreuses promenades dans ce bois de Boulogne, paré comme l'est une fiancée qui se dirige vers l'autel, nous n'avons pu résister, en entendant le doux bruissement des feuilles qui semblaient se conter des histoires du vieux temps, à faire sortir du néant celui qui n'aurait jamais dû y rentrer.

Une ferme résolution fit place à notre défaillance, nous nous jetions dans l'arène et ramassions le glaive, qu'un autre avait oublié sur le sable. L'œuvre des Della Robbia et des Gadyer ne devait pas mourir, un restaurant n'était pas suffisant à rappeler les gloires passées, il lui fallait autre chose et cette autre chose, nous voulions avoir l'honneur de lui donner le jour.

Et maintenant que nous avons terminé, maintenant que nous avons pu recueillir les documents qui montrent qu'à côté de l'amour dont la folie emplissait les vastes salles du château, il y avait toujours une idée saine qui planait, nous nous demandons avec angoisse si nous avons réussi à mettre en relief, à rappeler vraiment, les fastes du brillant château de Madrid, naguère ruisselant de vernis sur lequel le soleil venait se jouer.

Nous n'osons croire qu'une modeste prose comme la nôtre soit suffisante à faire revivre une époque, mais notre ambition est moindre: Si seulement nous avons réussi à empêcher que cette grande époque tombe complètement dans l'oubli, nous serons heureux, car nous aurons alors atteint le but que nous visions.

Octobre 1910.

Histoire
du
Château de Madrid

CHAPITRE PREMIER

Reflexion du comte de Castiglione. — Le goût de François Ier pour les arts. — Réception en France des tableaux italiens — Le roi protège les artistes. — L'influence de Marguerite d'Angoulême, sœur de François Ier. — Edification du château de Boulogne. — Les différents noms du château. — Le château de faïence.

Dès que le comte de Castiglione, grand seigneur italien, homme d'épée et de plume, familier des brillantes cours d'Urbin et de Ferrare, eut vu le jeune comte d'Angoulême, il remarqua chez celui-ci l'influence qu'il avait ressentie au contact des savants et des érudits qui multipliaient leurs efforts pour répandre le goût des arts et des lettres.

« ... Si la fortune veut que Mgr d'Angoulême succède à la couronne (écrivait-il), vous verrez bientôt dans ce pays, les lettres honorées et leur éclat égaler peut-être la gloire que les armes ont acquise à cette généreuse nation...[1]. »

Les prédictions de Castiglione se réalisèrent. Mgr d'Angoulême monta sur le trône et, devenu roi, François Ier fit prendre un nouvel essor à tout ce qui était arts, lettres et sciences. Ce que Charles VIII avait timidement commencé, Louis XII continué en

1 *Histoire de François Ier et de la Renaissance*, par Eug. de la Gournerie, p. 11.

faisant venir d'Italie le célèbre artiste Fra Giocondo,
l'éloquent humaniste Aléandro, le Grec Lascaris,
François Ier le déploya d'une façon grandiose en sou-
tenant, en secondant le mouvement de la Renaissance,
et le titre glorieux de père et restaurateur des lettres
qui lui fut décerné, vint ajouter à la gloire de ce roi,
charmant par ses qualités séduisantes autant que va-
leureux sur les champs de bataille.

On peut dire que le règne de François Ier, nommé
avec raison le règne chevaleresque fut aussi le règne
des sciences des arts et des lettres.

Brantôme, qui voyait surtout les défauts et les vices
de ses contemporains, disait : « Car c'était la coutume
de ce temps-là, de ceux de bonne maison, de n'être
guère savants, mais de se donner du bon temps,
d'aller à la chasse, de jouer, de se promener... »

Il n'entre pas dans le cadre de cet ouvrage de réfu-
ter les arguments de Brantôme, ces réfutations ont
été déjà faites, et sans doute, le plaisir, « le bon
temps » fut apprécié sous le règne de François Ier,
comme il le fut sous tous les règnes et comme il l'est
encore de nos jours, mais aux plaisirs ordinaires, à
dater de l'avènement de François Ier sur le trône,
vint se joindre un plaisir nouveau, celui de regarder,
d'admirer et, mieux, de comprendre les beautés qui
sans nombre se firent jour à cette époque.

François Ier, bien qu'il n'eût qu'une instruction
médiocre et qu'il se donnât peu de lui-même au mouvement des lettres et des arts, sut se souvenir de la
leçon de ses maîtres[*] et, amoureux de tout ce qui
était beau, comme il l'était des jolies femmes, il fit
de son siècle un des plus grands de notre histoire.

Appelant auprès de lui, Cellini, le Titien, Léonard
de Vinci qui s'éteignit dans les bras de son royal
ami « en demandant pardon à Dieu et aux hommes

---

1. Pierre de Rohan, maréchal de Gié, remplacé en 1507 par
Arthur Gouffier, seigneur de Boissy, puis par François Moulins
de Rochefort, abbé de Saint-Mesmin, qui devint, à l'avènement de
François Ier, Grand maître de France et duc de Roannais.

de n'avoir pas fait pour son art tout ce qu'il aurait pu »,
il fit plus encore que de protéger les artistes, il rendit les honneurs à leurs œuvres. Lorsqu'un tableau
de Raphaël entrait en France, « François Ier lui faisait une réception aussi solennelle que les rois d'autrefois l'eussent pu faire, aux plus saintes reliques
venues de Jérusalem. C'était une marque de haute
faveur que d'être admis à contempler furtivement le
chef-d'œuvre, avant le jour, où au son des fanfares,
dans la plus riche galerie du palais, il était dévoilé
aux regards avides de la cour[1]. »

C'est imbu de ces grandes idées que François Ier
devait en effet rénover les arts en France ; les lettres
devaient également recevoir la même impression et
pénétrer bientôt dans la classe moyenne et même
dans le peuple. Si les jugements et actes notariés
furent depuis lors rédigés en français, si la tenue des
registres de naissances et de décès furent par les
curés tenus plus régulièrement, en vertu de l'ordonnance de Villers-Cotterets : « Le progrès des
lumières, du goût et du luxe, la vanité, l'esprit
d'imitation, tout contribuait à la propagation de l'art :
la sculpture sur bois et sur pierre enrichissait peu à
peu les pignons, les façades, les cours et les lambris
des maisons bourgeoises comme des hôtels seigneuriaux[2]. »

Le caractère principal qui y présidait était la jeunesse et l'esprit de la cour, la tendance sensuelle,
c'est-à-dire la voluptueuse sirène unie à la faune des
arabesques.

On peut dire que la Renaissance fit se développer
un art qui se glissa entre l'inspiration religieuse,

---

1. *Histoire de France*, Henri Martin, t. VII, p. 477. — Le *Saint
Michel* fut envoyé en France en 1517 ; la grande *Sainte Famille*
en 1518 (musée du Louvre, n° 1498) ; la *Transfiguration*, la der-
nière œuvre de Raphaël, avait été destinée à la France ; la
Gioconda, qui fut payée 4,000 écus d'or à Léonard ; le *Saint
Michel*, 24,000 livres à Raphaël (musée du Louvre, n° 1502). —
Trésor des Merveilles de Fontainebleau, par Le Pierre Dan.

2. *Histoire de France*, Henri Martin, t. VII, p. 478.

parfois mystique, et la vieille gaîté gauloise souvent cynique. »

*
* *

François Ier subissait lui-même la grande influence qu'il avait créée, il se plaisait aux manifestations poétiques [1], l'entourage du roi était du reste dans le même état d'esprit. Sa mère, sa sœur, l'aimable et savante Marguerite [2], sa maîtresse, se plaisaient à la rénovation des arts et des lettres. Ne s'étaient-elles pas habituées à exprimer leurs sentiments en vers ?

Mais la grande influence, influence heureuse, ressentie par François Ier, fut celle de sa sœur, Marguerite d'Angoulême d'Orléans, la future reine de Navarre.

Ce fut d'elle, son aînée de deux ans, bonne et charmante, si précoce d'intelligence, de raison et de sentiment, que le roi prit le charme, le goût et tout ce qu'il eut de grand et de libéral dans l'esprit. Elle fut son bon génie et lui permit d'échapper souvent à l'influence de sa mère, Louise de Savoie, qui, astucieuse, violente, passionnée et même corrompue, gangrena quelque peu l'esprit de François Ier dont les vices devaient répandre une ombre quelquefois épaisse sur son règne.

*
* *

De février 1525 à mars 1526, François Ier prisonnier à Pavie ne put plus s'occuper directement de son

1. La Bibliothèque nationale possède le recueil manuscrit des poésies de François Ier. — Une partie a été imprimée par M. A. Champollion-Figeac, dans le volume de pièces qu'il a publiées sur la *Captivité de François Ier*. (Recueil de documents inédits, etc.), 1847.

2. On connaît les fameux *Contes de la reine de Navarre*, plus souvent cités que lus. La vérité nous oblige à dire que les vers de François Ier sont meilleurs que ceux de sa sœur; sans doute, d'aucuns l'ont prétendu, parce que Marot y avait glissé un peu de son talent.

pays, mais aussitôt de retour en France et les premiers soucis donnés aux affaires, le roi se plongea dans les plaisirs, et revint plus amoureux aux lettres et aux arts dont sa longue captivité l'avait tenu écarté.

Successivement il ordonna la construction du château de Chambord, en 1526, qui fut élevé par les soins de l'architecte Nepveu[1].

Puis il choisit un bel emplacement dans la forêt de Fontainebleau, pour y construire le nouveau château, vaste et d'un seul étage, mais inférieur comme ensemble aux autres châteaux de l'époque.

Et en même temps, il faisait élever dans le bois de Boulogne[2], non loin de la Seine, le château de Boulogne.

Le lieu était bien choisi.

Le bois de Boulogne, avec ses hautes futaies abritant de leur ombrage tout un peuple de gibier, pouvait tenter un roi. François Ier comprit ce qu'il en pouvait retirer de bonheur et, où ses prédécesseurs avaient fait élever de modestes cabanes en bois, il voulut faire édifier un château dans lequel il songeait à se reposer des fatigues de l'étiquette de sa cour et des difficultés du pouvoir, en passant agréablement son temps entre l'amour de ses maîtresses et l'amour des arts et des lettres.

L'édification de ce château tint longtemps en haleine les chroniqueurs : *La Chronique du Roi François premier*[3] publia :

« En cet an (1529) le Roy notre Sire feist commencer un somptueux édiffice sur la façon de Madrit, nommé Longchamp, assis entre la porte de Nully[4] et

---

1. La construction de Chambord coûta environ 444,000 livres ; jusqu'en 1840 le nom de l'architecte resta inconnu. Il fut découvert par M. Cartier, d'Amboise. Pierre Nepveu, né à Blois, avait déjà coopéré aux travaux d'Amboise, sous Charles VIII, et de Blois, sous Louis XII et François Ier.

2. Les terrains, aujourd'hui, appartiennent à la commune de Neuilly.

3. *La Chronique du Roy François premier*, publiée par M. Georges Guiffrey, p. 77.

4. Nully, aujourd'hui Neuilly.

Longchamp, au bout du boys près de la rivière. »

Bien que *La Chronique du Roi François premier* nous donne la date de 1529 comme étant celle à laquelle les travaux du château de Madrid furent commencés, il est certain que la mise en œuvre date de l'année 1528, ainsi que nous l'indique la lettre patente du roi datée du 28 juillet 1528 :

« François, par la grâce de Dieu, roy de France, à nos amés et féaux les gens de nos comptes à Paris, et à notre amé et féal conseiller général de nos finances et trésorier de nostre épargne, maître Guillaume Prudomme, salut et dilection : comme nous avons advisé construire et édiffier en nostre place de Fontainebleau et au bout de nostre forest de Boullongne-lez-Paris plusieurs bastimens, ouvrages et édiffices... soit requis et commettre aucun bon personnage à nous sieur et féal de, sçavoir vous faisons, que nous confians de la personne de nostre cher et bien amé Nicolas Picard... tenir et faire le payement de la despense des dits bastimens... et par le controlle de nostre cher et bien amé varlet de chambre ordinaire Florimond de Champverne [1].... »

*
* *

Quel fut le premier nom du château ?

Si nous en croyons *la Chronique du Roy François premier*, le nouveau château devait s'appeler « château de Longchamp ». Il ne porta jamais ce nom. Le titre de fondation, les acquits et les comptes des bâtiments du roi portent ce nom avec quelques variantes dans l'orthographe. On lit successivement : château de Boullongne, château de Boullongne-lez-Paris, château de Boullongne-près-Paris, château de Boulogne.

Mais si ce nom de « château de Boullongne ou

1. Voir aussi les lettres patentes du 28 octobre 1531 et du 24 janvier 1533. Arch. nat. K.

Boulogne » se trouve indiqué dans les pièces officielles jusqu'au milieu du XVIIe siècle, en revanche il n'était guère question dans les conversations que du « château de Madrid ».

Pourquoi ce nom de « château de Madrid », si souvent répété et devenu presque le seul sous lequel ce château fut connu ?

En réalité ce ne fut pas un nom, ce fut un surnom, qui cachait une pointe de malice à l'égard du roi ; mais comme la réalité est toujours moins jolie qu'une légende née d'un mot d'esprit ; « château de Madrid » vécut autant que le bâtiment lui-même, tandis que « château de Boulogne » se cacha sous la poussière vénérable des cartons administratifs.

La naissance de ce surnom a donné lieu à bien des controverses que nous allons successivement étudier, pour essayer d'en dégager la vérité.

La Chronique du Roi François premier dit que le château fut édifié « sur la façon de Madrit », et dans le *Journal d'un Bourgeois de Paris* [1] on lit :

« En l'an 1528, incontinent après Pâques, le Roy commença à faire bastir et édiffier un chasteau et lieu de plaisance, auprès du bois de Boulongne et du couvent des religieuses de Longchamp, qui est quasi sur la rivière de Seine entre la dicte religion de Longchamp et le port de Nully, et le nomma le Roy Madrie, parce qu'il estoit semblable à celui d'Espaigne auquel le Roy avait esté pour long temps prisonnier. »

Les deux contemporains ont donc la même idée : le château de Madrid ressemblait à la prison du roi à Madrid.

Plus tard Scipion Dupleix se fait l'écho des bruits qui couraient sous le manteau de la cheminée. Dans son *Histoire générale de la France*, quand il parle du château, il dit :

« Cette maison s'appelle aussi de Boulogne,

---

1. *Journal d'un Bourgeois de Paris*, sous le règne de François Ier (1515-1536), publié par Ludovic Lalanne.

mais les courtisans du temps du roi François qui s'y retirait en particulier, pour témoigner que de là on ne voyait point le roi, disaient qu'il était à Madrit [1]. »

N'est-elle pas élégante, cette façon de rire d'un roi, qui n'admet pas auprès de lui, ceux qui s'en vengent par un souvenir plutôt désagréable ?

Douteuse nous semble être l'opinion d'un étranger, J.-C. Nemeitz qui, après un voyage à Paris, nota les choses intéressantes de cette ville et en fit une relation qui fut publiée [2] :

« Le château de Madrit, situé au bout du bois de Boulogne, à deux petites lieues de Paris, est remarquable entre autres par le tour que François Ier joua à l'empereur Charles V, parce que celui-ci l'aïant remis en liberté sur sa parole d'honneur, qu'en cas qu'il ne pût satisfaire aux conditions du relâchement dans le terme fixé, il retournerait à Madrit dans son ancienne prison, le roi ne fut pas plutôt de retour en France qu'il bâtit, en 1530 [3], cette maison sur le modèle sur celui de Madrit en Espagne, comme on dit, et lui donna aussi ce même nom. »

De ces opinions diverses il semblerait résulter que le château de Boulogne ressemblait à la prison du roi à Madrid. Pour nous cette idée de ressemblance doit être absolument écartée, car on n'eût pas manqué de retrouver dans les pièces et correspondances du roi ou des architectes, dont le goût et la façon de procéder furent absolument opposés, quelque document de nature à nous renseigner sur la provenance exacte du château en construction. De plus, il nous semble évident qu'un roi comme François Ier, qui avait de l'esprit, n'aurait pas pris comme modèle, pour l'élégante retraite qu'il désirait, une prison dans laquelle il ne semble pas s'être beaucoup plu.

---

1. *Histoire générale de la France* (1621-1643), 5 vol. in-folio, par S. Dupleix, mort en 1661.

2. Séjour à Paris, c'est-à-dire instructions fidèles pour les voyageurs de condition, J.-C. Nemeitz. — Leyde (1727), un vol. in-12.

3. Nemeitz commet une erreur. Voir lettres patentes.

Ce surnom de Madrid prit certainement sa source
dans la jalousie des mécontents, semant ainsi la confusion chez les chroniqueurs qui, eux, ne virent dans
ce nouveau nom que l'expression de la vérité, et plus
tard, alors que dans les actes on ajouta « Madrid à
Boulogne [1] » confondant vérité et légende, les
chercheurs s'égarèrent, ainsi que nous le prouve
Mme la comtesse d'Aulnoy, qui dans son spirituel
« voyage d'Espagne [2] » dit, après avoir décrit le nouveau palais de Charles Quint :

« Il y a bien du monde persuadé que le château de
Madrid que François Ier fit bâtir proche du bois de
Boulogne a esté pris sur le modèle du palais du roy
d'Espagne. Mais c'est une erreur et rien n'est moins
ressemblant. »

Ceci est parfaitement exact, mais cette bonne comtesse d'Aulnoy oubliait que le château qui servit de
prison au roi de France avait été détruit en 1537, et
elle ne se doutait pas que la description qu'elle faisait était celle d'un bâtiment qui n'avait rien de commun avec celui dont elle parlait.

Les séjours fréquents que fit François Ier dès
que le château fut habitable, en compagnie de ses
maîtresses avec lesquelles il oubliait les soucis
de la politique, des finances et de la guerre,
pour n'y trouver que douceurs et agréments, les
rares invitations adressées par le roi, ne visant guère
que les savants et lettrés tels que l'abbé de Rochefort, Budé, etc., portèrent le comble à l'exaspération
des courtisans oubliés qui se vengèrent de l'éloignement dans lequel les tenait le roi, en disant comme
au temps de la captivité : « Le roi est à Madrid. »

Le nouveau château porta donc deux noms :
château de Boulogne et château de Madrid. Et le
nom de Madrid prévalut.

1. On écrivait alors : Boulogne-lez-Paris dit Madrit. — Madrid
s'écrivit : Madrit, Madri, Madry, Madric. Voir les rôles d'acquits
aux appendices.

2. *Relation du Voyage d'Espagne*, 2e édition, La Haye, 1692,
in-12, t. III, p. 4.

Cependant, Marguerite de Valois, fille de Henri II, ne voulut jamais appeler ce château autrement que « château de Boulogne ». Bien que la cause en soit connue, il nous apparaît comme agréable de l'entendre dire par Sébastien Dupleix :

« Je la fus trouver (Marguerite de Valois) à Madrit, qu'elle faisait nommer Boullongne, du nom d'un bourg voisin, la mémoire de Madrit en Espagne, où le roi François, son ayeul, avait été prisonnier, lui était odieuse. »

Et le maréchal de Bassompierre, connu surtout par ses mémoires, dit : « Cette maison s'appelle aussi de Boulogne ».

Si les hauts personnages, pour des raisons quelconques, donnaient au nouveau château tantôt le nom de Boulogne, tantôt le nom de Madrid, le peuple, à la vue des briques et des cuivres couverts d'émail, sur lequel se jouait le soleil en beaux effets de lumière, frappé par l'extérieur du monument, lui donna un troisième nom « le château de faïence », et cette dénomination, pour n'en pas être la plus juste, n'en est pas moins la plus jolie.

CHAPITRE II

Le nom du château. — Les architectes. — Pierre Gadyer. —
Della Robbia. Son influence. — Philibert Delorme. — Description du château de Madrid. — La critique. — Date de
l'achèvement du château. — Réflexions.

Si le nom du château de Madrid a laissé et laisse encore
quelques doutes dans les esprits, le nom du premier
architecte a été l'objet de bien des discussions.

Il n'y a pas eu effectivement, de premier architecte;
il y a eu trois architectes, qui ont chacun de leur côté,
avec des idées personnelles, contribué à l'édifications du château.

Les uns ont prétendu, que l'architecte spécialement chargé par François Ier de construire Madrid,
fut Jérome della Robbia, d'autres au contraire, parmi
lesquels Palustre et Viollet-le-Duc,[1] ont dit que
l'honneur revient tout entier à un architecte tourangeau, Pierre Gadyer.

En réalité le château de Madrid a été commencé
en 1528 par Pierre Gadyer qui a dressé le plan
de l'édifice et procédé à la construction du rez-de-
chaussée, jusqu'à sa mort survenue en 1531. A dater
de cette époque jusqu'à son achèvement en 1563,
le monument s'éleva, sous la direction du Tourangeau Gratien François et de Jean-François son fils,
qui ne conservèrent la direction effective que jusqu'en
1548, date à laquelle Philibert Delorme fut nommé
architecte du palais.

Bien qu'à priori, le rôle de chacun de ces artistes
différenciât, il est indispensable de citer comme
architecte également Jérôme della Robbia, chargé
spécialement de la décoration du château.

1. *Entretiens sur l'Architecture*, par Viollet-le-Duc, t. I, p. 352.
Voir aussi : A. Lance, *Dictionnaire*, t. I, p. 292, et Willhelm
Lübke, Geschichte der Renaissance in Franckreich, p. 71.

Le dernier architecte, celui qui acheva l'œuvre, sans y porter le même talent que ses devanciers, fut le moins célèbre et cependant le plus connu, Philibert Delorme.

*
* *

François Ier avait à peine décidé de faire élever les deux châteaux de Fontainebleau et de Madrid, qu'il institua surintendant de ces bâtiments, Florimond de Champverne.

Pressé de loger dans ses nouveaux palais, d'y conduire ses maîtresses et d'y recevoir les hommes de sciences ou de lettres, il en activa les travaux par lettres patentes du 1er août 1528.

Pour arriver à obtenir rapidement ce qu'il désirait, François Ier, souvent gêné d'argent, était obligé de recourir à des personnes généreuses, qu'il remboursait lorsque les fonds provenant des impôts rentraient dans ses caisses.

Nous trouvons, à la date du 12 avril 1529, une pièce qui mentionne un remboursement de sommes prêtées au roi.

« André de Fontville, par son remboursement de pareille somme laquelle dès le xiie d'avril MV^c XXIX, il presta au Roy et mist ès mains de Me Nicolas Picard [1], commis aux édifices de Fontainebleau et Boullogne-lez-Paris, pour convertir en faict de sa dicte commission, à prendre aux coffres du Louvre... iii j m livres. »

Malgré ses embarras pécuniaires, le roi ne cessait de veiller aux travaux de ses palais. Dans une pièce extrêmement importante il est fait mention d'un paiement relatif à une visite que fit François Ier à Jérôme della Robbia, qui fabriquait à Suresnes les émaux destinés à la façade principale du château de Madrid.

« A certains bateliers qui ont, durant le dict moys de septembre, mené le roi N. S. par eau de Boul-

---

1. Nicolas Picard fut remplacé par son fils Bertrand par lettres patentes de Blois en janvier 1555 et signées par Henri II.

longne-près-Paris à Seuresne, veoir illu des médailles
que le dict Seigneur fait faire pour son bastimen du
dict Boullongne. — Le sixième jour de Septembre,
l'an mil cinq cens vingt et neuf [1]. »

On voit par le déplacement de ce roi allant se
rendre compte par lui-même de l'activité de ses architectes, la hâte qu'il avait de voir ses palais terminés.

Aussi Jérôme della Robbia, tant pour activer l'achèvement de son œuvre que pour rendre son ouvrage plus
parfait, s'adjoignit son frère, Luc della Robbia, qu'il
fit venir exprès d'Italie où il avait acquis déjà une
grande célébrité pour ses poteries peintes. C'est à
Suresnes que les deux frères travaillaient. Le con
cours manuel de Luc fut efficace pour les travaux
que Jérôme avait entrepris en vue de parer le château
de Madrid. Jérôme était plus artiste que Luc, mais
celui-ci était meilleur ouvrier. Luc travailla donc
sous les ordres et sur les indications de son frère,
et tous deux, de concert, firent les émaux qui
ornèrent la façade du château de Madrid, sauf ceux
des deux derniers étages, dûs à des ouvriers émailleurs de Limoges [2] groupés sous la direction de
Léonard dit le Limousin [3].

1. Arch. Nat. Compte des menus plaisirs du roi.

2. La fabrique d'émaux de Limoges avait été réorganisée par
François Ier. Du xie au xive siècle, elle avait été la plus célèbre de
l'Europe, et avait rempli l'Occident de ses produits, consacrés
principalement aux sujets religieux. On les qualifie aujourd'hui,
très improprement, d'émaux byzantins. La fabrication des émaux
sur cuivre, connue des anciens Gaulois, fut toujours en usage chez
nous. — Voir à ce sujet les intéressantes *Recherches sur l'histoire de la Peinture sur émail*, par L. Dussieux, Paris, 1841.

3. L'église Saint-Pierre de Chartres possède de magnifiques
émaux de Léonard le Limousin, bleus sur fond blanc. Ces émaux
représentent les douze apôtres avec les attributs qui les dis-
tinguent. Ils décoraient, autrefois, les parois de la chapelle du
château d'Anet, construit par Philibert Delorme, sur l'ordre de
Henri II, pour sa maîtresse Diane de Poitiers.

Les émaux de Léonard le Limousin portent la date de 1547, et on
y remarque le chiffre et la salamandre de François Ier. Ils ornent
aujourd'hui les murs de la chapelle absidale de la Sainte Vierge,
de l'église Saint-Pierre de Chartres.

*
* *

Nous venons de voir, par la pièce citée plus haut relatant une visite faite par François Ier à Jérôme della Robbia, que celui-ci travaillait à la fabrication des émaux qui devaient décorer le château de Madrid, — la décoration étant la partie dans laquelle Jérôme s'était spécialisé, mais non exclusivement renfermé, puisque nous verrons plus tard qu'il prit quelque temps la direction des travaux. Pierre Gadyer, au contraire, était l'architecte du palais, chargé exclusivement de la construction. Dans un compte des bâtiments du roi, document daté du 5 février 1529, nous voyons pour la première fois figurer le nom du constructeur avec son attribution exacte. Le nom de Jérôme della Robbia y est également mentionné :

« A Pierre Gadyer, tailleur de pierres et maistre maçon et Jerosme de Robia, tailleur d'ymaiges et esmailleur ayans charge du dict seigneur des bastimens qu'il faict présentement édiffier au boys de Boullongne près Paris, la somme de quarante et une livres tournoys à eux donnés et ordonné par le dict seigneur pour les récompenser de la despence qu'ils ont faicte et payée venant de Paris en la ville de Dijon recouvrer envers Messieurs du Conseil du dict seigneur partie des deniers qui, par le dict seigneur, leur ont été ordonné de convertir au dict bastimen. »

Il n'y a donc pas de doute possible sur les rôles respectifs de Pierre Gadyer et de Jérôme della Robbia, celui-ci était décorateur, celui-là constructeur. Cependant nous aurons à remarquer que l'influence de l'Italien fut ressentie par le maître Tourangeau quoi qu'en dise Viollet-le-Duc :

« A voir les plans et les élévations données par Ducerceau, il est clair que les souvenirs d'Italie n'ont pas eu, dans les conceptions du château de Madrid, une grande influence. Je suis prêt d'ailleurs à admettre cette influence si l'on peut me citer un seul palais italien qui ait avec cet édifice une apparence de parenté. Certes, il y a des portiques à Madrid, il y en avait aussi dans les palais italiens; mais nos châteaux des XIVe et XVe siècles en étaient suffisamment pourvus. Les architectes de tous les pays et de tous les temps ont élevé des portiques; les faïences elles-mêmes décorant tout l'extérieur d'une facade ne se trouvent pas employées de même manière qu'en Italie; c'est là une application nouvelle d'une industrie étrangère dont nous pouvons faire honneur à François Ier ou à son humble maître maçon. »

Bien que ces faïences ne soient pas employées de même manière qu'en Italie et justement pour cela, c'est la disposition de ces faïences qui a amené Pierre Gadyer à modifier la pensée architecturale qu'il avait eue, pensée émanant des procédés employés à l'époque et qui fait du château de Madrid un monument à peu près unique en son genre.

Jérôme della Robbia travailla également à l'architecture du palais. Dans une pièce que nous aurons à citer plus loin... « Dépense faicte par Nicoles Picart... etc... » on verra que l'Italien fut aussi un « maistre-maçon. » Le rôle joué par ce « maistre maçon », « tailleur d'ymaiges et esmailleur » est donc très complexe.

Une chose curieuse, c'est de ne pas rencontrer le nom de Luc della Robbia dans les Comptes des bâtiments du roi, quand il est certain qu'il travailla à la fabrication des émaux, ainsi que César della Robbia.

*
* *

En 1531, lorsque Pierre Gadyer mourut, une enquête fut faite aussitôt, par ordre du roi, pour déterminer exactement le degré de construction du château commencé en 1528, et le montant des appointements dûs à l'architecte. Les lettres de François Ier en sont datées de Compiègne « le XXVIIe jour d'octobre, l'an de grâce mil cinq cens trente et ung et de notre règne le dix septième ».

A cette époque, les fondations du château étaient faites. Le large fossé qui courait autour (sorte de douve sèche) qui donnait le jour aux cuisines, aux basses offices, aux communs, était terminé et la partie extérieure empierrée et cimentée. Le pont était établi, le rez-de-chaussée avec son portique à colonnes était terminé et les premiers émaux sur les colonnes et sur les bandeaux étaient posés.

Durant quelques jours, Jerome della Robbia, continua seul la construction, mais on remplaça Pierre Gadyer par Gratiam (Gratien) François [1], tailleur de pierres et maître maçon, Tourangeau comme son prédécesseur.

En examinant les gravures de Du Cerceau, on reconnaît le changement d'architecte. Gratien François porta quelques modifications de détail à l'architecture qui ne nuisirent en rien à la belle ordonnance de l'édifice.

Aidé dans son œuvre par son fils Jean-François qui continua à la mort de son père, Gratien François dirigea seul les travaux de maçonnerie et de sculpture jusqu'en 1548, et, de cette date jusqu'à sa mort en 1554, il ne fut plus que le collaborateur et le second de Philibert Delorme.

A côté de ces artistes il y avait aussi de plus modestes ouvriers qui contribuèrent, et par leur savoir et par leur travail, à l'ornementation du château; nous croyons bien faire en citant deux pièces qui donnent leur nom :

Despence faicte par Nicolas Picard pour les ouvrages du bastimens et édiffices que le Roy a ordonné estre au bout de sa forest de Boullongne-lez-Paris.

« A Gratiam François, Jherosme de la Robia, maistres maçons du dict bastimens de Boullongne pour avoir parfait tous les ouvrages de maçonnerie au dict lieu de Boullongne par l'ordonnance des dicts de Neufville et Babon, signée de leurs mains le 2^{ieme} de décembre 1537... 54.288 liv. 17 sols 7 deniers. »

---

1. Ce Gratien François est probablement le fils de Bastien François, petit-neveu par alliance de Michel Colomb.

L'autre pièce commence ainsi :

« Ouvrasges d'esmail faits au dit lieu de Boullongne par Jherosme de la Robia, sculteur et esmailleur, des ouvrages de terre cuite. Au dit Jherosme... 15.081 liv. 10 *sols*. »

Or voici le nom des maistres avec en regard leur métier.

Anthoine Morisseau, maistre serrurier ;

Jehan Peretour, maistre charpentier ; et plus tard on lit « aux héritiers de Jehan Peretour », puis le nom de

Claude Girard, son sucesseur ;

Jehan des Bœufs, couvreur ;

Jehan Cardier et Louis Cardier son fils, couvreurs, successeurs de Jehan des Bœufs ;

Michel Bourdin, maistre menuisier ;

Jacques Sardant, maistre menuisier, successeur de Miche Bourdin ;

Jehan de la Hacnée, maistre vitrier ;

Pierre Mousi, potier en terre ;

François des Bœufs, maistre plombier.

Les années s'écoulaient, le roi dépensait beaucoup, les acquits succédaient aux acquits, nous en voyons le 1er décembre 1532, le 24 janvier 1533, le 9 février 1533 [1], le 22 février 1533, le 8 juin 1534 et le château de Madrid ne s'achevait pas.

*
* *

Philibert Delorme né, à Lyon vers 1518, élevé en Italie depuis l'âge de quatorze ans, était revenu dans son pays natal en 1536. Il n'avait alors que dix-huit ans et cependant il construisit le portail de l'église de Saint-Nizier à Lyon. Le cardinal du Bellay, frappé des qualités du jeune architecte, le fit venir à Paris. Le 3 février 1545, François Ier le nommait « maistre architecte et conducteur général des bastimens et édifices, ouvrages et fortifications... en Bretagne [2] ».

1. « Provision » à maistre Nicolas Picard, notaire et secrétaire du Roy, pour ses gaiges de teneur des bastimens de Boullongne. Voir appendices.

2. Philibert Delorme n'ayant pas prêté le serment exigé pour entrer en fonctions de sa charge de « Maistre Général » eut en

En 1548, Henri II lui donnait la charge d'Inspecteur des bâtiments royaux.

C'est à dater de cette époque que Philibert Delorme s'occupa du château de Madrid. Arrivant avec des idées et des plans nouveaux, il ne voulut pas continuer l'œuvre de ses devanciers en général et de Pierre Gadyer en particulier.

Il repoussa également les idées de Jerome della Robbia.

Le nouvel inspecteur des bâtiments royaux était l'ennemi de l'ornementation des bâtiments avec des émaux. Aussi une lutte sourde d'abord, commença entre Jerome della Robbia et Philibert Delorme, lutte qui se termina par une rupture entre les deux rivaux.

Le deuxième étage du château n'étant pas achevé, à moins de le démolir, il était nécessaire de continuer l'œuvre sur le plan primitif. Philibert Delorme furieux laissa faire, et l'artiste italien continua son ouvrage, ce qui lui permit de rester à son poste jusqu'en 1553.

Les émaux de cet étage une fois posés, Philibert Delorme ne laissa pas continuer. Tout entier à son idée il modifia de fond en comble les premiers plans conçus. Mécontent, Jerome abandonna le château de

1552, la visite de Guillaume Challoy, qui au nom du roi venait recevoir le serment. Voici les parties intéressantes des lettres patentes délivrées à cet effet. »

« Henri, par la grâce de Dieu, roy de France, au prévost de Paris ou son lieutenant salut, pour ce que votre cher et bien aimé Mre Jean de Lorme que nous avons naguères pourvu de l'estat et office de maistre général des œuvres de maçonnerie comme vacquant par le trespas de Mre Gilles le Breton, n'a encores pu, ne pouvait nous faire et prester le serment du dict office, ny icelluy exercer, d'autant qu'il est en Italie où nous l'avons cy devant envoyé avec nostre amé et féal cousin le seigneur de Termes, nostre lieutenant général audit pays, nous y faisant service au fait des fortifications des places fortes que nous y avons, où il a jusques icy très bien fait son devoir. Nous avons à cette cause commis et député M. Guillaume Challoy. Saint-Germain-en-Laye, le 24 febvrier 1552. »

Madrid et retourna en Italie. Il ne devait plus revenir en France que sur les instances de son ami le Primatice [1].

Philibert Delorme, et ça n'est pas à son avantage, voulut éluder tout ce qui se rattachait à l'art italien pour ne plus construire qu'au goût français. Au lieu de continuer l'édification du château comme elle avait été commencée, au lieu d'élever les deux derniers étages avec de hauts portiques, il les fit élever sans portiques, bas de plafonds, étroits de fenêtres, en une mauvaise architecture ordinaire, comme pour la plus simple des maisons. Il gâta ainsi la belle ordonnance de l'édifice.

Cependant, comme les derniers étages qui s'élevaient ne pouvaient rester sans ornementation aucune, que les cheminées, pour ne pas trop choquer la vue, devaient recevoir des émaux ainsi que celles des étages inférieurs, Philibert Delorme, à contrecœur, ne pouvant plus s'adresser à Jerome della Robbia, fit sa commande aux plus habiles émailleurs de Limoges. Ce fut Pierre Courteys que l'on chargea de la fabrication de ces émaux. Il en fit seize [2] qui

---

1. Jerome della Robbia mourut à Paris en août 1566. « Le dimanche iiij^e jour du dicts mois et an décéda en Nesle, noble homme Hierosme de la Robbia, italien florentin, architecte du Roy, et fut son corps inhumé le mesme iour environ les six heures du soir en l'église et couvent des Augustins, suyvans ma permission. Signé : Saint-André des Arcs. Il avait épousé Louise de Mathe, fille de Pier Mattei, qui lui donna huit enfants : Constance, Jeanne, Jacques, Pierre, François, André, Marie et Madeleine. Voir à ce sujet l'arbre généalogique dressé par M. Barbet de Jouy, p. 52.

2. Ce sont de grandes pièces ovales, plaquées d'émail sur cuivre, mesurant un mètre soixante-cinq centimètres de hauteur sur un mètre de largeur. Elles sont signées et datées de 1559. Elles représentent des divinités et des allégories. Voir aux appendices, la description des émaux du château de Madrid. Au musée de Cluny on trouvera d'autres émaux (6e vitrine) de Pierre Courteys, émaux de moindres dimensions; ainsi que de Léonard de Limousin, son maître, peintre émailleur ordinaire de la chambre de François Ier et de Henri II. Nous signalons, dans la 5e vitrine : Scènes de la Passion; portraits du duc et de la duchesse de Guise. Et dans la 7e vitrine : Le jugement de Pâris.

ornèrent les cheminées ainsi que nous l'indique une note sur les cheminées, écrite par Philibert Delorme dans son livre de l'architecture.

« Aucunes cheminées veulent avoir tous leurs tuyaux couverts en façon de frontispice ou mitre pourveu qu'on leur laisse quelques ouvertures aux costez, pour faire évacuer la fumée, ainsi qu'on peut le voir à celles du chasteau de Boullongne-près-Paris, auquel je fis faire du temps de la majesté du feu roy Henry (de qui Dieu ayt l'âme) les estages de dessus au costé où il n'y a point de terre cuitte émaillée, de laquelle je ne voulus faire user, comme l'on avait fait auparavant, pour autant qu'il me semble qu'elle n'est convenable avec les maçonneries principalement quand on l'applique par dehors œuvre.

« Toutes fois qui aura envie d'en user, elle sera propre pour les ornements des cheminées qui sont dans les salles, chambres et cabinets pourveu que l'émail soit bien fait et la terre bien cuitte. Mais revenons, s'il vous plaît, à parler des tuyaux de cheminées qui sont au susdict de Boullogne auquel on y voit de fort bien pratiquez (comme aussi en assez d'autres lieux) avec les séparations par le dedans [1]. »

Nous voyons par là, l'aversion qu'il avait pour les faïences. Il est donc facile de comprendre quelle faute de goût cet architecte a commise; qu'il n'aimât pas les émaux comme ornementation, nous ne pouvons lui en avoir aucun grief, mais qu'il ne continuât pas l'œuvre ainsi qu'elle avait été commencée, cela on ne peut le lui pardonner.

Philibert Delorme n'a pas voulu se plier aux exigences, il a eu tort; aussi la dernière partie du château, c'est-à-dire la partie construite par lui, n'était-elle pas ce que l'on était en droit d'espérer.

*
* *

A la mort de Henri II, Diane de Poitiers étant

1. Architecture, liv. IX, chap. VII.

éloignée de la cour, Philibert Delorme tomba en disgrâce. Catherine de Médicis ne lui pardonnait pas Anet et la protection de la favorite.

C'est alors que, à la fin de l'année 1557, Pierre des Hôtels, ne pouvant continuer à remplir son rôle de contrôleur des bâtiments royaux, fut remplacé par Jean Bullant[1] qui, par lettres patentes du 8 juin 1559, fut chargé « d'inspecter tous les bâtiments royaux, pour arrester » ce qu'il restait à faire en ouvrages de maçonnerie, charpenterie, couvertures et autres, en parties de menuiserie, vitrerie, serrurerie, natte, peintures, dorures et autres ouvrages[2].

Le 17 juillet 1559, M[tre] François Saunat avait été nommé pour « tenir le registre et faire le contrôleur général de la despence de tous les bastimens. »

Quand elle fut au courant de ce qui restait à faire, Catherine de Médicis appelait à la direction des bâtiments royaux, le Primatice[3] qui, aussitôt nommé, fit revenir auprès de lui Jerome della Robbia, auquel il demanda de mettre la dernière main au bâtiment de Madrid « brillant au soleil dans la gaie splendeur que l'architecture polychrome régénéra[4]. »

Della Robbia reprit l'ouvrage qu'il avait abandonné la tristesse au cœur et continua jusqu'à sa mort, en 1566, l'ornementation du château de Madrid. Et ce dut être un grand plaisir pour l'artiste, de parfaire l'œuvre à laquelle il s'était attaché, pour laquelle il avait tant travaillé. Mais son plaisir fut certainement bien troublé à la vue du mauvais ouvrage de Philibert Delorme, qu'il avait été impuissant à combattre.

*
* *

Le château s'élevait au centre du plateau, il mesurait quarante toises de long et seize de large, l'entrée

1. Voir lettres patentes du roi, aux appendices.
2. Il lui fut assigné 1200 livres de gages. Voir aux appendices.
3. Par lettres patentes du 2 juillet 1559. Voir aux appendices.
4. Laborde, p. 69.

principale donnait sur le village de Saint-Cloud. La façade qui donnait de ce côté était formée de quatre pavillons saillants. Autour, à quelques toises du bâtiment courait un fossé plein d'eau ayant quarante-huit pieds de largeur et douze de profondeur, franchi par un seul pont fermé par une grille face à l'entrée.

Lorsque Jerome della Robbia abandonna le bâtiment pour partir en Italie, le château n'avait encore que deux étages sur quatre qu'il devait avoir. Trois faces étaient ornées de terres cuites imitées de l'antique. Des faïences de couleurs étincelantes émaillées en relief, recouvraient la plus grande partie des saillies des façades ainsi que les tuyaux extérieurs des cheminées.

Philibert Delorme, abandonnant ces projets, fit les deux derniers étages dans un style absolument opposé à celui de ses devanciers. Le goût italien ne lui plaisant pas, il se complut à dresser des plans, qui, en venant contrarier ce goût donna au monument un aspect disparate qui nuisit à l'ensemble de l'œuvre.

On accédait au château par un escalier de neuf marches. Les cuisines et les offices étaient placés dans les soubassements sur lesquels le monument reposait.

Malgré ses tares, et bien que l'homogénéité ne fût pas parfaite, la château de Madrid plaisait par l'idée qui avait dominé à son édification et qui en avait fait un édifice exceptionnel, quant au style.

Androuet du Cerceau nous donne une description détaillée du château dans son remarquable ouvrage sur « les plus excellens bastimens », qui nous indique clairement combien ce nouveau palais était riche et magnifique sous sa parure de faïences :

LE CHASTEAU DE BOULOGNE DIT MADRIT

« Le bastiment est assis en une plaine, à deux lieues de Paris, du côté de l'occident, prochain de la rivière de Seine. Tout l'édifice n'est qu'une masse et consiste en ce qui s'ensuit. Premièrement, à chaque étage est une salle, garnie d'une petite sallette, en laquelle est une cheminée royale. Derrière icelle cheminée y a un petit escalier par où l'on monte d'étage à autre sans être vu.

Le plancher de la sallette est élevé seulement de la moitié de la hauteur de la grande salle y ayant au-dessus comme une chapelle. Cette sallette sert de retraite pour le Prince et ont leur regard tant l'un que l'autre sur ladite grand'salle. Aux deux côtés il y a huit chambres et garde-robes, quatre avec deux garde-robes de chaque part, servant de commodités. Par le dehors règne autour, tant au premier qu'au second étage, allées en galeries ouvertes à arcs voû-tés en plat : et au-dessus d'icelles qui est le troisième étage, terrasses regnantes pouillent es coings des susdites quatre chambres et garde-robes qui font de chacun son côté un corps de bâtiment, y a un petit pavillon carré en saillie outre les galeries : dans chacune desquelles assavoir aux quatre prochains de la salle, est une montée, et aux quatre autres des garde-robes. Entre les deux qui sont aux bouts, y a encore une tour de chaque côté, lesquelles est une vis fort bien et fort industrieusement faite principale-ment l'une d'icelles qui doit être soigneusement remarquée entre artisans, et mise en leurs tablettes. Au dessus des terrasses, sont aussi deux étages avec les galetas. Ce bâtiment est couvert de plu-sieurs pavillons, entrelacés les uns aux autres, et le tout si bien symétrié, tant en son plan que enrichis-sements que rien plus : fait au reste la plus grande partie des enrichissements du premier et deuxième étage par le dehors de terre émaillée. La masse est fort éclatante à la vue d'autant qu'il n'est pas jus-qu'aux cheminées et lucarnes qui ne soient toutes remplies d'œuvres. Mais une chose est digne d'admi-ration ce sont les offices pratiqués dessous en même sorte et commodités que le dessus. Ayant leur jour descendant du haut par quelques cadres prati-qués au ras de terre, respondant chacun en son endroit de l'office. »

Si le château de Madrid, comme tous ses semblables, a eu ses adorateurs, il a eu également ses détracteurs. Poncet de la Grave [1] dans ses « mémoires pour servir à l'Histoire de France » fait une critique de l'édifice que nous jugeons indispensable de faire figurer dans notre ouvrage, car elle nous fera connaître de fond en comble le château :

« Malgré l'exactitude de cette description, on voit que Du Cerceau n'avoit pas approfondi toutes les richesses de ce bâtiment ; sa narration est trop sèche et elle pèche par les détails ; je crois après avoir examiné ce château par moi-même, qu'il a oublié les parties les plus essentielles et les plus dignes de remarque : le plan que j'en ai fait lever en ma présence et graver avec beaucoup de soin exigeoit que je parcourusse moi-même cet édifice pour me pénétrer des beautés qu'il renferme, ainsi que les défauts notables que j'ai cru y reconnaître.

« Il est certain d'abord que les fossés sont trop resserrés et le bâtiment trop pressé dans son enceinte, la cour infiniment trop petite et les galeries inférieures trop peu étendues et pas assez larges, leur élévation mesquine, les ornements trop confus et l'abord des escaliers trop difficiles ; je crois comme Du Cerceau que ce château présente une masse isolée infiniment plus longue que large ; les galeries placées à chaque étage mal conçues et trop à découvert, exposées au vent et à la pluie en rendent les appartements fort sombres ; les cheminées dans l'intérieur étant toutes hors d'œuvre, masquent les appartements par leur avancement dans les pièces, et la confusion dans les ornements dans le genre colossal dont elles sont ornées, rendent l'habitation désagréable : l'architecte eût pu maigrir ses colonnes et les figures sans nuire à son genre de faire ; c'est ce dont on peut se convaincre aisément par la seule inspection : les plafonds sont lourds et impriment une crainte dont on n'est pas le maître ; les escaliers

____

1. Mémoires pour servir l'histoire de France, t. IV, p. 319.

sont si petits, si tournants en vis, qu'il n'est guère
possible de ne pas éprouver de la fatigue à les mon-
ter; l'emplacement des lits est mesquin et sans
grâce; néanmoins, on voit que l'architecte a voulu
franchir la ligne du mauvais gothique qui regnoit
alors dans toutes les constructions et que son travail
n'est pas sans mérite; il a voulu donner un air de
gaîté à son bâtiment, surtout augmenter les jours des
logements, baisser la hauteur des planchers d'alors,
infiniment trop élevés et applatir les voûtes en évi-
tant celles en arcs et en culs de lampes, en faisant
des galeries voûtées en plat et des plafonds moins
monotones. Voici comme il a opéré et telle est l'idée
que nous avons prise du château de Boullongne en
l'examinant d'un œil curieux.

« Ce palais s'élève au milieu d'un terrain enclos
autrefois de fossés creux et solidement bâtis avec
des corniches en saillie bien soignées; un jardin qui
paraît avoir été fort agréable l'entoure du côté du
couchant, du nord et du levant; la cour d'entrée, infiniment resserrée, est au midi, quatre galeries couronnées de plafonds enrichis d'ornements taillés et
coupés avec autant de propreté que de délicatesse
l'environnent par dehors à chaque étage; quatre escaliers remplis d'ornements bien finis et couverts d'une
voûte, que les gens de l'art appellent cul de four,
taillée à côte de melon et enrichie des chiffres de
Henri II, Catherine de Médicis et de Diane de Valentinois qui tous diminuent insensiblement et avec
beaucoup d'art, sont dressés dans les quatre angles
de ce grand corps d'édifice.

« La masse entière est toute couverte de basses
tailles, travaillées délicatement, enduite d'une infi-
nité, d'une grande quantité d'émaux ou plaques de
terre cuitte vernissée en couleur qui fait un effet surprenant lorsque le soleil les frappe; c'est Cesar della
Robbia[1] qui a fait ces bas-reliefs, qui sont variés à

---

1. Voir aux appendices, l'arbre généalogique des Della-
Robbia.

l'infini et remplissent les entre-colonnes, les croisées
et le massif des cheminées.

« On voit dans l'intérieur, des alcôves couronnées
d'une petite voûte très décorée, par des ornements
bien coupés; ce sont les premières qu'on ait fait en
France : François Ier en apporta les modèles d'Espagne, que personne n'imita alors, mais dont on s'est
servi ensuite en l'embellissant beaucoup.

« Le plus grand des escaliers est toujours admiré
à cause de son noyau creux, et par son rampant
enrichi des Métamorphoses d'Ovide et de basses
tailles exécutées avec beaucoup d'adresse, de tendresse et de patience; c'est un de ces escaliers que
les architectes appellent vis de Saint Gilles, parce
que le premier de ce genre fut construit au prieuré
de Saint Gilles en Provence; mais celui du château
de Boulogne lui est infiniment supérieur par la conduite et l'exécution : les offices de ce château, que
nos historiens prétendent être infiniment remar-
quables parce qu'ils sont voûtés et tirent leur
lumière d'en haut par quelques abajours au tour du
rez-de-chaussée sont en vérité fort sombres et res-
semblent plutôt à des écuries souterraines malsaines,
qu'à des pièces destinées aux offices : un puits très
profond est la seule eau qui se trouve dans ces offices,
pour la nécessité du Souverain, et la descente pour y
parvenir est d'un marcher très pénible, même dan-
gereux.

« Je ne trouve d'agréable à l'extérieur, en me
reportant au moment où ce château a été construit,
que les galeries extérieures, ayant dans le milieu de
leurs faces deux tours rondes couvertes d'un campa-
nile qui forment des avant-corps aux extrémités et
d'autres pavillons de la même forme, situés aux
angles, le tout formant un aspect très agréable et
très varié. D'un côté, les galeries procurent la vue
de tout le bois de Boulogne et du rideau de Saint-
Cloud, jusques au-dessus de l'observatoire, et du
côté du nord l'aspect riant de la rivière de Seine,
Puteaux, Surène, le Mont-Valérien, etc. Les jardins

qui, infiniment décorés, allaient jusques à la rivière, devaient faire les délices de François Ier et de Henri II, qui a fait ajouter à ce château, en le finissant, les deux grands pavillons de la face principale sur le bois de Boulogne. »

La critique de Poncet de la Grave est acerbe; on sent qu'il a fallu, pour arriver à cette diatribe, rechercher, avec l'idée bien arrêtée de trouver quelque chose de défectueux. C'est certain, Madrid n'était pas parfait, mais tel qu'il était, on le pouvait apprécier comme une œuvre destinée à survivre à l'injure des temps. Hélas! sa destinée fut précaire; né pour le repos, la tourmente devait le tuer.

« Le château de Madrid ne ressemble ni à un palais antique, ni à un palais de l'Italie du xvie siècle. Il peut être considéré comme le premier essai dans un genre mixte, tenant d'une part aux traditions du moyen âge, de l'autre, aux besoins d'une cour qui cherchait à rompre avec les mœurs du passé [1]. »

Viollet-le-Duc avait raison, le château de Madrid ne ressemblait ni à un palais antique, ni à un palais de l'Italie du xvie siècle. C'était une innovation, un étrange mélange d'un excellent art italien et d'un médiocre art français qui donnait à l'ensemble de l'édifice une particularité spéciale, qui n'eut pas de précédent et pas de suite.

C'étaient des stucs, des bas-reliefs, des peintures, des faïences qui en se faisant connaître aux artistes français sous un jour heureux, modifièrent le goût de l'époque.

La sculpture jetait mille fleurs variées sur les frontispices, les consoles, les archivoltes. Les voussures se paraient de plantes et de fruits miraculeux; des monstres, dont on apercevait les ricanements et les grimaces sataniques, se tenaient accrochés dans des poses excentriques et semblaient vouloir dévorer tout ce qui s'approchait de leur gueule.

« Tout fleurit, tout s'épanouit au soleil de la foi,

---

1. Entretiens sur l'architecture, Viollet-le-Duc. T. I.

les ferrures des portes, saintes elles-mêmes, ont germé et les petits oiseaux y chantent l'auteur de la vie, sans y craindre la gueule béante des monstres qui voudraient bien les dévorer [1]. »

C'est la *mauvaise manière française*, dit dédaigneusement Benvenuto Cellini. « Mala maniera franciosa. »

Serlio [2] est du même avis. « Je ne sais de quel ordre est cette architecture, mais moi qui étais là et qui y habitais continuellement, pensionné par le magnanime roi François Ier, on ne m'a pas même demandé le moindre conseil. » S'il écrit sur l'art, s'il trace des dessins d'architecture, Serlio a bien soin de crier de loin à ses confrères d'Italie : « Ayez égard au pays où je me trouve, prenez pitié des fautes que je fais [3]. »

Nous voyons par ce court entrefilet, quelle tendresse Sébastien de Bologne affectait à l'égard des Français et, partant, combien son opinion est sujette à caution.

Vainement pouvait-on rechercher dans cette œuvre grandiose la froide correction du palais Lancelotte, du palais Farnèse et du château de Chambord.

Madrid, c'était l'imagination avec tous ses caprices et toute sa poésie. C'était le fruit du rêve et de l'idée tout à la fois, c'était l'art et la science étroitement unis. C'était la résultante de l'esprit d'une époque où le faste et la grâce ne laissaient aucune prise à la chevaleresque ardeur.

Le château de Madrid a marqué, avec les œuvres des Jean Goujon, des Cousin, des Lescot, des Germain Pilon, de Serlio, des Primatice l'apogée de la Renaissance en France, à laquelle, dans un autre genre, Bernard Palissy apporta les fruits de son talent.

Moins puissant et moins durable que l'art du

---

1. Histoire de la sculpture en France, par l'abbé Texier.

2. Sébastien Serlio, dit Sébastien de Bologne, avait été spécialement appelé d'Italie, pour construire Fontainebleau. Il habita fréquemment le château de Madrid, restant en relations avec son compatriote Jérome della Robbia.

3. Magasin pittoresque, 1843.

moyen-âge qu'il avait détrôné, l'art de la renaissance n'a indiqué dans l'histoire qu'un tournant qui a reposé, mais qu'il a été bon de franchir rapidement. Continué, c'eût été l'exagération d'où serait né le hideux ou le grotesque.

Madrid achevé, l'art éclos à la cour des Valois devait descendre au tombeau avec les Valois.

*
*

A quelle époque a été terminé le château de Madrid que François Ier rêvait de voir achevé?

Si nous en croyons M. Vaudoyer, d'après les chiffres du roi Henri II, de Catherine de Médicis et de Diane de Poitiers indiqués sur la façade, ce serait en 1559, sous le règne de Henri II.

L'abbé Lebeuf, lui, croit que le château fut terminé sous le règne de François II, par conséquent pendant les premiers mois de l'année 1560.

Il est à peu près certain que M. Vaudoyer et l'abbé Lebeuf se trompent, car si l'on consulte les rôles des acquits provenant de la direction de Philibert Delorme, on en trouve qui sont datés sous le règne de Charles IX.

Parmi les dossiers que nous avons compulsés, se trouve un compte de 1558 (Henri II), un autre d'octobre 1559 à mai 1560 (François II).

« A Jean le Vavasseur, maître plombier, la somme de 87 livres 13 sols, 4 deniers à lui ordonnés par le dit sieur abbé de Saint-Martin, pour ouvrages de plomberie par lui faicts au château de Madrid. »

Il est également un acquit de janvier 1560 à décembre 1561 (château de Boullogne), puis un dernier acquit de janvier 1562 à décembre 1563 (château de Boullongne-les-Paris).

Il nous semble donc qu'aucun doute ne peut subsister, quant à la date à laquelle a été terminé le château de Madrid ; nous sommes bien en 1563 au mois de décembre, sous le règne de Charles IX (Charles IX ayant été sacré roi le 15 mai 1561).

On pourrait objecter que ces acquits concernent des travaux de réparation, cela ne peut pas être, car sans aucun doute le mot « réparation » eût été mentionné dans les dits acquits et nous ne l'y voyons pas.

Le château de Madrid fut définitivement achevé en 1563. On avait donc mis trente-cinq ans pour le construire !

CHAPITRE III

François Ier habita le château de Madrid avec Anne de Pisseleu. — La vie de la duchesse d'Etampes. — Comtesse de
Châteaubriant. — Diane de Poitiers. — La belle Ferronnière. — Légendes sur la mort du roi. — François Ier,
Guillaume Budé et l'abbé de Rochefort au château de Madrid. — Création du collège des Trois-Langues.

François Ier en faisant construire le château de Madrid, avait l'idée de l'habiter avec quelques hommes
de son choix et surtout avec ses maîtresses. C'était
un lieu de repos et de plaisir que se promettait le
roi.

Le séjour de la prison, en le privant des jouissances
auxquelles il tenait tant, avait laissé en lui un trésor
de tendresse qu'il comptait dépenser largement.

Ce ne fut pas long :

« Au sortir de sa prison, François Ier tomba dans
la captivité d'une belle dame, Anne de Pisseleu, que
sa mère lui amena exprès pour le divertir de ses
longs ennuis[1]. »

La tendresse d'une mère, fût-elle reine, peut seule
servir d'excuse au divertissement que Louise de Savoie proposait à son fils. Mais François Ier n'avait pas
eu besoin de la reine-mère pour faire son choix, et
lorsque Mézeray nous dit qu'au sortir de la prison
Anne de Pisseleu fut amenée au roi, cet auteur se
trompe; François Ier connaissait cette jeune fille depuis 1522, c'est-à-dire bien avant sa captivité. Ce qui
fit naître dans les esprits cette confusion, ce sont
les bruits que l'on répandait, que Louise de Savoie,

1. Mezeray (1645-1688). Abrégé chronologique, édition 1672,
t. IV, p. 324.

pour se débarrasser de Mme de Châteaubriant, attira à sa cour Mlle d'Heilli. Ceci était absolument faux. Mlle d'Heilli [1] fut choisie pour faire partie de l'entourage royal, comme étant issue d'une famille nombreuse. Fille de Guillaume de Pisseleu [2], seigneur d'Heilli, dont la mère était Jeanne de Dreux, descendante en ligne directe de Robert comte de Dreux, cinquième fille de Louis le Gros; Guillaume marié trois fois eut de ses trois femmes : Isabeau de Contay, Anne Sanguin de Meudon et Madeleine de Laval, trente enfants. Anne d'Heilli était la troisième fille d'Anne Sanguin de Meudon [3].

Or, à cette époque, les demoiselles d'honneur étant choisies dans les familles nobles, nombreuses et nécessiteuses, Anne de Pisseleu remplissait toutes les conditions, et ce fut grâce à cela seulement qu'elle dut d'être appelée comme demoiselle d'honneur auprès de Louise de Savoie.

Quoi qu'il en soit, dès que Mlle d'Heilli eut pris possession de sa charge, François Ier la remarqua et il exista entre le roi et Anne un long commerce de galanterie, avant qu'elle ne devînt la maîtresse du premier seigneur de France.

Elle avait alors dix-huit ans et les chroniqueurs unanimement, vantèrent sa rare beauté.

Le roi n'éprouvait de réel bonheur qu'auprès d'elle, il la distrayait de son service en lui rimant des vers :

Cueur qui bien aime a désir curieux
D'estranger ceulx qu'il pense estre ennuyeux
De son amour, et qu'il doubte luy nuyre;
Par quoy j'ay dict aux dieux très glorieux
Que la beaulté de ceste, les empire [4].

Cette correspondance amoureuse continua même

---

1. Anne d'Heilli, née en 1508.

2. Pisseleu est un village à 3 lieues de Beauvais. Heilli est à égale distance d'Amiens et de Beauvais.

3. Voir sur la famille d'Anne de Pisseleu, le bel ouvrage de M. Paulin Paris : *Etude sur François Ier, roi de France, sur sa vie privée et son règne.* Léon Téchener. Paris (MDCCCLXXV).

4. Biblioth. Nat., fonds français, n° 2372, f° 143 2°.

au cours de la campagne, et pendant le siège de Pavie
François Ier écrivait à son amie de longues lettres :

> Pourroit servir ceste présente lettre
> Devant tes yeulx représenter et mettre
> La triste vie et l'estat ennuyeux
> De ton amy, qui ne peult avoir mieulx
> Qu'ung long travail par la trop dure absence
> Qu'il a acquis, esloignant la présence ?...
> Quelz yeulx liraient ceste triste escripture
> Sans lamenter ma fortune trop dure ?
> Ce sera toy, o amye et maîstresse
> Seront tes yeulx, non ramplis de duresse
> Qui sur papier verront en piteux mectre
> Ou ton amour ne peult conduyre et mectre.
>
> Que tu diroys : « Hélas ! comme je porte
> Dure l'absence, en amour non moins forte !
> O comme amy, tu as pour récompanse
> Le myen voulloir suivant ta pénitance,
> Et bien souvent ma bouche tandre et molle
> Occupée est de soupirs pour parolle !

.   .   .   .

L'image et le souvenir de celle qu'il aimait poursuivit le roi jusque dans sa prison. Pendant sa captivité, François Ier n'interrompit pas sa correspondance. Il était à peine depuis quelques jours en Espagne qu'il adressait à Mlle d'Heilli une longue épître :

.   .   .   .

> Je n'ay trouvé dilligente affection.
> En ceulx qui m'ont tant d'obligation
> Quoy qu'il en soit, amye, je mourray
> En vostre loy, et là je demourray[1].

Anne de Pisseleu lui répondit dans le même style,
on peut dire dans la même idée :

.   .   .   .   , ...

> Aymant trop myeulx dès ce jour trespasser,
> Que sans vous voir tant de saisons passer...

—————————

1. Bibl. nat., fonds français, n° 2372, f°s 2-23.

Et pour la fin me voys recommander
A vous, amy, plus que d'eau en la mer
N'avez trouvé, vous suppliant penser
Que mon amour ne faict que commencer » [1]

Aussi lorsque François Ier recouvra la liberté, son plus grand plaisir, après avoir revu la France, fut de s'approcher d'Anne de Pisseleu, la tendre Anne, à laquelle on pourrait peut-être reprocher d'avoir inconsciemment obligé le roi à signer le désastreux traité de Madrid, tant la hâte qu'il avait de revoir sa maîtresse était grande.

Auprès d'elle il oublia tout, et la prison et le traité. Seule Mlle d'Heilli existàit pour le roi. Il ne put cacher plus longtemps les sentiments qui l'animaient et montra publiquement l'amour qu'il avait pour Anne de Pisseleu.

Mlle d'Heilli avait bien caché son jeu, car, sauf Louise de Savoie et Marguerite, tout le monde ignorait les amours du roi à l'égard de sa maîtresse, d'où la méprise des écrivains de l'époque, qui crurent voir lors du retour de François Ier en France, l'éclosion d'un amour spontané à l'égard de la demoiselle d'honneur.

Arnoul le Ferron, qui ne connaissait pas le portefeuille de François Ier, écrivait :

« Le roy de retour en France, fut veu plus triste que de coustume. Quand il fut au Mont de Marsan il commença de reprendre sa première joye et allégresse. Il fut magnifiquement reçu à Bordeaux, où il séjourna quelques jours ; et trouvant avec Louise sa mère, Anne de Pisseleu, qu'on appela depuis comtesse de Panthièvre à cause de son mary, ou d'Estampes d'une ville de ce mesme nom, comme il la vid une fille belle et agréable de visage, il se pleust fort en la douceur de sa conversation [2]. »

Et Brantôme ajoutait :

« Mais il ne s'y arresta pas tant qu'il n'en aymast

1, Bibl. Nat., fonds français, n° 2372, f°s 41 v° et suivants.
2. Histoire de France. Edition de 1686. T. II, p. 101.

d'autres, mais celle là estoit son principal boucon ;
non plus qu'elle ne luy tint pas autrement de grande
fidélité, ainsi qu'est le naturel des dames...[1]. »

Brantôme à son ordinaire analysait ici l'amour des
amants avec sa bonté coutumière ; ne croyant pas à la
fidélité, il ne voyait jamais que femmes trompant les
hommes...

Anne de Pisseleu n'avait pas que la beauté, elle
avait également l'esprit, le bon sens et l'égalité
d'humeur qui firent d'elle la plus charmante maîtresse,
la plus sûre et la plus vraie des amies.

Elle était fort lettrée, ce qu'affectionnait particulièrement François Ier, qui l'aimait pour ses charmes
et pour son savoir, et non pas exclusivement «... pour
sa grâce et gaillardise » comme le prétendait gentiment
Antoine du Verdier[2].

*
* *

Le rez-de-chaussée du château de Madrid, à peine
terminé, Francois Ier s'y retira quelquefois plusieurs
jours consécutifs. Il y amenait avec lui les plus jolies
femmes de sa cour et le plus fréquemment Anne de
Pisseleu. Cependant, Mlle d'Heilli qui conserva sa
place de demoiselle d'honneur jusqu'à la mort de
la régente, 22 septembre 1531, pour devenir gouvernante des deux jeunes princesses : Louise (10 ans)
et Charlotte (7ans)[3], fut quelque peu délaissée,
lorsque le roi alla au-devant de ses fils. Elle en
conçut un violent chagrin et écrivit à son royal
amant :

> « Mais pourquoi n'est clairement entendu
> Ce que je pense et, sans parler congneu ?...
> O pauvre amye, es tu tant oubliée
> Que lectre et toi, ainsy soit desdaignée ?
> Je crois que non... »

1. Vie de Henri II.
2. Prosopographie des rois et reines de France (1583) par Antoine du Verdier.
3. Mss. franc. 7604. Procès Semblançay.

François Ier n'oubliait pas Anne de Pisseleu, mais il songeait à se séparer officiellement de Françoise de Foix, comtesse de Chateaubriant, pour laquelle il conserva cependant assez d'estime et d'amitié pour l'aller visiter après sa séparation à deux reprises en 1531 et en 1532, dans sa ville de Chateaubriant, où son mari, contre la tradition, ne la retenait pas prisonnière, puisqu'elle reparut quelquefois à la cour.

Pendant son exil, la pauvre Mme de Chateaubriant, qui n'aspirait qu'à revoir le roi, lui écrivit souvent :

> Plus est ma fin que le commancement
> Pleine de dueil et de gémissement,
> Ayant perdu la plaisante présence
> Et tant de bien que ceste congnoissance
> Fera mourir tout mon contantement.
> Mais mon esprit qui voit incessamment
> Que vous voullez que je face aultrement
> Continuera vous rendre obéissance :
>   Plus est ma fin.
> Et pour user de mon commandement
> Accoutumé veulx que pareillement
> Soyez content, encores que l'absence
> Nous soit travail et triste desplaisance,
> Monstrant qu'en nous n'aura deffinement
>   Plus est ma fin [1].

Hélas, malgré la beauté de sa poésie, malgré les larmes sincères qu'elle versait, François Ier ne devait plus revenir vers elle, comme amant.

On connaît la tragique façon dont soi-disant elle mourut [2] en octobre 1537, c'est-à-dire onze ans après sa rupture avec François Ier.

Clément Marot, tous les poètes de la cour, le roi lui-même, rimèrent à son égard des épitaphes touchantes.

*
* *

François Ier revint vite auprès d'Anne de Pisseleu ;

---

1. Bibl. Nat., fonds francais, n° 2372, f° 188.
2. Voir la dissertation du bibliophile Jacob (P. Lacroix). Paris, Techener, 1838.

l'empire qu'elle avait su prendre sur le roi fit que
son influence s'exerça non seulement sur le cœur
et les sens de François Ier, mais aussi sur son cerveau.

Anne de Pisseleu, qui s'intéressait à la politique du
royaume, s'occupait beaucoup d'elle-même. Se
sachant une des plus jolies femmes de la cour, elle
voulut en être la mieux parée, et révolutionna par
ses toilettes l'entourage de la reine et du roi. Vêtue
de robes de drap d'or frisé, fourré d'hermine, avec
cotte de toile d'or incarnat semée de pierreries, elle
répandait l'admiration autour de sa personne. Aussi,
Marot, courtisan autant que poète, ne cessait-il de célébrer dans ses vers la belle et jeune maîtresse du roi :

> « Sans préjudice à personne,
>   Je vous donne
> La pomme d'or de la beauté,
> Et de ferme loyauté
>   La couronne. »

En 1534, Anne de Pisseleu avait alors vingt-
huit ans, François Ier la maria au fils de René de
Brosse, Jean de Brosse dit de Bretagne, baron de
Boussac et Saint-Sever, propriétaire de la ville de
Laigle en Normandie et comte de Penthièvre par son
premier mariage avec Nicole de Chatillon, petite-
fille de Charles de Blois, comte d'Avangour [1].

Jean de Brosse ne fut mari que de nom, sa com-
plaisance devint proverbiale, Varillas la flétrit en
quelques mots :

« Helli fut plus heureuse que la comtesse de Chateaubriant, puisqu'elle trouva en la personne du duc
d'Étampes un mary qui la laissa vivre à sa mode ou
qui ne s'en formalisa pas jusqu'à entreprendre sur
sa vie. »

---

1. Il fut également chevalier de l'ordre. Un jour qu'il disait
à La Châtaigneraie : « Ah ! que vous voudriez bien avoir cet ordre
pendu au col aussi bien que moi ! » il s'attira de son auditeur
cette verte réponse : « Oui, mais j'aimerais mieux être mort que
de l'avoir par le même moyen que vous. »

François I⁰ʳ, toujours réservé dans ses libéralités à l'égard des femmes qu'il aimait le plus, François Iᵉʳ qui n'avait donné à sa maîtresse Françoise de Foix que de la vaisselle, des broderies, des bagues et des joyaux, attendit le mariage d'Anne de Pisseleu avec Jean de Brosse, pour lui accorder le duché d'Étampes.

C'est à cette occasion que Clément Marot écrit :

« Ce plaisant val que l'on nommoit Tempé[1],
Dont mainte histoire est encore embellie,
Arrosé d'eau, si doux, si attrempé,
Sachez que plus, il n'est en Thessalie.
Jupiter roi, qui les cœurs gagne et lie,
L'a de Thessale en France réuni
Et quelque peu son nom propre mué :
Car pour Tempé veut qu'Étampes s'appelle,
Ainsi lui plait, ainsi l'a situé
Pour y loger de France la plus belle. »

Malgré son grand amour pour sa maîtresse et les preuves qu'il lui en fournissait, François Iᵉʳ, qui trouvait des loisirs dans tous les actes de sa vie et dans tous ses plaisirs, le jeu, la chasse, les lettres, les arts et la galanterie, en trouva suffisamment pour donner au hasard de ses rencontres des rivales passagères à Anne de Pisseleu.

La duchesse d'Etampes sut fermer les yeux à propos, elle feignit d'ignorer les écarts auxquels se livrait le roi et eut l'intelligence de ne lui en jamais faire de reproches.

Elle voyait pourtant souvent François Iᵉʳ organiser sans elle des parties de plaisir avec une joyeuse troupe de jeunes femmes choisies à la Cour, avec lesquelles il partait à Madrid ou à Fontainebleau, laissant au Louvre ou à Blois, les dames vieilles et laides.

« Le roi François ayant choisi et fait une troupe qui s'appelait la petite bande des dames de la Cour, des plus belles, gentilles, et plus ses favorites, souvent se dérobant de sa Cour, s'en partoit, et s'en alloit en

____

1. Etampes. Stampœ.

d'autres maisons [1] courir le cerf et passer son temps, et y demeuroit là quelquefois aussi retiré, huit jours, dix jours, quelquefois plus, quelquefois moins, ainsi qu'il lui plaisoit et l'humeur l'en prenoit [2]. »

C'était alors à Madrid de joyeuses fêtes où les rires perlés ne laissaient place qu'aux mots hardis, échappés aux amphytrions et le roi se complaisait si fort dans son nouveau palais, qu'il y venait souvent. Pour varier ses plaisirs, François Ier partait fréquemment seul à Madrid et là, ce roi « qui eut quelques bonnes fortunes et beaucoup de mauvaises [3], » attendait la venue de filles de joie qui se rendaient au château sous la conduite d'une certaine Cécile de Viefville, qu'il payait largement ainsi qu'en témoigne cette pièce curieuse :

« François, par la grâce de Dieu, roi de France, à notre aimé et féal trésorier de nostre épargne, maître Jean Duval, salut et dilection.

« Nous voulons et nous vous demandons que des deniers de nostre épargne, vous payez, baillez et délivrez comptant à Cécile de Viefville, dame des filles de joie suivant notre cour, la somme de 45 livres tournois, faisant la valeur de 20 écus d'or à 45 sols pièces, dont nous lui avons fait et faisons don par ces présentes, tant pour elle que pour les autres femmes et filles de sa vacation, à départir entre elles ainsi qu'elles aviseront, et ce pour leur droit du mois de may passé, ainsi qu'il est accoutumé faire en toute ancienneté... Donné à Paris, le dernier jour de juin, l'an de grâce 1540, et de notre règne le 26e [4]. »

La duchesse d'Etampes, qui savait tout ce que fai-

---

1. Madrid, Fontainebleau ou Chambord.

2. Brantôme.

3. Saulx-Tavannes.

4. L'ambassadeur F. Guistiniani dont l'ambassade date de 1537, écrivait à son gouvernement que le roi dépensait : Gardes des châteaux, 200.000 livres ; pensions, 600.000 livres ; employés forestiers, 50.000 livres ; dons que le domaine fait à différentes personnes et exemptions de droits sur les sels, 300.000 livres menus plaisirs, dépenses ordinaires, 300.000 livres ; maison du roi, écuries, vénerie, etc., 1.500.000 livres.

sait son royal amant, dominait son ressentiment pour
ne toujours montrer à François Ier que ses lèvres
souriantes sur lesquelles le roi puisait le pardon qu'il
s'accordait à lui-même. C'est à cette force de caractère qu'Anne de Pisseleu dut de rester la maîtresse
du roi jusqu'à la mort de celui-ci, c'est-à-dire pendant
vingt-deux ans.

D'un esprit solide et brillant, elle usa de son crédit
pour favoriser [1] les lettres et les arts, si bien qu'on
l'appela : « La plus belle des savantes et la plus
savante des belles [2]. »

A la mort de François Ier, à l'instigation de Diane
de Poitiers [3] sa principale rivale [4], avec laquelle
elle avait eu de nombreuses querelles, dont la Cour
fut souvent troublée, elle fut exilée dans ses terres
d'Etampes, et l'impudique Diane s'empara de ses

---

1. Elle favorisa également toute sa famille qu'elle combla de
faveurs. Son oncle Antoine Sanguin de Meudon obtint le chapeau
de cardinal. D'abord abbé commandataire de Fleury-sur-Loire, il
fut en 1533 nommé évêque d'Orléans. En 1539, à la suite d'heu-
reuses négociations avec la Cour de Rome (Voir Beaucaire I. xxii,
4-43), il obtint le chapeau de cardinal et en 1549, deux ans après
la mort de François Ier, il passa de l'évêché d'Orléans à l'archevêché
de Toulouse (Paulin Paris. Etude sur François Ier, roi de France,
sur sa vie privée et son règne. Léon Techener, MDCCCLXXXV.)

2. L'habile artiste qui fit les miniatures du manuscrit original
du poème de Marguerite « La Coche » représente Anne de Pisseleu en pied, blonde, fine et charmante. Elle reçoit les yeux baissés,
avec déférence, le volume de La Coche que lui présente l'auteur, la
reine Marguerite.

3. Née en 1499 elle epousa, le 29 mars 1515, Louis de Brézé,
comte de Maulevrier, grand sénéchal de Normandie, qui mourut le
23 juillet 1631. Diane ne mourut que le 26 avril 1566. Le père
Anselme dit : « Les feries de Pâques 1515, fut espousé le grand
seneschal de Normandie à la fille de Monsieur de Saint-Vallier, et
fut la feste faicte en la maison de Bourbon à Paris, où y estoient
le Roy, la Royne et toute la seigneurie. »

4. Plusieurs auteurs, Gaillard, Histoire de François Ier (1819,
in-8°, tome IV, p. 362) et Michaud, Dictionnaire biographique,
article Diane (tome XI, p. 292) n'admettent pas que Diane fut la
maîtresse de François Ier, mais cette liaison est mise hors de doute
par les lettres autographes de Diane conservées à la Bibl. nat.,
supplément français, n° 2722. Elles ont été publiées par Champollion en un volume in-4° : « Poésies du roi François, etc. »

diamants. Le bas et ridicule Jean de Brosse intenta un procès à sa femme afin de l'obliger à restituer les gages du gouvernement dont il avait le titre et elle le revenu.

Cette honteuse affaire affichait devant les tribunaux le commerce adultère de la duchesse avec le feu roi, adultère dont Jean de Brosse avait jusque-là exploité le bénéfice sans mot dire ; Henri II ne rougit pas de comparaître et de déposer dans l'information ; cependant, par un reste d'égards pour la mémoire de son père, il se ravisa et arrêta la procédure [1].

La mort de François Ier devait entraîner fatalement la chute d'Anne de Pisseleu, duchesse d'Etampes. Le grand amour qu'avait eu le roi pour sa maîtresse, avait fait naître des jalousies dont elle éprouva les ressentiments, alors qu'elle fut seule à combattre.

*
* *

François Ier mourut en 1547 de ce mal dont on aurait pu dire :

> Et la garde qui veille aux barrières du Louvre,
> N'en défend pas les rois...

Mais est-ce de la belle Ferronnière[2], comme on l'a prétendu, que le roi reçut en même temps que les baisers « le mal aigu et honteux qui devait ruiner sa

1. Le sire de Longueval, accusé d'avoir été l'agent des trahisons de Madame d'Etampes, avait été emprisonné. Il céda à l'archevêque de Reims sa belle terre des Marchais, près de Laon. Charles de Guise, à ce prix, démontra au roi l'innocence de Longueval et persuada à Diane de se contenter d'avoir humilié son ennemi sans le tuer. Le même Charles de Guise usurpa le château de Meudon au cardinal Sanguin, oncle de la duchesse d'Etampes.

2. Le portrait de la belle Ferronnière par Léonard de Vinci, actuellement au Louvre, représente Lucrezia Crivelli, maîtresse de Ludovic Sforza, et non la femme Ferron. Ce qui le prouve, c'est qu'on voit à la date du 3 décembre 1721, dans les mémoires de Saint-Simon, que ce portrait occupait le cabinet de la reine à Fontainebleau. Or, à cette époque il n'était pas question de la belle Ferronnière.

santé sans retour, exercer sur toutes ses facultés une funeste influence et abréger sa carrière sans retour. »

Tout fait supposer que ça n'est pas de cette petite bourgeoise, qui fut aussi une commensale du château de Madrid, que le roi prit la maladie qui lui valut cette épitaphe :

> « Le roi François mort à Rambouillet
> De la v..... qu'il avait
> L'an mil cinq cent quarante-sept [1]. »

Bien des légendes ont couru au sujet de la maladie du roi, nous ne saurions résister au plaisir d'en citer une qui se rattache à un certain Lunel et qui montre le fanatisme religieux qui devait avoir un dénouement si terrible quelques années après :

« Ce mal lui fut donné par la femme d'un marchand de fer, nommé Lunel. Un moine espagnol, aumônier dans les troupes de Charles Quint, passant par Paris pour se rendre en Flandres, se trouva plusieurs fois avec ce Lunel et le vit si irrité de son accident [2] qu'il espéra d'en faire et qu'il en fit un fanatique : *Votre Roi*, lui dit-il, *protège le Lutheranisme en Allemagne, et ne tardera pas, sans doute, à l'introduire en France ; servez, en vous vengeant de lui et de votre femme, servez la Religion ; communiquez-lui ce mal auquel on n'a pas encore trouvé de véritables remèdes...* —*Ah! comment voulez-vous que je le lui communique ?* répondit Lunel. *Nous ne l'avons, ni moi, ni ma*

---

1. Il y eut à cela une parodie :

> L'an mil cinq cent quarante-sept
> Françoys mourut à Rambouillet
> Et Trave y perdit son bonnet.

Trave était une fille de la reine, depuis mariée à M. de Grammont et se nommait Hélaine de Clermont. M. Paulin Paris, t. II, page 360, rapporte : Ce jour-là, allant au chasteau, elle estoit vestue à l'espagnolle et accomodée d'un bonnet qui, aincy qu'elle passait sur le pont, le vent le luy emporta de la teste dans le fossé où il se perdit. »

2. Euphémisme plaisant. Lire « qui venait d'être trompé ».

femme.— Mais moi je l'ai, répliqua le moine ; *j'en lève la main, et vous en fais serment ; introduisez-moi seulement une demi-heure la nuit à votre place auprès de votre infidelle, et je vous en réponds... »*

Louis Guion, Mezeray, le Gendre et autres historiens, disent que Lunel alla lui-même s'infecter dans un mauvais lieu, mais qu'ayant pris tout de suite des remèdes, il guérit ; que sa femme qu'il avait infectée mourut au bout d'un mois et que François Ier, après avoir langui trois ou quatre ans, succomba enfin sous le poids d'un mal, contre lequel la pharmacie de ce temps-là était encore bien impuissante[1]. »

*
* *

François Ier, comme tout grand roi, fut en butte aux médisances et aux calomnies émanant de quelques conteurs et romanciers, médisances et calomnies qui continuèrent d'avoir cours, jusqu'à l'apparition de l'excellent livre de M. Paulin Paris.

Aujourd'hui François Ier est regardé comme un roi galant, ce qu'il fut, chevaleresque et intelligent, qualités qui donnèrent à son règne le rôle prépondérant auquel il avait droit.

« Fondateur du Havre, de Cherbourg, de Vitry-le-François, réformateur de la justice..., ce roi a droit à toutes les reconnaissances autant que Louis XIV[2]. »

Mais, entre tous les faits glorieux de son règne, le plus glorieux, celui qui porte son règne à l'apogée, fut sans conteste, la création du collège des Trois Langues[3]. Stratius, dans son adresse de félicitations

---

1. Œuvres complètes de M. de Sainte-Foix, tome III, p. 445.

2. S'opposant aux dires des conteurs tels que François Baucaire, Antoine de Laval, Brantôme et Varillas, voir les mémoires de Guillaume et de Martin du Bellay, Arnoul le Ferron, mort en 1563, François Guichardin, Jean Sledan, mort en 1556, le mémorial de Louise de Savoie, les mémoires du maréchal de Fleuranges, de Vincent Carloix, secrétaire du maréchal de Vieilleville, les commentaires de Blaise de Monluc et surtout les lettres du roi, qui sont à la Bibliothèque nationale.

3. D'abord appelé collège des Trois-Langues à cause des

envoyée à la reine Eléonore, sœur de Charles Quint, à l'occasion de son mariage avec François Ier en 1530, s'écria au sujet de la création du collège : « C'est un fleuve que le roi va faire couler, qui arrosera bien des terres et qui les rendra fécondes[1]. »

Et c'est au château de Madrid, dans ce palais inachevé, entre les quelques murs non séchés encore, élevés pour abriter l'amour, que naquit la sublime idée de faire de la France guerrière une France instruite et éclairée, appelée par la suite à devenir le cerveau du monde entier.

La gloire de François Ier doit rejaillir sur Guillaume Budé, à l'instigation duquel le roi se rendit, lorsqu'il fut question pour la première fois de la fondation d'un collège.

C'est en 1517 que Budé parla timidement de cette création, c'est en 1530 que s'ouvrait le « Collège des Trois langues », l'idée avait mûri à Madrid, tandis que François Ier se reposait du labeur ardu de la politique et des lassitudes d'amour.

Guillaume Budé, né à Paris en 1467, à la même époque qu'Erasme, son ami et son émule, auquel vainement on offrit la direction du collège, fut, comme son père Dreux Budé, prévôt des marchands. Après avoir fait, durant sa prime jeunesse, des études médiocres, il fut pris d'un vif amour pour les études vers vingt-trois ou vingt-quatre ans.

Assez riche, il recueillit chez lui un Grec, réfugié en France, par suite de la prise de Constantinople, G. Hermotine, de Sparte, et se mit à apprendre la langue grecque avec lui. Lorsqu'il se jugea aussi instruit que son maître, il congédia celui-ci, en lui donnant 300 écus d'or[2] à titre de remerciement et s'en fut trouver Jean Lascaris, autre réfugié, auprès duquel il se livra aux études de la langue grecque ancienne.

---

3 langues : grecque, hébraïque, latine, que tout d'abord on y enseignait, puis, sous Louis XIII, collège royal et enfin collège de France.

1. Bibl. nat. L. B[30] 56. Réserve.
2. Environ 5.720 fr. de notre monnaie.

Présenté à Charles VIII, en 1497, par Guy de Rochefort, Guillaume Budé fut nommé secrétaire de ce roi.

Il avait épousé la demoiselle R. Lelyeur, fille d'un possesseur de fief, femme éclairée, qui, en 1518, lui avait déjà donné sept enfants[1]. Il passait la belle saison à Marly-le-Bourg dont il était le seigneur, et l'hiver dans la maison qu'il avait fait construire à Paris, rue Saint-Martin[2]. Il fréquentait assidûment l'abbaye de Saint-Maur, près de laquelle il possédait la seigneurie de Villeneuve.

En 1519, François Ier appelait Budé auprès de lui, et le 16 août 1522 il le nommait prévôt des marchands pour deux ans. Maître des requêtes six jours plus tard, il accompagnait le roi dans ses voyages et à l'armée.

Quand il fut « Maître de la librairie du roi », le 21 août 1522, il transporta la bibliothèque de Blois à Fontainebleau[3].

Lorsque François Ier revint en France, après sa captivité en Espagne et qu'il eut décidé l'érection du château de Madrid, le roi revit Budé, et dès que le château non terminé put offrir un asile suffisant, il l'y reçut ainsi que Guy de Rochefort, avec lesquels il décida la mise en œuvre effective du collège des Trois langues.

De 1528 à 1530, Budé obtint du roi la création de trois chaires : Grec, Hébreu et Haute latinité.

Après la mort de Budé[4], on créa deux chaires de

---

1. Voir sur Budé. Vie de G. Budé, par E. Budé, Paris 1804, in-12. Histoire de la vie et des ouvrages de Budé dans mémoires (Niceron), t. VIII, p. 371-389.

2. Budé avait fait graver sur la porte de sa maison ces deux vers de Juvénal :

> Summum crede nefas animam præferre predori,
> Et propter vitam vivendi perdere causas.

3. Elle fut transportée ensuite à Paris en 1595.

4. Budé mourut le 25 août 1540, il fut enterré de nuit à Saint-Nicolas-des-Champs, sa paroisse. Il n'avait pas assisté aux lits de justice tenus de 1527 à 1528, pour l'enregistrement du traité de Madrid, mais en 1529, il fut un des douze commissaires nommés par le roi pour le procès de Berquin. Il composa en 1534 un écrit

Grec auxquelles on adjoignit bientôt les chaires de mathématiques, de langues orientales, d'éloquence latine, de philosophie grecque et latine.

L'administration du collège appartenait au grand aumônier de France.

A la mort de François Ier, il y avait déjà 17 chaires au collège des Trois langues, parmi lesquelles il faut citer : La chaire de mathématiques fondée en 1530 ; la chaire de langue et littérature grecque datant de la même année, la chaire de philologie latine, la chaire de philosophie grecque et latine en 1442, et celle de médecine en 1552, etc.

C'est ainsi que du château de Madrid, construit pour servir au roi de pavillon de chasse ou de chaumière d'amour, s'envola la plus grande, la plus sublime idée que l'on puisse enregistrer, la fondation de ce collège d'où devaient partir les graves, doctes et savantes pensées qui ont fait de la France le pays le plus puissant au point de vue intellectuel.

Les fautes de François Ier, si grandes qu'elles soient, doivent être effacées de toutes les mémoires et remplacées par une reconnaissance éternelle.

spécial : de Transitu ad Halleniomum, préface développée, en 3 parties, adressée à François Ier.

CHAPITRE IV

Henri II. — Charles IX. — Son goût pour les lettres et pour
la chasse. — Marie Touchet dame de Belleville. — « La chasse
royale. » — Henri III. — Ses mœurs, son rêve. — Château
de Madrid, siège de l'ordre du Saint-Esprit. — Henri IV.
— Catherine de Verdun.

En montant sur le trône, Henri II trouva le château
de Madrid inachevé. Néanmoins, imitant son père,
le roi vint fréquemment à Madrid, accompagné de
sa maîtresse Diane de Poitiers, la fameuse rivale de
la duchesse d'Étampes.

Henri II s'intéressait à la construction du château,
et prenait un vif plaisir à voir le bâtiment s'achever.

Voulant apporter à l'œuvre une marque de sa
sollicitude, il fit s'unir, dans plusieurs parties des
décorations du château, son chiffre à celui de sa
femme, et plus encore à celui de Diane de Poitiers,
léguant ainsi à la postérité la trace de son passage
et de l'amour hardi qu'il avait pour sa maîtresse. Il
fit également ajouter deux pavillons au monument.

Henri II donna de grandes réjouissances à Madrid,
mais, malheureusement l'écho de ces fêtes n'est pas
parvenu jusqu'à nous et les documents nous
manquent sur les séjours du roi et de la belle
duchesse de Valentinois [1] au château de Madrid.
Il nous eût été cependant intéressant de connaître les
impressions de cette favorite à l'égard de celle qu'elle
avait fait exiler, qui avait occupé avant elle la royale
demeure.

---

1. Le comté de Valentinois avait appartenu autrefois à la famille
de Diane de Poitiers, celle-ci fut créée duchesse de Valentinois en
1548.

*
* *

Charles IX, ainsi que François Ier et Henri II se retira fréquemment au château de Madrid en compagnie de sa vertueuse maîtresse Marie Touchet.

Le château à cette époque était terminé ; tout émaillé, lançant au ciel, en un geste de défi, ses cheminées carapaçonnées de faïences, le monument semblait ruisselant de soleil, comme si les rayons de cet astre avaient coulé sur sa façade en une vaste cataracte. Orgueilleusement posé au milieu du plateau, Madrid semblait être le grand seigneur du bois de Boulogne, dont les arbres touffus et nombreux abritaient tout un peuple d'animaux à poil ou à plumes.

Le château de Madrid, par son décor et le mystère dont il s'entourait, devait convenir admirablement à Charles IX, amant de la solitude et de la nature.

Ce roi, dont le nom restera chargé d'anathèmes, avait hérité de son aïeul du goût pour les arts et les lettres. Les vers qu'il adressa à Ronsard expriment en même temps que son talent, l'amour qu'il portait aux poëtes :

> L'art de faire des vers, dut-on s'en indigner,
> Doit être à plus haut prix que celui de régner.
> Tous deux également nous portons des couronnes ;
> Mais roi, je les reçois ; poëte, tu les donnes.
> Ton esprit enflammé d'une céleste ardeur
> Eclate par soi-même, et moi par ma grandeur.
> Si du côté des dieux je cherche l'avantage
> Ronsard est leur mignon et je suis leur image.
> Ta lyre qui ravit par de si doux accords,
> T'asservit les esprits dont je n'ai que les corps ;
> Elle t'en rend le maître, et te sçait introduire
> Où le plus fier tyran ne peut avoir empire.
> Elle amollit les cœurs et soumet la beauté.
> Je puis donner la mort ; toi, l'immortalité.

Il n'aimait pas moins la musique que la poésie et, durant la maladie qui le conduisit au tombeau, la

mélodie seule avait le pouvoir de calmer ses douleurs [1].

« Il était grand de taille, mais un peu voûté, avait
le visage pâle, maigre, les yeux jaunâtres, bilieux et
menaçants, le nez aquilin et le col un peu de travers [2]. »

« Il se divertissait à divers exercices comme de
danser, jouer à la paume, piquer des chevaux, leur
forger des fers, et même il entendait mener le
carrosse et le chariot. Il savait encore parfaitement
le métier d'armurier aussi bien que celui de cano-
nier. Il s'adonna si fort à la chasse qu'on peut dire
qu'il était fou de ce pénible exercice, qui le rendait
errant nuit et jour dans les forêts jusqu'à perdre le
boire et le manger.

Un jour, avec son épée, il coupa le cou à plusieurs
ânes qu'il rencontra dans son chemin, mais il les paya
à qui ils appartenaient. Il tuait avec plaisir les pour-
ceaux et sans épargner ses mains dans leur sang,
leur arrachait les entrailles et les habillait avec
autant d'adresse qu'aurait fait un garçon charcutier.

Une fois qu'il voulut tuer le mulet du sire de Lansac
son favori : Quel différend, roi très chrétien, lui dit
le gascon courtisan, est-il survenu entre votre
majesté et mon mulet? Le roi rit et le mulet fut
sauvé [3]. »

Avec de tels goûts il est naturel que Charles IX ait
recherché Madrid où il trouvait la nature dans tout
son éclat, le calme, le repos, ou, quand il le voulait,
les plaisirs violents de la chasse dans sa forêt de
Boulogne.

Il fit établir au château, des ateliers de charron-
nage et d'armurerie dans lesquels il passait des

1. « Il se mêlait dans le chœur des musiciens pour chanter en
partie. » Papyre Masson. Vie de Charles IX, ap. archives curieuses
T. VIII, p. 343. Les registres de ses comptes attestent les dépenses
qu'il faisait pour attirer à son service les plus habiles musiciens
francais et étrangers.
2. Papyre Masson.
3. Id.

journees entières, donnant libre cours à ses besoins d'activité et de dépenses de forces.

Des lettres patentes datées du château de Boulogne [1], nous indiquent les journées passées par Charles IX au château de Madrid :

    1568. — Juillet : 10, 18 et 19, du 24 au 29.
               Août : 4, du 11 au 13, 15, 20.
    1571. — Janvier : 25, 27.
               Février : du 1er au 17.
               au mois de Mars :
    1572. — au mois de Juin, et du 9 au 18.
               au mois de Juillet : et au 7.
    1573. — au mois de Juillet :
               au mois d'Août : et du 2 au 3.

Nous citons ces journées à titre documentaire, mais il est bien évident que Charles IX vint à Madrid très souvent afin d'y passer de longues heures avec sa maîtresse Marie Touchet dame de Belleville.

Marie Touchet, fille de Jean Touchet, sieur de Beauvais et du Quillard, lieutenant particulier au bailliage d'Orléans, Conseiller du roi, et de Marie Mathy, fille naturelle du Flamand Orable Mathy, naquit en 1549 à Orléans, où le roi fit sa connaissance lors de son passage dans cette ville.

Les chroniqueurs qui la dépeignaient, le front petit, l'œil vif, le visage ovale, la disaient d'une très grande beauté, instruite et spirituelle.

Les courtisans firent de son nom l'anagramme :
« *Je charme tout.* »

En 1566, le roi à Orléans s'éprit d'elle, elle le suivit à Paris et fit de Madrid son séjour favori.

Le roi, qui l'aimait sincèrement, lui exprima son amour, en composant pour elle la pièce de vers suivante :

---

1. Les lettres patentes sont datées du « château de Boullongne » au « château de Madrit » au « bois de Boulogne ». Voir aux appendices.

> Toucher, aimer, c'est ma devise,
> De celles-là que plus je prise,
> Bien qu'un regard d'elle à mon cœur
> Darde plus de traits et de flamme
> Que de tous l'Acherat vainqueur
> N'en ferait onc appointer dans mon âme.

Marie Touchet exerça un grand pouvoir sur le roi, mais elle ne se servit jamais de son influence, ni pour enrichir sa famille, ni pour agir sur la politique de Charles IX. Son esprit élevé se plaisait à la lecture de Plutarque et d'Amyot, mais elle tenait avant toute chose à l'amour du roi. On raconte qu'en voyant le portrait de la fiancée de Charles IX, la pieuse et charitable Elisabeth d'Autriche, elle dit : « L'Allemande ne me fait pas peur. »

Le roi fut pour elle un amant sincère, il lui avait voué un amour absolu, qui le poussait continuellement à l'aller trouver. Papyre Masson dit à ce sujet, que le roi ayant été la voir une seule fois pendant un intervalle de sa longue maladie, on tint comme certain que « pour n'avoir pas esté en l'estat de l'approcher ou pour avoir fait quelqu'excez, son mal augmenta et que cette visite hasta ses jours. »

Supposition ironique et peu charitable à l'égard d'un amant malheureux. La cabale prompte à se montrer se servit de l'argument et fit à Charles IX, son épitaphe :

> « Pour aimer fort Diane et Cythérée aussi,
>   L'une et l'autre m'ont mis en ce tombeau ici. »

A son lit de mort, le roi voulut enrichir sa maîtresse, mais n'osant en parler à sa mère et craignant de froisser Marie Touchet, il la recommanda à Paul de Gondi, selon les uns, à M. Delatour, maître de la garde-robe, selon les autres.

De Charles IX, Marie Touchet eut un fils en 1573, que le roi légitima sous le nom de Charles de Valois. Nommé grand prieur de France en 1587, puis comte d'Auvergne et de Lauraguais, et enfin duc d'Angoulême et de Ponthieu, Charles de Valois mourut en 1650.

Le château de Madrid venait de voir encore passer un roi, il avait abrité les amours, puisqu'il avait été construit pour cela, mais il avait aussi forcé ce roi à laisser un souvenir impérissable de son passage entre ses murs : Charles IX y avait composé en grande partie, son poème didactique intitulé : « La Chasse Royale. »

*
* *

Henri III, en montant sur le trône, changea la face des choses.

Il transporta à Madrid ses mœurs de névrosé et de débauché.

Las de n'être qu'un homme, le roi qui rêvait autre chose, se promenait avec ses mignons vêtu de différentes façons et le plus souvent en femme,

> Cet habit monstrueux, pareil à son amour,
> Si qu'au premier abord, chacun était en peiue,
> S'il voyait un roi femme ou bien un homme reine [1].

Sous les murs de Madrid et dans les jardins, se passèrent des scènes barbares et obscènes. « Il faut remonter aux époques les plus dépravées de l'antiquité romaine pour retrouver un pareil mélange de débauche et de férocité, de folie et de légèreté sanguinaire[2]. » Le roi, bigot et libertin, ne se contenta pas de vivre au château avec les mignons que René de Villequier et François d'O, le beau-père et le gendre, tous deux connus pour leurs mœurs inavouables et infâmes, avaient introduits auprès du roi, il fit plus ; pour exacerber ses nerfs malades, on amena à Madrid des bêtes sauvages qui combattaient entre elles avec des taureaux ou des chiens, et là, s'excitant à la vue du sang des victimes, il puisait des forces

1. D'Aubigné. Tragiques.
2. Henri Martin. Histoire de France. T. IX, p. 471.

nouvelles pour courir à ses hideuses amours qui le laissaient épuisé durant de longues heures, après lesquelles il sortait, câlin et efféminé, jouant au bilboquet.

Et ces spectacles tragiques auraient certainement continué, si une nuit, ayant rêvé que les fauves voulaient le dévorer, Henri III les fit tuer à coups d'arquebuse et s'entoura de petits chiens.

Après quoi l'arène étant vide, il songea à faire du château de Madrid le siège de l'ordre du Saint-Esprit qu'il venait de créer et conçut le projet de faire percer, dans le bois de Boulogne, six avenues bordées d'ifs et de cyprès et d'ériger des mausolées, à la mort de chacun des chevaliers de l'ordre :

« Dans cent ans, disait-il, ce sera une promenade bien amusante. Elle contiendra au moins cent tombeaux. »

Le sien devait s'ouvrir plus tôt que celui de ses chevaliers, sous la poussée du poignard de Jacques Clément, qui supprima, en même temps que la vie du roi, l'exécution de sa folie lugubre.

*
**

Le galant Henri IV fit de courts séjours au château de Madrid. Le meilleur temps qu'il y passa fut en compagnie de Catherine de Verdun, la belle religieuse de Longchamp [1] et l'abbesse de Montmartre, dont il avait fait connaissance lors du siège de Paris.

Dans le journal de Lestoile [2], se trouve contée une anecdote relative aux rapports qu'eut Henri IV avec cette religieuse de Longchamp :

« Ce même jour, le roi ayant quitté Montmartre pour aller à Longchamp, le maréchal de Biron qui se

1. Voir Histoire de l'abbaye royale de Longchamp, par G. Duchesne. Daragon, éditeur.

2. Mémoires pour servir à l'Histoire de France. Vol. II, p. 17 Cologne 1719.

trouva à son dîner dit à Sa Majesté, qui était en ce temps fort pressé de changer de religion :

« Il y a bien des nouvelles. — Hé ! quelles sont-elles ? repartit le roy. — C'est, répondit Biron, qu'on dit partout que vous avez changé de religion. — Comment cela ? répliqua le roy. — De Montmartre à Longchamp, dit Biron. — Ventre-saint-gris ! dit le roy, la rencontre n'est pas mauvaise, s'ils se vouloient contenter de ce changement et moi itou ! »

Le roi fit bien quelques visites amoureuses en la joyeuse compagnie de la belle Gabrielle et de Mlle d'Entraigues, mais ce fut rare, le séjour de Madrid plaisait peu à Henri IV qui préférait le monde et ses agitations.

Le château de Madrid, n'entendant plus le cliquetis des épées, ni le murmure des ris joyeux qui avaient empli ses vastes pièces, se résigna à écouter le bruit monotone et régulier des navettes de la fabrique de soie que l'on y établit.

CHAPITRE V

**Le château de Madrid, propriété de Marguerite de France.—
Lettres de Marguerite à Henri IV. — Le premier établisse-
ment de soie à Madrid. — Sully. — Olivier de Serres. —
Barthélemy de Laffemas. — Manfredo Balbany, entrepre-
neur de la magnanerie de Madrid. — Vie de Marguerite de
France au château de Madrid. — Saint Vincent de Paul.**

Marguerite de France, troisième fille de Henri II,
avait été fiancée presque à sa naissance, au prince
Henri de Navarre, mais depuis lors, la jeune princesse, qui se souciait peu de ses fiançailles, avait
accordé tous les droits possibles sur son cœur et sur
sa personne, au brillant cavalier Henri de Guise,
qui aspirait ouvertement à sa main.

Charles IX, la reine-mère et le duc d'Anjou se
récrièrent[1], et le roi même, ordonna à son frère, le
bâtard d'Angoulême[2], de tuer le duc de Guise à la
chasse. Non par répugnance, mais par lâcheté, le
bâtard n'agit pas, et un courtisan qui entendit les
reproches que lui adressa Charles IX, avertit aussitôt
de Guise. Celui-ci, comprenant l'aversion du roi à son

---

1. Papiers de Simancas, B. 27, pièces 25, 66, 107, 124.

2. Fils naturel de Henri II et d'une Écossaise de la maison de
Fleming : il était alors grand prieur de l'ordre de Malte en
France. La reine Marguerite, dans ses mémoires, prétend n'avoir
jamais songé au duc de Guise; mais Marguerite n'est digne de foi
que pour les faits qui ne concernent pas sa vie privée. Les archives
de Simancas (B. 28, pièce 59) nous apprennent que le duc d'Anjou
mit dans cette affaire un extrême acharnement contre Guise. Il dit
que « dans le cas où le duc de Guise, après son mariage, porterait
encore les yeux sur elle (Marguerite), il se déclareroit renégat et
mécréant s'il ne lui donnoit de la dague au cœur ». Il y avait là
sans doute autre chose que la politique; on sait quels bruits d'in-
ceste coururent plus tard sur Henri III et Marguerite. Henri Martin. *Hist. de France.*

égard, se trouva forcé de renoncer à Marguerite de France dont le mariage avec lui eût ajouté à son ambition. De Guise alors se retira de la lutte et épousa Catherine de Clèves, comtesse d'Eu, sœur de la duchesse de Nevers et veuve du prince de Portien.

La reine Catherine suivait deux projets de mariage, pour sa fille : Le jeune roi de Portugal et Henri de Navarre auquel elle était toujours fiancée. Le jeune roi de Portugal à l'instigation de Philippe II refusa la main de Marguerite (Janvier 1571). Les pourparlers continuèrent donc avec Henri de Navarre et le mariage fut proposé directement à Jeanne d'Albret, par Biron, envoyé du roi à La Rochelle. Jeanne d'Albret remercia vivement le roi de l'honneur qu'il faisait à son fils et poursuivit les projets de mariage sans quitter La Rochelle, ne voulant pas se livrer sans condition.

En 1572, la négociation du mariage reprit. Coligny, tout à fait persuadé de la sincérité du roi, pressait Jeanne d'Albret de venir à la cour avec son fils. Elle s'y résigna à contre-cœur et se rendit seule à Blois le 4 mars. Charles IX l'appela « sa grand'tante, son tout, sa mieux aimée » ; mais les tracasseries de Catherine la faisaient mourir à coups d'épingles. Elle écrivit à son fils : « Je suis en mal d'enfant... Vous pouvez dire que ma patience passe celle de Grisélidis... Je n'ai nulle liberté de parler au roi ni à Madame (Marguerite), mais seulement à la reine-mère qui me traite à la farouche. » Et une autre fois : « Madame (Marguerite) est belle et bien avisée, et de bonne grâce, mais nourrie en la plus maudite et corrompue compagnie. Encore que je croyais la corruption de cette cour bien grande je le trouve encore davantage... Ce ne sont pas les hommes qui prient ici les femmes, ce sont les femmes qui prient les hommes. Si vous y étiez, vous n'en échapperiez jamais sans une grande grâce de Dieu. »

Enfin, le 11 avril 1572, l'accord fut conclu, Jeanne d'Albret consentait au mariage et acquiesçait au désir du roi, qui était que le mariage aurait lieu à Paris, dans une église catholique[1].

Ce mariage tout de convention, qui eut lieu le 18 août 1572, ne fit pas naître l'affection entre les deux époux.

Continuellement séparée de son mari, la reine de Navarre passait sa vie en galanteries. En août 1578, la reine-mère reconduisit Marguerite à son époux qui ne l'avait pas revue depuis qu'il s'était échappé de la cour. Henri de Navarre montra peu d'empressement à recevoir sa belle-mère qu'il détestait à juste titre et sa femme dont les galanteries avaient jeté une ombre de ridicule sur son nom.

Henri III, qui, par tous les moyens, cherchait à rouvrir les hostilités contre Henri de Navarre, s'avisa de lui écrire en 1580 que Marguerite le trompait avec le jeune vicomte de Turenne, nouvellement converti à la réforme. Précisément la reine Marguerite venait de se réconcilier avec son mari. Henri de Navarre, qui n'était nullement jaloux de sa femme à laquelle il ne demandait plus que la tolérance pour ses propres galanteries, montra la lettre aux deux accusés et feignit de se rendre à leurs protestations d'innocence.

Vexé de voir « sa femme barbouillée de boue par son frère », le Béarnais se vengea de la publicité donnée à son déshonneur, en enrôlant tous les seigneurs, « les amoureux », qui formaient sa cour, avec lesquels il partit en guerre et massacra tous les catholiques à Cahors.

Mais alors, les jeunes seigneurs huguenots étant partis pour la Flandre, Marguerite s'ennuya à la petite cour de Nérac et revint à la cour de France dans les premiers mois de 1582. Elle recommença à

---

1. Comme le pape Pie V s'obstinait à refuser les dispenses nécessaires au mariage, le roi dit un jour à la reine de Navarre : « Ma tante, je vous honore plus que le pape et aime plus ma sœur que je ne le crains. Si Monsieur le pape fait trop la bête, je prendrai moi-même Margot par la main et la mènerai épouser en plein prêche. » L'Estoile, p. 24.

cabaler et à railler les mignons. Henri furieux, un jour en présence de toute sa cour, accabla sa sœur d'injures, lui nomma l'un après l'autre tous les amants qu'elle avait eus, l'accusa d'avoir eu un enfant d'un certain Harlai de Champvallons [1], depuis son retour à Paris, et finit par lui ordonner de repartir pour la Gascogne. Marguerite obéit [2]. ».

Cependant Henri de Navarre refusa de recevoir une femme qu'on lui renvoyait sous le coup de tels outrages et dépêcha du Plessis-Mornay à Henri III pour lui demander justice contre Marguerite si elle était coupable, ou contre ses calomniateurs, si elle avait été injustement accusée.

Henri III ne soutint ni ne désavoua nettement ce qu'il avait dit.

Henri de Bourbon, alors, fit enfermer Marguerite au château d'Usson, en Auvergne.

Devenu roi de France, Henri IV, à la mort de Gabrielle d'Estrées, dont il n'avait pu faire sa femme, se décida à négocier son divorce, voulant se marier avec Marie de Médicis.

Le pape Clément VIII, dont la future reine de France était la nièce, accorda facilement ce que le roi lui demandait et rompit le mariage, malgré la vive résistance de Marguerite.

En se séparant de Marguerite de France, Henri IV lui donna l'autorisation de revenir à Paris et lui fit don d'un riche domaine qui comprenait entre autres le château de Madrid, qu'elle possédait déjà depuis le 3 juillet 1582 et dans lequel elle vint habiter en 1605, lors de son retour à Paris.

**

Tandis que Marguerite habitait son château en

---

1. L'historien Dupleix raconte que, de son temps, cet enfant vivait encore et s'était fait capucin, sous le nom de père Ange. Voir aussi Tallemant des Réaux. T. I, p. 164, 2ᵉ édition.

2. Henri Martin. T. IX, p. 521.

Auvergne, à l'abri des regards curieux de la cour, une industrie nouvelle en France, se montait et s'établissait dans sa propriété du bois de Boulogne, au château de Madrid.

Le grand agriculteur Olivier de Serres[1], fut l'un des plus ardents promoteurs de l'industrie manufacturière en France. En cela, s'il était en communion d'idées avec le roi, il avait contre lui Sully qui ne le seconda qu'à contre-cœur.

Le roi voyait dans les manufactures « un des principaux moyens pour rétablir le royaume[2] », et voulait non seulement relever les manufactures qui avaient beaucoup perdu pendant les guerres civiles, mais encore doter la France de nouvelles industries et donner surtout à celle de la soie un développement considérable.

Les sages conseils d'Olivier de Serres et ceux de Barthélemy de Laffemas[3] qui avaient conçu de vastes projets pour les bienfaits du commerce en France[4], prévalurent auprès du roi, sur ceux de Sully et de ses amis.

Le grand agriculteur et le contrôleur général du commerce avaient fait ressortir qu'il y aurait grand avantage à posséder en France des fabriques nombreuses de soieries, des sommes énormes[5] sortant chaque année du pays, pour l'achat à l'étranger de la soie, tant brute que façonnée, ainsi que des étoffes d'or et d'argent.

Déjà, lors de l'assemblée de Rouen en 1596, Laf-

---

1. Gentilhomme protestant du Languedoc. Né à Villeneuve-de-Berg (1539-1619). Il était père du ministre, historien, Jean de Serres.

2. Préambule de l'Édit d'août 1603. Isambert. T. XV, p. 283.

3. Négociant, puis contrôleur général du commerce.

4. Barthélemy de Laffemas avait publié en 1599, après l'assemblée des notables, son *Règlement pour dresser les manufactures en ce royaume.* Voir aussi *Histoire du commerce en France,* par Isaac de Laffemas, fils de Barthélemy. Paris, 1606.

5. Cette somme était de 12 millions, suivant Olivier de Serres, de 18 millions suivant Laffemas, probablement mieux informé en sa qualité de négociant.

femas avait demandé au roi de prohiber l'importation des étoffes précieuses venant de l'étranger, afin de favoriser l'industrie qui déjà avait pris siège à Lyon et à Tours : il proposait d'introduire et de multiplier les mûriers dans les provinces françaises pour la nourriture des vers à soie, ce qui eût donné à la France la matière première si coûteuse à faire venir de l'étranger, d'Espagne et d'Italie.

Le fils de Barthélemy, Isaac de Laffemas, écrivit à ce sujet[1] : « En l'assemblée tenue à Rouen l'an 1596... mon père... fit la proposition de la deffence des manufactures de soye estrangères et, pour avoir moyen de s'en passer, du plantage des meuriers en ce royaume ; lequel advis, non moins profitable qu'il était nécessaire pour la conservation des finances, fut dès lors receu et pour un temps exécuté. Mais, comme on jugea la France ne pouvoir estre sitost pourveue desd. estoffes qui se fabriqueroient chez elle..., on en permit encore le trafic, attendant qu'elle feust peuplée de meuriers et graines... »

Barthélemy de Laffemas fut aussitôt l'objet de railleries de la part des amis de Sully, mais il leur répondit vertement en les accusant d'être « des ennemis de la patrie » ; sa diatribe même se continua contre la ville de Lyon, qui, disait-il, drainait l'or français hors du royaume.

« La ville de Tours, l'autre grand centre de production des soieries, avait fait de nouvelles démarches en cour pour obtenir l'exécution des vœux émis à Rouen. Les démarches sont ainsi résumées par les Œconomies Royales : Ceux de Tours vinrent aussi à Bloys pour vous (Sully) parler de faire défendre l'entrée de toutes sortes de manufactures étrangères se faisant fort de fournir toute la France de semblables estoffes. Vous leur remonstrastes combien à l'exécution ils trouveraient leur proposition difficile (depuis 1596 on avait eu le temps de s'en apercevoir) et qu'il fallait auparavant faire un grand éta-

1. *Histoire du commerce en France,* dédicace au roi, 1606.

blissement pour les soyes et le tirage de l'or et de l'argent et considérer de quelle perte seroient causes telles dépenses si soudainement faites pour toutes les autres villes qui trafiquaient hors de ce royaume... Mais (ceux de Tours) ne se laissant persuader à vos raisons, ils s'adressèrent à la propre personne du Roy, laquelle ils sollicitèrent ou plutost importunèrent... par le moyen d'amis et de présens. A cette occasion, le maire de Tours présenta au roi en cette année 1598 une supplique où la ruine de la soierie est de nouveau décrite.

« N'estant possible de remettre et rétablir le dit estat en sa splendeur... sinon que la dite manufacture de draps et passements et autres ouvrages d'or, d'argent et de soie estrangers fut deffendu en ce royaume, sous le bon plaisir de S. M. nous auroit sa d. M. ordonné et commandé comme encores depuis passant par cette ville après s'être informé au fait cy-dessus, de députer vers elle, personnages capables, en sa ville de Paris, lorsqu'elle y seroit arrivée, afin d'être pourveu par elle-même en conséquence. »

La ville de Tours avisa la ville de Lyon de ses démarches et l'invita à se joindre à elle pour en assurer le succès.

Mais la situation économique des deux villes était bien différente. Tours était purement une ville industrielle ; elle faisait de la soie et voulait en vendre à l'exclusion des soies étrangères. Lyon, au contraire, en même temps que manufacture, était place de commerce. Lyon cherchait déjà à constituer chez lui le marché international des soies, comme il y avait constitué le marché international des valeurs ; il avait donc besoin de liberté.

Dans la réponse rédigée par les députés que Lyon avait envoyés à la cour, les 32 premiers articles étaient consacrés à ruiner les arguments des maîtres ouvriers en soye de Tours. Etablissant le prix de vente des soies manufacturées, au prix d'achat des soies grèges et du prix de la main-d'œuvre nationale, ils démontrèrent que la France avait tout intérêt à renoncer à une fabrication à laquelle elle était moins apte que l'Italie et qu'elle « fera bien mieux d'acheter les dits draps de soye des Italiens que de les faire dans ce royaume »... Les 80 articles suivants étaient consacrés surtout à dépeindre les funestes conséquences qu'aurait pour la ville de Lyon l'abolition du trafic italien...

L'infatigable Barthélemy de Laffemas vint au secours de la ville de Tours qui pour cette fois triompha.

Dans sa « Responce à Messieurs de Lyon », il avait riposté par avance aux arguments contenus dans la lettre des échevins. S'il était vrai que la prohibition amènerait une moins-value de 400.000 écus dans les recettes que le roi tirait de la douane de Lyon, qu'était-ce auprès des six millions que l'Italie enlevait chaque année à la France? Les foires de Lyon ne devraient« le tenir que pour les marchandises escrues des estrangers » qui s'y échangent contre les produits du royaume et non pour des produits étrangers qui s'y échangent contre de l'or français...

Déjà « les Provençaux et ceux du Languedoc font... des soyes aussi belles qu'en bien du monde et en grande abondance depuis peu d'années. » On pourra même planter des mûriers de Toulouse à Paris, à Tours, n'en déplaise à Messieurs de Lyon, qui prétendent que les tonnerres et les froids en France empêchent les vers d'y prospérer...

Le roi se laissa convaincre, malgré l'avis de Sully. Il signa au mois de janvier 1599 un édit qui prohibait l'entrée des étoffes de soie, d'or et d'argent.

Mais les Lyonnais ne désarmèrent pas...

... Henri IV avait besoin de cette ville pour base d'opérations contre la Savoie, ce n'était donc pas le moment de la dépeupler. Il avait également besoin de rester en bons termes avec ses voisins, Italiens, Genevois et Suisses. Il laissa si bien exécuter l'édit de prohibition que, le 31 juillet 1600, un arrêt du Conseil accordait à plusieurs marchands de Lyon, mainlevée de l'argent et non pas seulement des ballots, saisis par M⁰ Thomas Deschamps commis « pour empescher le transport de l'or et de l'argent hors du royaume ». Le pauvre commis en fut pour ses frais de zèle et dut restituer le tout aux destinataires, les deux marchands suisses Daniet et Christophe Studer.

Le 2 janvier 1681 l'édit était demeuré à ce point lettre morte qu'on assigna au Conseil « les marchands de Paris intéressés à la non-exécution de l'édit qui prohibe l'entrée dans le royaume des draps d'or et de soie ». On ne saurait avouer plus clairement que cet édit avait cessé d'être.

C'était à Lyon que, le 9 décembre 1600, Henri avait épousé Marie de Médicis ; aussi, dès les premiers jours de 1601 la ville avait-elle adressé une requête à la nouvelle reine pour la prier d'obtenir du roi, en commémoration de leur mariage célébré à Lyon, la confirmation des privilèges de la commune et ceux des foires, la révocation des maîtrises-jurées des arts et métiers, dont, par un privilège spécial, la ville avait toujours été affranchie.

Il fallut deux années pour que la victoire fût complète. Enfin, le 7 juillet 1603, le roi dérogeant à l'édit de 1597, maintint la ville « en l'exemption et franchise dont elle a jouy de tout temps, que les artisans habituez en icelle et qui viendront y résider à l'avenir ne seront tenus faire chef-d'œuvre ». Il les autorise « à travailler de leur mestier en boutique ouvroir, chambre ou autrement sans y estre troublez ny empeschez, sous ombre de n'avoir fait chef-d'œuvre ou expérience. »

Déjà le roi avait fait planter quelques mûriers aux Tuileries. Olivier de Serres, profitant de la bonne disposition du roi — nous sommes en 1597 — insistant avec l'autorité de son expérience, affirma que le mûrier introduit en France sous Charles VIII et répandu peu à peu dans la Provence, le Languedoc, le Dauphiné et les environs de Tours, pouvait croître partout où se plaisait la vigne et même dans les provinces où la vigne n'était pas cultivée [1].

Sully, et c'est une des rares questions sur lesquelles il ne fut pas d'accord avec le roi, combattit les partisans des manufactures de luxe. — Il assurait que la France devait se borner aux produits actuels de son sol et à la seule fabrication des draps et des toiles. Il disait : « Autant y a de divers climats, régions et contrées, autant semble-t-il que Dieu les ait voulu diversement faire abonder en certaines propriétés, commodités, denrées, matières, arts et métiers spéciaux et particuliers qui ne sont point communs ou pour le moins de telles bontés aux autres lieux, afin que, par le trafic et commerce de ces choses, dont les uns ont abondance et les autres ont disette, la fréquentation, conversation et société humaine soit entretenue entre les nations, tant éloignées puissent-elles être les unes des autres. » Et il ajoutait que ni le mûrier ni le ver à soie n'étaient faits pour la France. Son appréciation était juste et élevée, mais l'application portait à faux, la nature ne s'étant opposée en rien à l'industrie séricicole dans notre pays. L'objection la plus importante que faisait le ministre de Henri IV, était que la vie sédentaire et renfermée des manufactures « désacoutumeroit » les Français de la vie active et des fatigues au grand air qui font des hommes occupés aux travaux des champs de bons et vigoureux soldats. Il voyait peut-être déjà les populations étiolées qui végètent et meurent dans nos ateliers modernes.

Ce qu'il entendait du reste au sujet des soieries était de les prohiber à la frontière comme marchandise de luxe, et c'était par des lois somptuaires qu'il voulait arrêter le flot d'or français qui s'écoulait vers l'Italie [2].

---

1. Olivier de Serres avait découvert un autre parti à tirer du mûrier. Il tissait l'écorce du mûrier blanc « pour en faire du linge et autres ouvrages. » *Théâtre de l'agriculture.*

2. *OEconomies royales.* T. I, p. 516.

Le roi de France ne l'entendit point ainsi. Il se rendait très bien compte que les mœurs publiques repoussaient de plus en plus les lois contre le luxe. Et s'il voyait les inconvénients et les abus que la nouvelle industrie ferait naître, il y voyait aussi une source inépuisable de richesses et de puissance pour les nations qui sauraient s'en saisir. C'est pourquoi la France pouvant avoir sa richesse chez elle, il ne fallait pas qu'elle restât tributaire de l'étranger.

En 1599, Henri IV demanda un mémoire détaillé à Olivier de Serres sur les moyens d'introduire et de multiplier la culture du mûrier en France. Puis en 1600, il ordonna[1] au célèbre agriculteur de faire transporter à Paris 15 à 20.000 pieds de mûriers.

Des magnaneries s'élevèrent alors aux Tuileries, sur l'emplacement des Tournelles où l'on commençait à construire la place Royale, et au château de Madrid. — Une chambre de commerce fut fondée en avril 1601 « pour vaquer au rétablissement du commerce et manufactures ». Puis, en 1602, cette chambre traita avec des entrepreneurs qui s'engagèrent « à établir dans le royaume le plant des mûriers et l'art de faire la soie. » Puis, en décembre 1602, un édit chargea Laffemas, nommé contrôleur général du commerce, d'établir la répartition des mûriers et de la semence des vers à soie dans les paroisses. Il devait y avoir une pépinière dans chaque élection : On commença par les généralités de Paris, d'Orléans et de Tours. Des essais eurent même lieu en Normandie[2].

Sully s'était résigné à seconder les désirs du roi. Il fit faire des plantations de mûriers à Mantes, à Rosny et dans son gouvernement du Poitou[3].

----

1. Lettre datée du 27 septembre 1600 : Henri IV prescrit à Olivier de Serres, d'avoir à s'entendre avec le sieur de Bordeaux, surintendant général des jardins de France.

2. Laffemas dépassa ainsi de beaucoup, dans ses essais, la zone où le mûrier est cultivé de nos jours.

3. Il favorisa aussi l'établissement d'une manufacture de crêpes fins de Bologne dans le château de Mantes.

En août 1603, une manufacture de draps et de toiles d'or, d'argent et de soie fut fondée par ordonnance royale. Et du même coup les étoffes similaires provenant de l'étranger furent prohibées. Le roi accorda aux entrepreneurs, la noblesse, le rang d'officiers de sa maison[1] et le privilège exclusif pour douze ans à Paris. Les produits de la manufacture furent exemptés de tous droits à l'intérieur et à la frontière. — Les ouvriers étrangers furent admis à jouir de tous les droits des régnicoles; — les compagnons après six ans de travail pouvaient lever boutiques sans « chefs-d'œuvre » ni lettres de maîtrise. Les apprentis de même, après huit ans de travail. Enfin le roi prêta aux entrepreneurs 180.000 livres pour douze ans sans intérêts. Une autre manufacture très importante fut celle des fils d'or façon de Milan, qui épargna à la France plus de 1.200.000 écus par an, en introduisant chez nous le procédé milanais[2].

Certes, ces réformes devaient relever le commerce français presque anéanti par la faute du pouvoir; malheureusement Henri IV ne sut pas aller jusqu'au bout de ses projets.

Sous François Ier, un droit d'entrée assez modéré frappait les étoffes précieuses et les soies venant de l'étranger : il était de 5 p. 100 *ad valorem* sur les marchandises destinées à la France, de 2 p. 100 seulement sur celles de passage : Lyon était l'entrepôt général assigné à ces importations. Or, en 1554, le

---

1. On sait que déjà les gentilshommes pouvaient exercer l'industrie verrière sans déroger.

2. Henri IV accorda des encouragements pécuniaires et autres aux fabriques de tapisseries, façon de Flandre, de toiles fines de Hollande, de *bas de soie*, de cuirs dorés, de blanc de céruse, d'acier fin (Isambert, t. XV, p. 164-212-278-283-322. De cette époque datent les célèbres manufactures des Gobelins et de la Savonnerie, qui devaient faire oublier les manufactures d'Arras. Chose curieuse, en même temps que s'établissaient ces manufactures, paraissaient quatre édits somptuaires, de 1594 à 1606, sur l'emploi de l'or et de l'argent sur les habits. Ces édits furent d'ailleurs fort mal observés.

droit fut haussé à 7 1/2 p. 100 et 4 1/2 p. 100. Un droit d'exportation, absurdité fiscale, fut mis sur les marchandises françaises.

Henri III fit de Lyon le centre de tout le commerce et soumit tout à un impôt uniforme. Henri IV ne répara pas les fautes de son prédécesseur. Il réduisit seulement à 2 1/2 p. 100 le droit d'exportation sur les marchandises destinées à l'Espagne et conserva les anciens droits qui auraient dû être également réduits dans une très forte proportion. Ceci devait tuer cela, les droits énormes arrêtèrent d'un côté l'essor que l'on donnait de l'autre au commerce.

*
* *

Après avoir abrité l'amour, après avoir fait naître chez certains rois des idées d'art, après avoir vu passer de belles dames richement vêtues, le château de Madrid allait devenir fabrique de soie, il allait servir à la confection de ces riches parures que les dames qui l'avaient habité portaient avec tant d'aisance et de plaisir et qui encourageaient tout à la fois à l'amour et à l'art.

Pour bien saisir l'intérêt de l'industrie qui se créait au château de Madrid, nous avons cru nécessaire de développer des détails qui indiquent d'une façon plus précise l'état d'esprit dans lequel la France se trouvait, au moment où une richesse nouvelle venait de lui être apportée.

L'organisation de la magnanerie fut confiée à un Milanais du nom de Manfredo Balbani qui porta le titre d'entrepreneur de la magnanerie de Madrid.

Balbani en possession des pouvoirs que lui accordait son titre, s'appuyant sur les édits royaux de 1600 et du 21 juillet 1602, qui ordonnaient de planter des mûriers auprès des villes de Paris, Tours [1] et Orléans, fit transporter et immédiatement planter

---

1. Tours acheta en Languedoc 30.000 livres de graines à 40 s. la livre et 26.000 jeunes plants à 33 livres 7 s. 6 deniers le mille.

dans le parc du château de Madrid, destiné sous Henri III à recevoir des ifs et des cyprès, 3.000 ou 4.000 mûriers qui devaient servir à la nourriture des vers à soie, pour l'élevage desquels il s'entoura de nombreux ouvriers.

Manfredo Balbani avait quitté fort jeune sa ville natale, Milan, pour venir à Genève, dont il fut un des plus dévoués bourgeois. En 1590, il quittait Genève que cependant il continuait à servir, pour venir s'installer à Paris, favorisant ainsi les relations commerciales entre sa patrie d'adoption et la France. Il avait auprès de lui un Genevois, Boucher, et tous deux furent les hommes de confiance que la république de Genève avait auprès du roi de France.

Balbani suivit à la lettre les instructions du Petit Conseil et de Chapeaurouge. Obligé à des frais, Genève subvint à ses dépenses et lui remboursa les menus frais de sa négociation intérieure ; se rangeant à ses conseils, des présents furent faits au premier commis de Villeroy, le sieur Pasquier, qui rédigeait toutes les dépêches, au secrétaire du cabinet Loménie, au valet de chambre Beringhen, un protestant favori de Henri IV, aux huissiers, aux gardes et aux autres officieux [1].

Sa présence en France fit supprimer l'édit de 1599 qui ruinait Genève, le commerce des soies étant une des principales sources de richesse de la Suisse.

Théodore de Beze se donna la peine de venir au secours de François Dauphin en attirant sur ce point l'attention de Henri IV. Dans une lettre du 29 mars 1599, il y rappelait l'importance de la ville de Genève : « très ancienne république et cité impériale... située entre la communauté des Ligues et la Savoye et prochaine de la France » dont la conservation parut assez importante à Henri III pour qu'il conclût en sa faveur le traité de 1579 avec Soleure

---

1. Balbani à Chapeaurouge et Chapeaurouge à Balbani, Genève, R. C. vol. 93, f⁰ 117, v⁰ et copie de lettres, 2 août 1598.

et Berne. Dans ce pacte, le roi promit de traiter les Genevois par rapport au trafic des marchandises, comme « propres et naturels Français ». Or la prohibition des soies étrangères en France fut une ruine pour la ville : « Ne l'exempter de ceste deffense serait un des plus grands expédiens que sçauroit souhaiter celui qui en désireroit l'usurpation ou destruction. » Chapeaurouge s'employa de son mieux à faire lever cette prohibition. Il circonvenait sans cesse Bouillon, Bellièvre, et Rosny... Il espéra faire plaisir à ce dernier en lui faisant fabriquer à Genève, une montre-horloge ornée de ses armoiries.

Mais tout cela coûtait fort cher. Dès que le roi eut voulu élever des vers à soie au château de Madrid, Manfredo Balbani sollicita le nouvel emploi; si bien que, tandis que Sarrazin envoyé par Chapeaurouge à Genève se lamentait et disait qu'il ne fallait pas espérer la levée de la prohibition, Manfredo Balbani obtenait le poste qu'il désirait et pouvait écrire aux syndics et conseils de Genève, le 24 février 1600 :

«... Ayant pleu à la M. du roy de scavoir mon opinion s'y l'on pourroit nourrir par deçà des vers à soye, je n'ay peu luy celer que, puisqu'il s'en nourrissoit en des régions plus froides et mesme en vostre ville, que j'estimois, sy on trouvoit commodité d'arbres meuriers, qu'il s'en pourroit facilement nourrir. Sur quoy, ayant commandé de faire rechercher des dits arbres, il s'en est déjà trouvé en ceste ville et aux environs de trois à quatre mille, tous beaux et grands qui a donné à sa dite M. de voir ceste mesme année la preuve desdits vers, désirant que je m'employe et luy face service, en cela... j'aurois besoing de quelques personnes qui sont en vostre ville, tant pour gouverner lesdits vers que pour planter d'autres arbres. Plusieurs d'Avignon et ailleurs sont offerts de s'y employer, mais S. M. m'a faict cest honneur de s'en fier plutost à moy qu'à d'autres. »

Le Petit Conseil envoya aussitôt à Balbani, deux sériciculteurs, Blandano Condello, capitaine de la garnison de Genève, et la demoiselle Catherine Rustici[1].

La levée de la prohibition, heureusement pour les Genevois, fut ordonnée et la magnanerie de Madrid, devint sans but appréciable.

Blandano Condello et la demoiselle Catherine Rustici rentrèrent à Genève à la fin de 1603 et Balbani resta à Paris. C'est lui qui en janvier 1603 reçut du roi, pour Genève, la première mensualité de 5.000 écus d'or pour que la ville entretînt une garnison pendant la guerre de 1603.

La magnanerie de Madrid sur laquelle Barthélemy de Laffemas et Olivier de Serres avaient fondé tant d'espoir pour le commerce français, ne joua donc un rôle important que durant quatre ans et demi, et Sully victorieux abandonna complètement l'idée de la remonter.

*
* *

Manfredo Balbani, lors de sa nomination d'entrepreneur de la magnanerie de Madrid, apprenant que le château de Madrid appartenait à Marguerite de France, cessa le travail qu'il venait de commencer.

Marguerite, qui d'Auvergne, suivait attentivement les faits et gestes de la cour, ayant ouï dire que Balbani, sur l'ordre du roi, avait pris possession de sa maison de Boulogne et l'avait quittée lorsqu'il avait eu connaissance que le château était la propriété de l'ex-reine, écrivit aussitôt à Henri IV :

« Monseigneur, j'ai su que vous aviez fait établir un ménage de soie en ma maison de Boulongne, et par ce qu'on m'a avertie que le sieur Balbani à qui Votre Majesté en avait donné la charge l'avait interrompu, ayant appris que la maison était à moi, j'ai été très marrie, m'estimant et mes maisons et tout ce qui est mien ne pouvoir servir à plus digne offrande

1. M. Balbani à M. M. de Genève. Genève. P. H., nº 2249. Voir aussi à ce sujet, *Relations diplomatiques de Genève avec la France. Henri IV et les députés de Genève, Chevalier et Chapeaurouge*, par M. de Crue. Genève, J. Julien et Paris Picard, 1901, in-4º, 454 p.

ni qui soit plus agréable que ce qui est du plaisir de votre majesté; prenez donc tout, Monseigneur, que l'on dispose à votre volonté et de croire que le changement de condition ne changera jamais en moi ce devoir et cette volonté. Usson, 19 mai 1600. »

Le roi fit prévenir Balbani qui se remit à ses études et à ses essais.

La magnanerie de Madrid vécut encore jusqu'en 1605. Mais les gardes et les officiers de la maîtrise du bois de Boulogne créèrent à Balbani tant de difficultés et d'ennuis que ses ouvriers le quittèrent. Ne pouvant seul mener à bien une entreprise, qui périclitait tous les jours n'étant pas défendue, il abandonna Madrid à son tour.

Au commencement de 1605, Marguerite avait abandonné Usson et était venue à Villers-Cotterets. En apprenant le départ de Balbani et l'abandon de l'industrie, elle écrivit à nouveau à Henri IV :

« Je supplie très humblement Votre Majesté d'avoir pour agréable, à cette heure que ma maison de Boulongne n'est plus nécessaire aux faiseurs de soie, qu'elle me soit remise. L'air de cette demeure m'étant plus sain que celui de Villers-Cotterets, lequel, Monseigneur, comme tout ce qui est à moi est à Votre Majesté et lui sera plus propre pour la chasse. S'il lui plaît donc de me la faire remettre, je la ferais meubler et accomoder et m'y rendrais, Dieu aidant, avant que ce mois de septembre passé, pour y recevoir les commandements de Votre Majesté et lui offrir tout ce que prétendre et posséder votre très humble et obéissante servante, sœur et sujette. Marguerite. 12 août 1605. »

Elle vint donc à Madrid vers la fin de septembre 1605. La vie qu'elle mena à Madrid montre tout son caractère. Elle allait soit au couvent des Petits-Augustins soit à Longchamp. Elle avait alors auprès d'elle saint Vincent de Paul, qui, revenu de sa captivité en Afrique, habitait le château en qualité d'aumônier.

Malgré la présence auprès d'elle de cet homme de

bien, elle passait de ses pratiques religieuses aux raffinements les plus variés du désordre avec une déplorable facilité [1]. De même elle dépensait sans compter et s'attira ces lignes [2] : « Il lui était du tout impossible d'être ménagère, ne pouvant jamais vivre autrement et tenant cette libéralité de sa race. Comme à la vérité du côté de sa mère, les Médicis, ont été tous notés de prodigalité démesurée, et si pour cela n'en ont pas été estimés plus gens de bien. »

Elle se plut dans son château et comme le Dauphin y vint quelques fois ainsi que nous aurons à le dire dans le chapitre suivant, elle tint à le conserver en bon état. C'est à ce sujet qu'elle écrivit au roi Henri cette lettre : « Monseigneur, je passais dernièrement à Boulongne, où j'ai trouvé un si grand dépôt de bois qu'ont fait les enfants de la gruyère, que si c'était trois mois de plus, je crois qu'il n'y aurait plus de bois. Je désire conserver, embellir cette maison pour M. le Dauphin. J'aurais extrême regret de la voir ainsi ruinée ; ce qui me fait très humblement supplier Votre Majesté d'avoir pour agréable que je l'en ôte. J'ai donné cette commission à un honnête homme, M. Louis Delaforest ; il rendra la cassine meublée et propre, et la porte ouverte quand il plaira à Monseigneur d'y aller, ne voulant chose qui ne soit point pour servir à Votre Majesté et lui rapporter du plaisir. »

Il est difficile de reconnaître, au ton de soumission de ces différentes lettres, la hautaine et trop galante Marguerite.

Livrée à elle-même, alors qu'elle ne sentit plus le joug, bien libre pourtant, de celui qui était son maître, dépitée de ne plus voir Henri IV, qui n'allait lui rendre visite que rarement, Marguerite éprouva un vide, qui lui fit désirer, ce qu'elle n'avait pas

---

1. Cruelle à ses heures, on raconte qu'elle fit assassiner de sang-froid, en plein midi, dans la rue, un gentilhomme qui avait tué dans un duel un de ses écuyers qui lui tenait fort au cœur.

2. L'*Estoile*. Journal de Henri IV.

voulu. Elle se fit humble et petite auprès du roi, reconnaissant peut-être, l'autorité légitime à laquelle elle n'avait jamais voulu se soumettre.

Marguerite mourut en 1615, dans son hôtel de la rue de Seine près de ce couvent des Petits-Augustins, qu'elle avait créé, sur l'emplacement duquel s'élève aujourd'hui l'école des Beaux-Arts, et non au château de Madrid comme certains auteurs l'ont prétendu.

CHAPITRE VI

Louis XIII. — Son portrait. — Louis XIII au château de
Madrid. — Les fréquentes visites qu'il fit avant de venir s'y
installer. — Ses chasses au bois de Boulogne. — Sa dernière
visite au château de Madrid lors d'une épidémie à Saint-
Germain. — Le château de Madrid prison du conseiller
Broussel. — Opinion de MM. de Villers, sur le château
lors de leur passage à Paris. — Madrid manufacture de bas
de soie. — Indret premier entrepreneur. — Ordre de
Louis XIV au sujet des ouvriers de la manufacture. —
Gratification donnée par le roi aux ouvriers. — Impor-
tance de la manufacture. — Sa déchéance. — Mort d'Indret.
— Sa veuve continue. — La manufacture du château de
Madrid ferme ses portes.

> Nos vœux sont exaucés, la France est satisfaite :
> Nous iouyssons de l'heur que l'oracle prophète
> De nos iustes désirs se promettoit en fin :
> La paix a maintenant une baze asseurée ;
> Et pour rendre éternel le bien de sa durée,
> Le ciel à nos souhaits a fait naistre un Dauphin[1].

C'est ainsi que l'évêque Bertaut, célébrait la naissance de celui qui devait régner sous le nom de
Louis XIII, qu'Henri Martin, à tort du reste, comme
beaucoup de ses devanciers, nous dépeint, concentré,
colère, obstiné, sans épanchement, sans tendresse,
dissimulé, défiant et mélancolique :

« Il avait les yeux et les cheveux noirs et le visage
basané d'un Espagnol, moins la flamme qui éclaire ces
teints sombres du midi. L'expression de ses beaux
traits était à la fois vague et dure. Ni le cœur ni les

---

1. *OEuvres poétiques de M. Bertaut*, evesque de Sces (Seez),
abbé d'Aunay, premier aumònier de la Reyne. Dernière édition, à
Paris, chez Toussainct du Bray, rue Saint-Jacques. MDCXX, p. 63.

sens ne s'éveillaient chez lui : il n'aimait ni les femmes, ni le vin, ni le jeu, encore moins les lettres; les arts le touchaient un peu plus; la musique émouvait cette mélancolie qui était l'unique poésie de son âme; le goût de la composition musicale tranchait parmi les autres goûts : la chasse, l'arquebuserie et les combats d'animaux. Ses plaisirs d'enfance avaient été de dresser des émérillons et des pies-grièches à dénicher les moineaux du Louvre et des Tuileries, de faire battre des coqs ensemble, ou des taureaux contre des dogues d'Angleterre, de brûler de la poudre, de bâtir de petits forts en terre et en gazon, de forger des lames d'épée, de tourner des bois d'arquebuse. Il devint très bon piqueur, excellent écuyer, très adroit tireur et très habile dans toute sorte d'ouvrages manuels... »

Alors qu'en réalité, ce fut un grand roi, épris de justice, sévère, appliqué, scrupuleux et l'un des plus magnifiques soldats qu'ait eus la France des lys, si fertile pourtant en grands généraux.

Lorsque la reine Marguerite reparut à la cour, le Dauphin se montra d'abord assez dédaigneux pour elle, ayant quelque peine à comprendre qu'il dût appeler *maman* une autre femme que sa mère. Mais il céda bientôt aux marques extraordinaires de tendresse que la reine Marguerite lui prodigua et qu'elle ne cessa de lui donner jusqu'au jour où elle mourut [1].

Louis XIII connut le désir qu'avait la reine Marguerite de lui donner le château de Madrid. Il prit plaisir, lorsqu'il allait au bois de Boulogne, de passer par le château soit en allant soit en revenant pour y prendre collation. Le détail de ses différentes visites se trouve dans l'excellent journal de Jean Héroard, son médecin, qui lui avait été choisi par son père [2].

---

1. *Journal de Jean Héroard*, Int., p. 111.
2. Henri IV, dit à Jean Héroard, le 20 septembre 1601, c'est-à-dire sept jours avant l'accouchement de la reine : « Je vous ai choisi pour vous mettre près de *mon fils le Dauphin*, servez-le bien. » *Journal de Jean Héroard*, sur l'enfance et la jeunesse de

Le samedi 23 juillet 1605, « le sieur de la Lane, maître d'hôtel de la reine Marguerite, arrivée à Madrid depuis trois jours, vient pour visiter le Dauphin de sa part et lui dire qu'elle lui baisait les mains et pour s'excuser si elle n'était venue pour le voir, ce qu'elle ferait se trouvant délassée du travail du chemin et lorsqu'elle auroit eu l'honneur de voir le Roi. » Le Dauphin lui répondit : « Je la remercie bien humblement, je suis son serviteur. Comment se porte maman [1] ? »

Trois jours après [2], Henri IV lui-même alla visiter la reine Marguerite au château de Madrid, mais malheureusement le scrupuleux médecin ne nous donne ancun détail sur l'entrevue.

Le jeudi 11 août 1605 [3] le Dauphin vit la reine Marguerite au bâtiment neuf, où il avait été mené voir le Roi et la Reine à neuf heures trois quarts. « La Reine était au lit, le Roi assis dessus et la Reine Marguerite à genoux, appuyée contre le lit [4]. M. le Dauphin mit sur le lit sa joue à un petit chien que le Roi lui avait prêté ; il dit adieu à la Reine Marguerite qui s'en retournait à Madrid, l'embrasse et la conduit jusques en sa chambre.

Au mois de mars 1606 [5] il eut un mot amusant au sujet de Madrid. Le dimanche 12, il vint de Saint-Germain à Paris dans la litière de la reine ; va par les bacs et trouve M. de Souvré au Pecq. Il goûte à Chatou, mais en passant sur le bac de Neuilly, il vit Madrid et dit : « Hé ! vela une grande maison qui chemine. »

Le mercredi 25 mars 1609 [6] le Dauphin avait sept

Louis XIII (1601-1628), par MM. Eud. Soulié et Ed. de Barthélemy Paris, Firmin Didot, 1868, t. I, int. p. 1.

1. *Journal de Jean Héroard*. T. 1, p. 141.

2. *Id.* T. I, p. 142.

3. *Id.* T. 1, p. 145.

4. Le roi écrivait la veille à M. de la Force : « J'ai ici, près de moi, ma sœur la reine Marguerite, qui se gouverne de façon que j'en ai beaucoup de contentement. » (Lettres, missives, VI, 500).

5. *Journal de Jean Héroard*. T. 1, p. 177-178.

6. *Id.* T. I, p. 388.

ans et demi, quand pour la première fois, il fut mené au château de Madrid, où il désirait aller depuis long-temps afin d'y voir la reine Marguerite vers laquelle il se sentait alors attiré par une véritable affection.

Mené au château de Madrid, il a goûté à l'entrée, chez le concierge [1], puis il est mené à l'abbaye de Longchamp. Il fut déçu, car il ne vit pas la reine.

Il y retourna le vendredi 20 novembre 1609 [2]. « Botté, mené en carrosse jusques au Roule, il monte à cheval et va courir un loup dans la garenne de Madrid. »

Deux mois après, le jeudi 14 janvier 1610, nouvelle chasse près de Madrid [3]. « Dîné avec impatience, pour aller à la chasse où M. le comte de Soissons le devait mener et l'attendait à la salle ; il met des mar-rons rôtis non pelés dans sa pochette. Botté, il entre en carrosse, est mené par le Roule où le pavé était couvert du débordement de la rivière, au parc de Madrid, y est monté sur sa petite haquenée baie, court deux lièvres. La pluie et la grêle surviennent, il se prend à galoper pour gagner le château ; il y change de chemise ; l'orage passé, il remonte à cheval. Goûté à cheval, d'une petite tarte de massepain et de deux marrons qu'il tire de sa pochette. »

Le jeune Dauphin, le vendredi 30 avril 1610, mon-ta à cheval pour aller au-devant de MM. d'Orléans et d'Anjou et de Madame Christienne, qui venaient de Saint-Germain pour le couronnement de la Reine « va jusques à Madrid, (dit Jean Héroard [4]), ne les rencontre point, revient à six heures, et les trouve chez la Reine. »

Le mardi 4 mai 1610, il va à cheval à la chasse au parc de Madrid [5], et de même le jeudi 15 juillet où mené en carrosse à Madrid, il chasse au lièvre et à l'oiseau [6].

<hr>

1. Ricard de la Chevalleraye.
2. *Journal de Jean Héroard.* T. I, p. 413.
3. *Id.* T. I, p. 421.
4. *Id.* T. I, p. 433.
5. *Id.* T. I, p. 434.
6. *Id.* T. II, p. 13. Il est roi depuis le 14 mai.

Il retourna à Madrid une dernière fois en l'année 1610, le jeudi 23 décembre [1]. « Mené en carrosse au bois de Madrid, il y est monté à cheval, chasse deux loups, vole une corneille, est ramené en carrosse. »

Le dimanche 16 janvier 1611, il se rendit en carrosse, en compagnie de la reine, ce fut la seule fois cette année-là [2].

« Louis aimait les domestiques qui servaient ses goûts, à peu près comme il aimait ses chiens et ses oiseaux ; la chasse au vol étant l'objet de sa préférence, son fauconnier devint tout naturellement son favori. En 1611, son gouverneur M. de Souvré, voyant le jeune roi très passionné pour les oiseaux de proie, avait placé auprès de lui un homme connu par son talent pour élever les faucons : c'était un gentilhomme d'une trentaine d'années, de noblesse équivoque, dont le père, brave officier de fortune, était, dit-on, le bâtard d'un chanoine de Marseille et d'une Italienne qui se prétendait issue de la maison florentine des Alberti. Il s'appelait Charles d'Albret, du nom de sa grand'mère, et avait pris le titre de sieur de Luynes, d'une petite métairie qu'il avait au bord du Rhône. Son âge fort disproportionné d'avec l'âge du roi, et le peu de capacité qu'on lui croyait, l'avaient fait regarder à Souvré comme un homme sans conséquence. Souvré, qui voulait pousser son fils dans la faveur du roi, s'aperçut bientôt de son erreur, mais il était trop tard. Luynes venait de recevoir la charge créée par lui de *maître de la volerie du cabinet* [3]. »

Sur le désir du roi, de Luynes avait organisé *la volerie dite de Longchamp*. Cette volerie était située dans la plaine qui séparait le château de Madrid de l'abbaye de Longchamp ; lorsque le roi venait, soit à Madrid, soit simplement au bois de Boulogne, il ne manquait jamais de pousser sa visite jusqu'à la volerie.

1. *Id.* T. II, p. 44.
2. *Journal de Jean Héroard.* T. II, p. 50.
3. Henri Martin.

Le vendredi 19 janvier 1618, Louis XIII va visiter entièrement le château de Madrid, pour y faire choix d'un logement [1], dans lequel il va s'installer le mardi 23 janvier pour y passer quelque temps [2]. Il semble qu'il y soit resté jusqu'au 2 février, bien que nous n'ayons l'emploi de son temps que jusqu'au 31 janvier.

Le jeudi 25. — « Il prend un émerillon sur le poing et va à pied dans le bois, vers la Muette, revient tout à l'entour de la muraille du parc, va chez la reine; va après à la chasse vers la plaine de Saint-Denis. »

Le vendredi 26. — « Après avoir été au Conseil, il va se promener et faire travailler à un fort qu'il fait faire près de la porte, à l'avenue du pont de Neuilly. »

Le dimanche 28. — « Il chasse par de là du pont de Saint-Cloud; il était à cheval; il faisait un extrême froid. Il l'avoue contre sa coutume, et demande à se chauffer; il va chez la Reine, puis chez M. de Luynes, où il a soupé; revient à huit heures. »

Le lundi 29. — « Il va travailler à son fort, revient par le Conseil où il donne congé aux notables qu'il avait mandés pour l'assemblée tenue à Rouen [3], puis retourne travailler à son fort, va lui-même quérir et conduire les gazons. Il faisait grand froid. »

Le mercredi 31. — « Après son dîner, il va travailler à son fort; à deux heures revient au Conseil; à trois s'en va vers Longchamp à la volerie, revient à quatre heures, travaille encore à son fort, puis va chez la Reine, où il mange quelques beignets qui s'y faisoient. »

Enfin en 1636, comme le roi logeait à Saint-Germain [4] une épidémie éclata. Pour l'éviter, le roi vint

---

1. *Journal de Jean Héroard*. T. II, p. 50.

2. *Id.*

3. L'assemblée avait eu lieu à Rouen, le 4 décembre 1616 et avait été dissoute le 28 sur les observations que les notables firent au roi, qui voulait supprimer la *paulette* et la *vénalité*. En les renvoyant le roi promit aux notables que l'édit serait incontinent renvoyé au Parlement, mais il ne tint pas sa promesse.

4. *Journal de Jean Héroard*. T. II, p. 58.

se réfugier à Madrid, où il avait passé de si bonnes heures dans sa jeunesse. Ce fut sa dernière visite.

*
* *

Le nom du château disparaît de l'histoire jusqu'en 1648[1], époque à laquelle Madrid servit de prison, pendant quelques minutes, au conseiller Broussel.

Sans en rappeler les causes trop connues, nous nous permettrons d'exposer brièvement l'arrestation de ce conseiller.

Le 26 août, tandis qu'on arrêtait et menait à Vincennes le président aux requêtes, Potier de Blancmesnil, et que le président Charton échappait à l'exempt chargé de s'emparer de sa personne, le lieutenant des gardes de la reine saisissait au milieu de sa famille, le vieux Broussel. Beaucoup plus connu de la multitude que les autres magistrats qu'on frappait avec lui, le conseiller habitait une humble demeure au fond de la cité, rue Saint-Landri, dans un des quartiers les plus populeux et les plus remuants de Paris. En quelques instants, toute la cité fut soulevée contre ceux qui emmenaient « le protecteur du peuple ».

Le carrosse dans lequel se trouvait le prisonnier ayant versé sur le quai, Broussel allait être délivré, si les gardes françaises ne fussent arrivées au secours des gardes de la reine.

On parvint à grand'peine à faire sortir le carrosse de Paris, par la porte Saint-Honoré. Touchant au château de Madrid, Broussel fut de là conduit à Saint-Germain où il ne devait rester prisonnier que quelques heures.

Louis XIV, trop grand roi pour s'abaisser à venir perdre son temps dans un petit château, se contenta de faire entretenir à Madrid une meute pour ses chasses dans le bois de Boulogne.

1. Nous signalons la revue des 8 compagnies de gardes suisses, passée dans la plaine de Madrid, le 15 juin 1648.

Il condescendit toutefois à venir passer trois jours, du 19 au 21 août 1652, en son château du bois de Boulogne, mais on ne l'y revit plus.

Aussi, étant quelque peu inhabité, le château de Madrid se désagrégea. Mal réparé, le vent et la pluie gâtèrent l'œuvre des Della Robia et Gadyer, ainsi qu'en témoigne un écrit de MM. de Villers, de passage à Paris.

« ... Et nous nous pourmenasmes jusques à Madrid, qui est ce château royal qui y fust basti par le roy François Ier, sur le modèle de celuy où il fust prisonnier à Madrit, en Espagne, après la funeste journée de Pavie. Il est tout à fait abandonné et c'est dommage, car c'estoit un fort bel ouvrage : il semble estre fait de marqueterie y ayant en plusieurs endroits des quarreaux et du plastre vernissé et relevé en bosse; mais estant exposé à l'iniure du temps, le vent et la pluye gastent tout et font tout tomber[1]. »

Colbert veillait et le château de Madrid, qui avait servi de rendez-vous de chasse, de temple d'amour, de fabrique, de prison, devait, à la demande du premier ministre, peu raffiné dans ses goûts, mais extrêmement pratique, avoir une destinée moins fastueuse que celle à laquelle François Ier l'avait destiné, mais plus productive.

Colbert jugeant utile de relever l'industrie et le commerce en France, très abattus par les guerres civiles et les difficultés de la politique extérieure, voulut donner une impulsion nouvelle aux manufactures.

Les soies, les cotonnades, les draps fins, les étoffes de laine et, en un mot, tous les produits somptuaires, étaient importés en France, où la production était insignifiante relativement à la consommation.

Devant cet état de choses, Colbert songea à faire fabriquer en France, ce que l'on achetait en Angleterre et en Hollande. Pour cela, le grand ministre

---

1. *Journal de deux jeunes Hollandais à Paris* (1656-1658). Paris-Champion, 1900, p. 109-110.

attira des centres de production, par toutes sortes d'avances et de libéralités les artisans étrangers, les plus adroits.

En 1665, les manufactures éclorent partout.

Les métiers à bas inventés en France, oubliés chez nous, tandis qu'ils se répandaient en Angleterre, furent rapportés en 1656 par deux Nîmois. Colbert, qui était au courant de ce fait, conçut alors le projet d'établir une manufacture de bas dans le château de Madrid.

Pour mettre son projet à exécution, le secrétaire d'État, chargea un mécanicien, Jean Indret (ou Hindret), de se rendre furtivement en Angleterre, où aidé des subsides qui lui seraient fournis, il devait s'efforcer de surprendre le secret des Anglais, qui avaient modifié et perfectionné les métiers à bas qui ne devaient pas sortir de l'île.

Jean Indret partit en Angleterre et revint bientôt, porteur du secret jalousement caché des artisans anglais. Colbert alors donna à Pecquet, l'ordre de fonder au château de Madrid une manufacture de bas de soie.

C'est à ce sujet que Pecquet écrivit au ministre le 3 juin 1666[1].

« Suivant le commandement de Monseigneur, j'ay formé une compagnie pour la manufacture de Madrid et l'ay jointe avec le sieur Indret et ses enfants. Cette compagnie est composée, si Monseigneur l'agrée ainsy : du sieur Indret, premier entrepreneur, des sieurs Dalibert, Changanguel, de Biz, Lesecq et Rotrou, lesquels se proposent de faire un fonds de 300.000 francs, et plus s'il est nécessaire, pour faire travailler et establir dans un an 200 mestiers aux lieux que Monseigneur ordonnera et de rompre le commerce d'Angleterre. Ils sont d'accord de tous leurs faicts, excepté de quelque désintéressement que

---

1. *Correspondance administrative sous le règne de Louis XIV. Comptes des bâtiments du roi. Collection des documents inédits sur l'histoire de France*. Imprimerie Nationale.

demande le sieur d'Indret, lequel j'aurais bien réglé si Monseigneur m'en avait donné le pouvoir. Ils se sont assemblés déjà trois fois et m'ont prié de savoir si Monseigneur aurait bien agréable qu'ils allassent tous le saluer et recevoir leur mission de leur bouche. Et pour cela ils se préparent de se rendre dimanche à Fontainebleau, si Monseigneur ne le leur deffend, et à moy de les y mener. Je rendray compte de cette affaire plus particulier à Monseigneur de vive voix et lui diray seulement par avance que, de toutes les manufactures du temps, celle-ci sera soutenue avec le plus de solidité, d'esclat et de succès, si je ne me trompe, et si Monseigneur la protège... »

La manufacture du château de Madrid fut ouverte en 1667 ; et c'est l'année où l'industrie des bas de soie figure pour la première fois dans les comptes des bâtiments royaux[1] :

« 8 mars 1667. De M. Estienne Jehannot, sieur de Bartillat, garde du trésor royal, pour délivrer 600 livres à M. François Estienne, entrepreneur de la manufacture de soye establie au château de Madrid pour l'entretenement pendant un an de douze pauvres apprentis, et 13 livres, 6 sols, 8 deniers pour les frais... »

Les métiers furent installés dans les communs, les pièces principales du château étant réservées au gouverneur et à quelques locataires auxquels le roi avait donné l'autorisation ; les ouvriers relativement peu nombreux furent logés sous les combles, ainsi que les apprentis.

La direction de la manufacture avait été confiée à Indret qui s'acquittait merveilleusement de sa tâche. Malgré cela quelques mécontents soulevèrent des difficultés et en août 1669, une plainte fut portée contre le Directeur et le sieur de la Chevalleraye, concierge du château, qui vendaient du vin, sans payer de droits au sous-fermier de la cour des aides.

Le roi s'émut de cette vente clandestine et envoya

---

1. Comptes publiés par M. J. Guiffrey. T. I, p. 171.

à Chevalleraye l'ordre d'ouvrir les portes du château-
fabrique, dont l'accès avait été refusé, pour que visite
en soit faite par le sous-fermier et ses commis.

« Sa Majesté étant informée que le sous-fermier des
aides du plat pays de l'élection de Paris où ses commis s'étant (rendus) à la porte du château de Madrid
pour y faire (leur visite) ordinaire sur la connaissance
qu'ils avaient de la vente et débit de vin qui s'y fait
journellement tant en gros qu'en détail par le nommé
Indret directeur de la manufacture de bas de soye
établie au dit lieu... en aurait... tant par le dit Indret
que par le nommé de la Chevalleraye concierge du
dit chasteau jusqu'à ce qu'il leur fût apparu à ces... de
la volonté de sa Majesté. A quoi voulant pourvoir la
dite Majesté a déclaré et déclare que son intention
est que le dit sous-fermier ou ses commis fassent leur
visite et exercices ordinaires avec toute... tant au
dedans du dit chasteau de Madrid que dans la basse
cour d'icelluy et tous lieux en dépendant... toutes ces
portes leur en soient ouvertes, mandé et ordonné au
dit de la Chevalleraye concierge du chasteau et .. à
l'exécution du dit ordre. Donné à Saint-Germain-en-
Laye, le 9 août 1669, signé, Louis, et plus bas, Colbert[1]. »

Le nombre des ouvriers augmenta rapidement.
Ceux-ci, certains de l'impunité parce qu'ouvriers de
la fabrique royale, se livrèrent à des manifestations.

Louis XIV réprima ce désordre en envoyant en
une lettre, un ordre au concierge du château Jean de
Ricard de la Chevalleraye.

« Les intéressés dans la manufacture des bas de
soye establie dans mon château de Madrid me sont
venus faire leurs plaintes de ce que quelques ouvriers
de la dite manufacture se prévalant du respect qu'ils
sont persuadés que les officiers de justice ont pour
nos maisons, se portent à beaucoup d'insolences et
désordres dans l'espérance d'impunité. Et, comme il

_____

1. Arch. nat. o¹ 13 fol. 187.

est important pour le bien de cette manufacture que j'affectionne, d'établir la paix entre les ouvriers et de corriger ceux qui s'éloigneront de leur devoir, je désire qu'aussytôt que vous aurez reçu cette lettre, vous donniez tous les ordres nécessaires et mettiez les choses en état, que les officiers de justice puissent, avec toute liberté et sûreté, entrer dans mon château de Madrid, y informer, décretter, prendre et arrester ceux qui se trouveront coupables des désordres, les punir suivant la rigueur de mes ordonnances, et faire les autres fonctions de leurs charges toutes les fois que les intéressés en la dite manufacture les en requerront; ce que me promettant que vous exécuterez avec ponctualité,

Je prie Dieu qu'il vous ait, Monsieur, en sa sainte garde.

Donné à Saint-Germain-en-Laye, le 31 décembre 1670. Signé Louis et plus bas Colbert [1]. »

Ordre au concierge du château de Madrid de laisser entrer les officiers de justice que les intéressés à la Manufacture de bas de soye mandront.

« De par le Roy.

« Sa majesté mande et ordonne au sieur de la Chevaleray, concierge du dit château de Madrid, de laisser librement entrer dans tous les lieux et endroits du dit château les officiers de justice que les intéressés dans la manufacture de bas de soye y mandront et de souffrir qn'ils y fassent les fonctions de leur charge sans leur donner aucun trouble ni empêchement. Fait à Saint-Germain en Laye le 31 août 1670, signé Louis et plus bas Colbert. [2] »

Malgré ces petits différends, le roi, content de son personnel, accorda, le 9 février 1672, une somme de 200 francs à titre de gratification à chacun des 79 compagnons qui formaient le corps ouvrier logé dans le château de Madrid.

---

1. Secrétariat de la maison du roi. Arch. nat. O¹ 14 fol. 376 verso.

2. Secrétariat de la maison du roi. Arch. nat. O¹ 15 fol. 376, verso.

« Aux soixante-dix-neuf compagnons dénommés dans l'estat d'aujourd'hui, travailleurs à la manufacture de bas de soye au chasteau de Madrid, pour la gratification de 200 francs que le roy a accordé à chascun des dits compagnons suivant sa déclaration au mois de février 1672, 15.800 francs. »

L'industrie marchait si bien que Louis XIV, à la demande de Jean Indret, voulant honorer la manufacture de soie du château de Madrid, et récompenser ses ouvriers, porta création et érection en maîtrise, la dite manufacture, par lettres patentes que nous publions intégralement jugeant intéressant de faire connaître la sollicitude du roi à l'égard des ouvriers.

« Lettres patentes du roi données au mois de février 1672 portant création et érection en maîtrise de la manufacture de soie et autres ouvrages au métier.

« Registrées en parlement et chambre des comptes.

« Louis, par la grâce de Dieu, roi de France et de Navarre, à tous présens et à venir salut. L'usage des bas, canons, camisolles et autres ouvrages de soie s'étant rendu commun dans notre royaume, nous résolûmes dès l'année 1656 d'y établir cette manufacture, tant pour y procurer de l'emploi à plusieurs ouvriers qui trouveraient dans cet établissement un moyen honnête de faire subsister leurs familles, que pour empêcher le transport de plusieurs sommes de deniers dans les pays étrangers où ces ouvrages se fabriquent : ce qui eut très heureux commencemens par les soins du sieur Jean Hindret, que nous établîmes dans notre château de Madrid qui réussit dans cette entreprise avec tant de succès, que le progrès en étant devenu très considérable, nous résolûmes pour l'augmenter d'établir une compagnie qui s'est depuis appliquée avec tout le soin possible à le perfectionner.

« Néanmoins les ouvriers qui travaillent s'étant depuis relâchés et ayant négligé leur travail sous prétexte qu'ils ne pouvaient devenir maîtres, ni même avoir la liberté de travailler pour leur compte particulier, les directeurs de la dite compagnie nous avaient représenté que ce relâchement pourrait enfin causer un notable préjudice à la manufacture; à quoi voulant remédier, et connaissant d'ailleurs après plusieurs expériences qu'il n'y a rien qui fasse plus aimer à cultiver les

arts, ni qui puisse davantage contribuer à l'établissement et
au progrès des manufactures que l'espérance de quelques
avantages asseurez pour ceux qui s'y appliquent, à la vue
d'une récompense certaine à la fin de leurs travaux, nous
avons estimé qu'il était important pour d'autant plus établir
la dite manufacture des bas de soie dans notre royaume, et
pour traiter favorablement ceux qui s'y employeront à l'avenir,
non seulement de l'ériger en titre de métier, avec facilité à
ceux qui travailleront d'acquérir la maîtrise et se pouvoir dire
maîtres, mais encore de contribuer de nos deniers à la
despense et à l'achat des métiers qui leur seront nécessaires
pour l'exercer lorsqu'ils y parviendront, à ces causes, de
l'avis de notre conseil et de notre certaine science, pleine
puissance, et autorité royale, nous avons ces présentes
signées de notre main, créé, formé et érigé, créons, formons
et érigeons dans toute l'étendue de notre royaume au titre de
maîtrise et communauté le métier et manufacture de bas,
canons, camisolles, caleçons et autres ouvrages de soie qui
se font au métier. Voulons qu'en toutes rencontres et occasions, soient publiques ou particulières concernant les arts
et métiers elles y soient reçues et considérées en cette
qualité de corps et communauté formée, et qu'à cet effet elle
soit inscrite ès greffes de nos sièges et juridictions ordinaires
au rang et au nombre des autres communautés, à commencer
dans trois ans du jour et date de la présente, et à la charge
de garder et observer les règlements que nous avons pour ce
fait dresser, compris sous trente-quatre articles attachez sous
le contre-scel et des présentes pour servir de statuts aux
maistres ouvriers de ladite communauté, revoquons à cette fin
toutes les lettres qui pourraient être contraires, auxquelles
nous avons expressément dérogé et dérogeons par ces
présentes, permettons néanmoins au dit Hindret, sa femme,
ses enfants, sans qu'ils soient obligés de prendre aucune
lettre de maîtrise après les dites trois années expirées, de
continuer ladite manufacture si bon leur semble dans tels
lieux de notre royaume qu'ils jugeront à propos, y avoir et
tenir tous les outils, ustenciles et autres choses généralement
quelconques, tant pour l'appret, teinture de leurs soies et bas,
que pour l'entière perfection de leurs ouvrages, sans qu'ils
en puissent empêcher en quelque sorte et manière que ce
soit.

« Voulons à cette fin que les apprentis qu'ils feront ci-après,
soient reçus dans le corps des maîtres du dit métier aux conditions des autres maîtres, et rapporteront leurs brevets

d'apprentissage passer par devant notaires, et par eux certifier, en considération de ce que le dit Hindret est le premier instituteur en France de ladite manufacture. Et parceque les métiers qui servent à cette manufacture sont de prix et que les particuliers capables de la maîtrise pourraient être arrêtés par l'impuissance de les acheter, nous ordonnons qu'à chacun des deux cents premiers maîtres qui seront reçus, il soit fourni la somme de deux cens livres de nos deniers, pour être employés au paiement d'une partie du prix du métier qui lui sera livré pour les intéresser en la dite manufacture de Madrid, du nombre de ceux qui se trouveront travaillans, bien et duement conditionné, jusqu'à ce que le nombre de deux cens métiers ait été fourni par les dits intéressés à icelle, à peine de confiscations. Si donnons en mandemens à nos amys et féaux conseillers les gens tenant notre cour de parlement et chambre des comptes à Paris, que ces présentes ils ayent à faire lire, publier, et enregistrer et du contenu en icelles faire jouir et user pleinement et paisiblement les maîtres et ouvriers du dit métier de bas, canons, camisolles, caleçons et autres ouvrages de soie qui se font au métier, cessant et faisant cesser tous troubles et empéchemens qui pourraient être mis ou donnez au contraire : car tel est notre plaisir. Et afin que ce soit chose ferme et stable à toujours nous avons fait mettre notre scel à ces dites présentes.

« Donné à Saint-Germain en Laye, au mois de février, l'an de grâce mil six cens soixante-douze, et de notre règne le vingt-neuvième ;

« Signé : Louis, et sur le reply : par le roi, Colbert; et scellé du grand sceau de cire jaune.

Il est particulièrement aisé de voir par la lecture de cette pièce, l'importance que le roi et Colbert portaient à la manufacture de bas de soie, et l'on ne peut alors s'étonner de la prohibition dont furent frappés les ouvrages de soie émanant de l'étranger.

L'Angleterre se montra particulièrement irritée de cette prohibition, et non contente d'augmenter les droits sur nos vins et nos eaux-de-vie, elle rendit ces droits rétroactifs de plusieurs années.

La réglementation intérieure du travail continua, des chambres de communauté furent constituées dans tous les Hôtels de ville, pour régler sommairement les défectuosités des manufactures et tenir dans le devoir jurés et ouvriers.

La moindre infraction exposait aux amendes, à des confiscations de marchandises et même à des châtiments corporels [1]. Il est vrai de dire que ces punitions ne furent jamais appliquées.

L'édit de 1581 qui permettait aux maîtres d'avoir un nombre illimité d'apprentis fut abrogé, les nouveaux édits n'accordèrent plus qu'un apprenti à chaque maître, mais d'un autre côté on soutint les ouvriers dans leurs intérêts — on ne pouvait ni saisir leurs meubles ni leurs outils. — Les ouvriers des manufactures royales et de Madrid entre autres, furent exemptés de tailles. On leur remboursa le droit de 30 livres qu'ils devaient payer et on leur donna même des outils gratuitement. Chaque ouvrier qui épousait une fille de l'endroit où il travaillait, recevait une gratification de 6 pistoles (132 francs anciens) et 2 pistoles à la naissance du premier enfant.

Aussi, devant ces preuves d'encouragement, les ouvriers prirent à cœur leur tâche et le régime manufacturier apporta une richesse et une prospérité qui malheureusement ne devait pas durer.

Les soieries produisirent un mouvement de fonds évalué à 50 millions de francs par an, et Colbert, alors à l'apogée de sa gloire, pouvait se trouver heureux et satisfait de l'idée qu'il avait eue.

La manufacture du château de Madrid prospérait, elle aussi, dans une notable proportion, mais si le Trésor y trouvait son bénéfice, le château n'y voyait que

---

1. Un arrêt du roi en son conseil du commerce, du 24 décembre 1670, ordonne d'exposer sur un poteau les étoffes défectueuses, avec le nom du marchand ou de l'ouvrier. En cas de récidive, il y a en outre blâme par les maîtres et gardes ou jurés de la profession, en pleine assemblée du corps. Pour la troisième fois, il sera lui-même attaché au poteau pendant deux heures. *Recueil des règlements concernant les manufactures.* T. I, p. 523. Les amendes étaient par moitié au roi, un quart à la jurande, un quart aux pauvres.

sa ruine. Le nombre des ouvriers augmentant sans cesse fit éprouver de regrettables dégradations au bâtiment déjà bien éprouvé avant l'installation du personnel.

Le château de Madrid engloutissait des sommes énormes chaque année pour les réparations indispensables.

Afin de donner plus de clarté aux ateliers on abattit un grand nombre d'arbres, ainsi que nous l'indique ce reçu :

« Reçu du sieur Saint-Martin 125 livres 5 sous, pour le prix des arbres qui ont été abattus dans la basse-cour du château de Madrid [1]. »

Le vieux pont qui menaçait ruine est refait et le sieur de la Chevalleraye remet aux finances une somme de 25 livres [2] qu'il a touchée pour le prix du vieux bois provenant de la démolition « du vieil pont de l'entrée du chasteau. »

Bien d'autres réparations eussent été nécessaires, mais on s'occupait peu de l'état du château, préférant s'intéresser à l'état de la manufacture. Hélas, celui-ci périclitait ; par suite des guerres et de la politique tourmentée, la manufacture du château de Madrid dépérissait peu à peu.

Les apprentis d'abord, puis quelques maîtres, s'en éloignèrent. Indret fit tout ce qu'il put pour sauver du naufrage cette manufacture pour laquelle il avait sacrifié sa vie, mais Indret mourut; sa femme continua péniblement, avec l'aide de ses enfants, à diriger le personnel ; le 23 février 1697 elle s'éteignit à son tour et son corps fut inhumé dans l'église de Villiers.

Les portes de la manufacture du château de Madrid se fermèrent presque en même temps que les portes du tombeau de « Louise Hosman, veuve de Claude

---

1. *Compte des bâtiments du roi.* Vol. III. Madrid.
2. *Id.*

Hindret, « en son vivant Conseiller secrétaire du roi,»
tous deux premiers instituteurs en France de la manufacture de bas au mestier en la façon d'Angleterre,
establye par le Roy, au chasteau de Madrid dans lequel la dite dame est décédée. »

CHAPITRE VII

Locataires du château de Madrid. — Louis de Saumaize.—
Marquis de Bully. — Le Peletier. — Le Peletier de
Rosambo. — Boiscaillaud chirurgien du roi. — Les réparations et impenses qu'il fit dans son logement. — Sa
réclamation. — Dufour doyen des maîtres d'hôtel. — Sa
demande de tapisseries. — La réponse qui lui fut faite. —
Mme de la Vieuville et son petit chien.

Malgré l'importance de la manufacture de bas de
soie, d'immenses locaux dans le château même et de
vastes logements dans les dépendances[1] restaient
inoccupés. Des personnes de la cour les habitèrent,
avec l'autorisation du capitaine-gouverneur et en
vertu d'un brevet accordé par Sa Majesté.

Indépendamment du capitaine-gouverneur, qui, lui,
avait le principal appartement dans le château, et
parmi les plus célèbres locataires, nous pouvons men-
tionner Louis de Saumaize (ou de Saumaise) qui habita
Madrid où il mourut le 20 novembre 1678, à l'âge
de cinquante-huit ans, et dont l'inhumation eut lieu
le lendemain de son décès, dans le chœur de l'église
de Villiers.

Le sieur Louis de Lestendard, marquis de Bully,
concierge depuis le 11 octobre 1721, ainsi qu'en
témoigne la pièce suivante.

« Provision en survivance de Portier du Bois de
Boulogne à la porte de Longchamp en faveur du
sieur marquis de Bully.

Louis..... Salut. Sur l'honorable rapport qui nous a
été fait du sieur Jean Louis de Lestendard marquis

---

1. Nous ne parlerons pas dans ce chapitre des locataires qui ont
habité les communs, le sujet étant traité à la fin de cet ouvrage
sous la rubrique « Petit Madrid. »

de Bully..... nous l'avons ce jourd'hui retenu et par ces présentes signées de notre main retenons en la charge de Portier d'une des portes du bois de Boulogne appelée vulgairement porte de Longchamp, vacante par la démission de Pierre Rauchs dernier possesseur d'icelle..... Donné à Paris le 11 octobre 1721. »

sollicite et obtient du roi un :

« Brevet de don d'un logement au château de Madrid.

Aujourd'hui 12 avril 1730. Le roy étant à Versailles voulant traiter favorablenment le sieur Louis de Lestendard de Bully, et étant informé qu'il a traité... avec le sieur marquis de Pézé... pour s'assurer sa vie durant de la partie du dit château qu'occupait feu d'Armenonville... et voulant faire jouir du dit traité ledit sieur marquis de Bully; sa Majesté lui a accordé et fait don du dit logement, ensemble des bâtiments détachés, cour, écuries, remises, faisanderie, la pièce de terre en pré faisant face du dit château ensemble le petit parc entouré de murs qui va du dit château à la porte de Neuilly, le tout mentionné en l'acte passé entre eux par-devant les notaires à Paris, etc... [1] »

A sa mort, le logement étant devenu vacant, le roi l'accorda par brevet daté du 14 avril 1740, au sieur Le Peletier, premier président au Parlement de Paris, pour qu'il en puisse jouir sa vie durant [2].

En 1743 le sieur Le Peletier, brouillé avec sa femme, partait pour ses terres de Bretagne, après avoir partagé ses meubles et sa vaisselle d'argent entre sa femme, son fils et lui. Barbier nous raconte ainsi l'incident.

« M. Lepeletier, après avoir pris ses arrangements, est parti pour la Bretagne; il va dans ses grandes terres, où il y a apparence qu'il restera quelque temps. Il a partagé ses meubles et sa vaisselle d'argent entre sa femme, son fils et lui. Madame

1. O[1] 74, p. 172.
2. O[1] 84, p. 169. Voir aux appendices.

Lepeletier va loger près Saint-Paul avec dix huit mille
livres de rente, de son bien, que son mari lui laisse;
elle n'aura pas de quoi soutenir un grand train.
M. le président de Rosambo se trouve avec trente
quatre mille livres de rente pour lui et sa femme.
M. son père lui laisse la jouissance du château de
Madrid, qu'il a acquis sur sa tête et celle de sa
femme. On dit que M. Le Peletier doit 3 ou 4 cent
mille livres. Malgré cela la surdité et le dérangement ne sont pas tant cause de sa démarche, que la
mésintelligence entre lui et sa femme. Elle dure
depuis le moment où il a fait sortir de chez lui une
demoiselle Faure, fille d'un maître des comptes, qui
a 10 ou 12.000 livres, qui était intime amie de
Madame Le Peletier et qui logeait avec eux à l'hôtel.
M. le premier président avait même défendu à sa
femme de la voir en quelque endroit que ce fût. On
n'a pas bien su le sujet de cette querelle. Cette fille
avait trente ans, de l'esprit et assez aimable. Il a
paru que cela a été un grand sacrifice pour Madame
Le Peletier.

« S'il n'y avait pas de la brouillerie, cette dame
aurait été en Bretagne avec son mari, où elle aurait
attendu son retour, soit en logeant chez son frère,
soit chez son fils. Mais la restitution du revenu de sa
dot et le parti de prendre une maison et un logement particulier prouvent le dérangement, et jus-
tifient le premier président; celui-ci va vivre tran-
quille et ménager par son fils et sa fille mariée au
second fils du maréchal de Montmorency [1]. »

M. Le Peletier abandonnait donc son logement,
celui-ci devait revenir avec les nombreuses terres
achetées [2] par le président, au petit-fils de celui-ci,
à M. de Rosambo, qui le conserva jusqu'en 1790 [3].

M. de Rosambo dut, en 1777, payer au prince de

1. Barbier. T. II, p. 372. Octobre 1743.
2. Voir aux appendices,
3. Le Peletier de Rosambo fut guillotiné le 20 avril 1794. Deux
jours après, sa femme montait également sur l'échafaud, précédant
de quelques instants son père, le vertueux Malesherbes.

Soubise, alors gouverneur du château de Madrid, la somme de 36.000 livres, laquelle servit au prince, pour la construction d'une faisanderie dans la cour du château [1].

Le château avait été dégradé par l'occupation des ouvriers de la manufacture et, bien qu'il eût été fait des réparations, celles-ci devenaient de plus en plus nécessaires et de plus en plus fréquentes.

M. Le Peletier réclamait déjà en 1755, pour le remplacement des portes de son appartement, et pour les galeries exposées au midi et à l'ouest du château [2].

Ces réclamations ne devaient pas être les seules; chacun des locataires, se trouvant aux prises à l'injure des temps, envoyait note sur note pour obtenir des réparations.

Louis XV, étant malade à la Muette, appela auprès de lui son chirurgien ordinaire, Boiscaillaud, qui l'avait suivi durant toutes les campagnes. Afin de l'avoir toujours près de lui pour le soigner et soigner aussi tous les habitants des châteaux de la Muette et de Madrid, Louis XV fit accorder au chirurgien, par l'intermédiaire de Béringhem, gouverneur du château, un logement à Madrid.

Nous, Henry Camille marquis de Beringhen, chevalier des ordres du Roy et son Premier Écuyer, marquis d'Euxelles, comte d'Armanvilliers et de Tournan, seigneur de Grez, Cormatin, Yvri sur Seine et autres lieux, Gouverneur des ville et citadelle de Châlon sur Saône, lieutenant général pour sa Majesté de la province de Bourgogne en Chalonnois, Gouverneur des châteaux de la Muette et de Madrid, capitaine des chasses des parcs et bois de Boulogne et gruyer des dits lieux ; à tous ceux qui ces présentes lettres verront, salut.

Sur ce qui nous a été représenté par Denis Estève Boiscaillaud, chirurgien ordinaire du Roy, qu'il nous plut lui accorder un logement dans le château de Madrid, Nous voulant traiter favorablement le dit Boiscaillaud et lui assurer autant qu'il est en nous le dit logement,

1. Voir aux appendices.
2. Voir aux appendices.

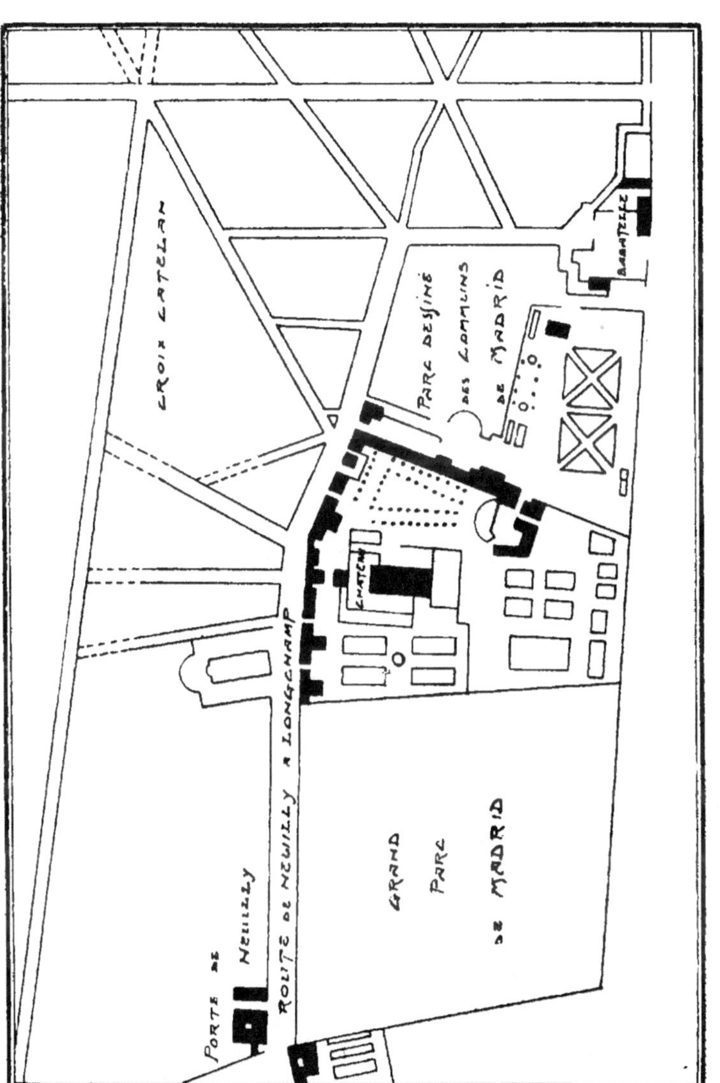

PLAN DU CHATEAU DE MADRID ET DES COMMUNS EN 1733

Avons par ces présentes consenti et consentons qu'il jouisse pendant sa vie de la grande pièce du milieu du dit château, où est actuellement l'horloge, ayant quatre croisées au nord et autant au midy, au même plein pied un endroit servant de passage pour aller dans les hauts. Au dessus, une grande chambre pour domestiques et une cave en bas, près du puits, à la charge de retour au décès arrivant, à notre profit ou de nos successeurs en la dite capitainerie, en l'état où les choses se trouveront alors, et sans que ses héritiers, ou ayants cause, puissent prétendre aucun remboursement des impenses, augmentations et améliorations qui pourraient y avoir été faites : en témoin de quoi nous avons signé ces présentes et à icelles fait opposer le scel de nos armes et contresigner par notre secrétaire ordinaire. Donné à Paris le dixième jour du mois de septembre, l'an mil sept cens soixante.

Signé : BERINGHEN.

(Scellé), et plus bas :

Par Monseigneur.

Signé : DULONG.

Boiscaillaud, afin de rendre son logement confortable, voire même habitable, fut obligé de faire venir les ouvriers et de leur donner les ordres nécessaires. Mais le chirurgien n'était pas riche, il avait dépensé dans ces impenses une très forte somme ; aussi, lorsqu'il apprit que le château allait être démoli, le bruit en courait déjà, il écrivit :

2 avril 1774.

A Monseigneur le Contrôleur Général des Finances, Directeur Général des Bâtiments du Roy.

Monseigneur,

Boiscaillaud, chirurgien ordinaire du Roy et des châteaux de la Muette et Madrid, a l'honneur de vous exposer que Sa Majesté lui a accordé ces places en considération de quarante-cinq années de services en qualité d'un de ses chirurgiens servant par quartier, qu'il a eu l'honneur de suivre Sa Majesté dans ses campagnes et aux sièges et batailles, qu'il fut assez heureux pour marquer ses soins assidus auprès de sa personne lors de sa maladie à Metz, où il passa vingt-deux jours et nuits sans se déshabiller, s'étant trouvé seul de son état au moment fatal où le Roy tomba dans une syncope, qui fit désespérer de sa vie : Sa Majesté eut la bonté de lui donner des preuves de sa satisfaction, et en 1760, M. le Premier, pour le mettre plus à portée de secourir les malades du château de la Muette, voulut bien lui donner par un brevet, un galetas au troisième dans le château de Madrid pour en jouir sa vie durant. Comme ce lieu n'avait jamais été employé que pour placer l'horloge, n'avait qu'une mauvaise porte d'entrée, huit grandes croisées, quatre au levant et quatre au couchant auxquelles il n'y avait jamais eu ni châssis, ni vitraux, ni volets, les deux cheminées à l'antique et impraticables, Boiscaillaud en a fait faire à neuf avec des chambranles de pierre de pays; il a fait faire des plafonds dans toute l'étendue de cette pièce qui en forme aujourd'hui quatre fort honestes; il a acheté et fait poser non seulement ces huit croisées mais encore celles qui étaient nécessaires dans le corridor qui conduit à la porte d'entrée; il a été obligé de faire carreler le tout, n'y ayant jamais eu ni carreaux ni parquet; il a pareillement fait cloisonner et lambrisser partout où il a été nécessaire; il a fait aussi pratiquer une petite cave dans un des corridors des fondations; tous ces travaux de diverses espèces ont été faits par les ouvriers des maisons Royales sous la direction de Melionston, inspecteur, qui en a réglé les mémoires; tous ces objets, tant pour les fournistures qu'il a faites en particulier que pour main-d'œuvre, des choses commodes et d'une utilité indispensable, ayant même fait couvrir en partie les combles à ses frais, l'ont jeté dans une dépense de près de 6.000 Ll. Comme il vient d'apprendre que le château de Madrid allait être détruit et que cet évènement le priverait du fruit des dépenses qu'il a faites sur la foy d'un brevet qui lui donnait l'espoir d'en jouir toute sa vie, il vous supplie, Monseigneur, de lui accorder une indemnité. Ses longs services, son âge avancé lui font espérer cette grâce de vos bontés et de votre justice.

Sa reconnaissance sera sans bornes [1].

Boiscaillaud mourut avant d'être remboursé.

1. Arch. nat. O¹ 1581.

Le château se trouvait être également occupé par M. de Fontanieu qui prêta, en 1778, son logement à Mme Dufour, femme du gentilhomme ordinaire du roi et doyen des maîtres d'hôtel de Sa Majesté Louis XVI.

Dufour prit donc possession du logement, mais aussitôt, le 26 août 1778, au nom de sa femme, il réclamait des réparations à l'appartement inoccupé depuis longtemps, disait-il. Les réparations terminées, Dufour, toujours au nom de sa femme, demandait, le 8 décembre 1778, pour « une grande et superbe pièce de 20 pieds de hauteur sur 25 en quarré », une tapisserie qui lui permît de meubler la dite pièce. Et pour cela il ne lui fallait pas moins « qu'une grande copie de portraits du feu Roy, de la feue Reine, du feu Dauphin », se chargeant toutefois des frais de « port et transport ».

Pauvre Dufour! Il lui fut répondu que le peu de copies des portraits de la famille royale qui se trouvaient dans le cabinet des tableaux du roi ayant chacun une destination, il était impossible de les déplacer, autrement que pour le service de Sa Majesté.

Dufour se contenta de cette réponse, et, malgré le manque de tapisseries, considérant que son appartement n'était pas trop désagréable, il ne le quitta que lorsqu'il ne put pas faire autrement, vers la fin de l'année 1792.

Ce fut lui, le dernier habitant au château de Madrid [1].

---

1. Nous pouvons également citer comme ayant habité le château de Madrid : M. de la Guillauminie, qui, en 1784, remercia des ordres qu'on avait donnés pour la réparation de la couverture du château, au-dessus de l'appartement qu'il occupait.

Mme de la Vieuville, marquise de Saint-Chamond, qui le 16 juin 1789 sollicita la « légère grâce », d'occuper quelque coin du château avec « sa fille et un petit chien »! Après force démarches, il lui fut accordé; la légère grâce qu'elle sollicitait pour « un petit chien ». Son passage dans le château fut de courte durée.

Et enfin M. d'Aumont, marquis de Villeroy.

En maître d'hôtel bien stylé, il laissa passer tous les habitants de Madrid, les uns après les autres, et ferma doucement les portes du château qui ne devaient plus s'ouvrir que pour livrer passage aux ouvriers chargés de pelles, de pioches et de torches.

CHAPITRE VIII

Les concierges, portiers, artilleurs et gouverneurs
du château de Madrid.

Dès que quelques pièces du château de Madrid
furent assez habitables pour permettre au roi François Ier d'y venir séjourner, il fut établi un capitaine-
concierge.

D'après le *Dictionnaire de la noblesse* [1], le premier
concierge du château de Madrid, eût été Pierre
Ricard de la Chevalleraye, auquel François Ier aurait
accordé ce poste pour le récompenser des signalés
services qu'il avait rendus à la bataille de Pavie.

L'administration également croyait que les Ricard
de la Chevalleraye possédaient le titre de concierge,
depuis François Ier. On lit à ce sujet dans une lettre
du 22 novembre 1749 et signée : G. d'Isle [2].

« J'apprends dans le moment la mort de M. de la
Chevaleraye décédé depuis huit ou dix jours ; il était
concierge du château de Madrid, il avait 500 livres
d'appointemens sur l'état des bâtimens et un logement à Madrid, dont il louait une partie à M. Fontaine [3].

« Ces Messieurs occupaient cette place depuis
François premier et étaient attachés à M. le prince
de Conty.

« Je ne sais si cette place par conséquent est sous

---

1. *Dictionnaire de la noblesse*, par Lachenaye. Desbois et Badier. Voir au nom Ricard.
2. Arch. nat. O¹ 1581.
3. De la Fontaine, sous-lieutenant de la capitainerie du Bois de
Boulogne.

les ordres de Monsieur[1]; il touchait ses appointe-
temens sur mes certificats de service. »

G. D'ISLE.

C'est inexact; le dictionnaire de la noblesse ainsi
que l'administration se sont trompés.

Le premier qui fut appelé au poste de capitaine-
concierge fut le cardinal du Prat ainsi qu'en témoigne une pièce datée du 6 mai 1530.

François, par la grâce de Dieu, roy de France, à tous ceux
qui ces présentes verront scavoir faisons que nous considérant les très grandes sommes labeurs et travaux que notre
très cher et grand amy le cardinal de Sens, légat et chance-
lier de France, a par adevant eu et qu'il a encore continuellement alentour de notre personne pour la conduite et direction
des plus grandes et principales affaires de notre royaume...
durant que sommes en notre bonne ville de Paris, en laquelle
et aux environs d'icelle faisons.... à ces causes et affin que
puissions aller et venir quand bon nous semblera en notre
palais que faisons construire, bastir et édifier près de Notre
Dame de Boulogne-lez-Paris pour y avoir distraction et plaisir..., donne et octroye, donnons et octroyons par ces présentes, la capitainerie de nostre palais... et aux gages qui
seront cy-après ordonnés,... reçu le serment.

A Angoulême, par le Roi : BRETON [2].

Si nous en croyons M. E. Caron[3], le second concierge fut Dominique Lechany, qui aurait vendu sa
charge à Pierre de Gondy : *Jeudi 9 mars* (1563) vente
par Dominique Lechany à Pierre de Gondy, abbé, de
l'état et office de capitaine et concierge du château
de Boulogne-lez-Paris, moyennant 1,200 livres tournois.

Pierre de Gondy mourut en 1616 et l'apparition de

---

1. M. de Beringhen, alors gouverneur du château de Madrid.

2. Original. Bibl. Nat., mss. franç. 4658, n° 21. Ce fut Jacques
de Heaume, conseiller du roi, ayant la charge des finances, qui fut
chargé de payer les appointements dus.

3. *A travers les minutes de notaires parisiens* (1559-1577). Paris
1900, in-8°, p. 44.

Ricard de la Chevalleray, par les pièces manus-
crites que nous connaissons, daterait du 31 juillet 1636.

Les Ricard succédèrent-ils directement à Pierre
de Gondy, ou y eut-il entre eux, un ou plusieurs
concierges, nous ne saurions le dire ; ce qui est
certain, c'est que la famille Ricard de la Chevalleraye
conserva le titre de concierge, pendant plus de deux
siècles, c'est-à-dire jusqu'en novembre 1749.

Les registres paroissiaux de Villiers[1] contiennent
de nombreuses pièces relatives à cette famille :

On peut lire le 31 juillet 1636 : Anne fille de Jean
de Ricart[2] escuier, concierge du chasteau de Madrid,
et de damoiselle Marie de Chevreuse, ses père et
mère, a esté baptisé[3] en la chapelle roialle dudict
chasteau et a reçu le nom et a esté tenue par dame
Catherine-Marie de la Rochefoucault[4] marquise de
Seneçay pour la très chrestienne royne de France,
Anne d'Autriche, assistée du sieur Gabriel de Roche-
chouart, marquis de Mortemart[5], ses parrain et marraine. »

Ces mêmes registres nous fournissent trois autres
mentions de la famille Ricard.

1. Le château de Madrid était sur la paroisse de Villiers-la-Garenne.

2. Le nom est orthographié indifféremment Ricart ou Ricard.

3. Sous le règne de François Ier, le baptême s'administrait encore par la triple immersion. Les statuts synodaux de Guillaume
du Prat, évêque de Clermont, publiés en 1537, portent : *Prima
immersio fit, cùm diturci :* IN NOMINE PATRIS ; *secunda, cùm dicitur*
ET FILII ; *tertia, cùm dicitur* ET SPIRITUS SANCTI.

4. Marie-Thérèse de la Rochefoucault, née le 16 février 1622,
morte à Liancourt le 7 mars 1698, mariée par contrat du 17 mai
1638, à Louis Roger Brulart, marquis de Puisieux et de Sillery.

5. Le marquis de Mortemart était capitaine des chasses du Bois
de Boulogne, depuis 1628. Il avait épousé Diane de Grandsaigne,
fille d'honneur de la reine, fille de Jean, seigneur de Marsillac et
de Catherine de la Biraudière. Elle mourut à Poitiers le 11 février
1666 et fut enterrée dans le chœur de l'église des Cordeliers de
cette ville. Il eut de sa femme quatre enfants : le duc de Vivonne, la
marquise de Thianges, Mme de Montespan, et l'abbesse de Fonte-
vrault, toutes trois célèbres au XVIIe siècle.

19 avril 1643. — Baptême de Jean-Baptiste, fils de Jean de Ricart.

9 juillet 1678. — Inhumation de Louis, âgé de cinq ans, fils de Jacques de Ricart, écuyer, sieur de la Chevaleraye, concierge du château de Madrid, et de demoiselle Catherine Costard.

19 septembre 1696. — Inhumation de Jacques de Ricard (père de Louis), mort le 18 septembre 1696 à l'âge de 70 ans environ.

Les appointements de la charge de capitaine-concierge ne permettaient pas de faire fortune : ils étaient de 200 L. et bien que cette somme soit très modique, les concierges n'étaient jamais payés que des deux tiers de leurs appointements, soit 150 L. Dans les comptes des bâtiments du roi[1], on relève toutes les vingt pages : « A Jean Ricart, concierge du chasteau de Madrid, pour ses gages dont il sera payé de trois quartiers seulement, 150 L. » Et cela jusqu'en 1695 où l'on trouve, vol. III, p. 1202 : « Aux héritiers de Jean Ricard, concierge du chasteau de Madrid, pour trois quartiers de ses gages 150 L. » Ce fut Jacques de Ricart, frère de Jean sieur de la Chevalleraye, qui lui succéda dans sa charge, comme nous le prouvent les comptes des bâtiments du roi. Le 16 avril 1698, on lit : « Au sieur de la Chevalleraye, concierge du chasteau de Madrid, pour ses gages de l'année 1697, 150 livres.

Le 19 février 1707 M. de la Chevalleraye reçut une gratification supplémentaire de 300 Ll en considération de l'assiduité et des soins extraordinaires qu'il avait pris lors des ouvrages qui furent faits dans la dépendance du château depuis plusieurs années. Enfin en 1717 on voit dans les mêmes comptes : « A Richard de la Chevalleray, concierge, etc... 150 Ll ».

Succédant au sieur Charles de Ricard de la Che-

---

1. A la rubrique : Gage des officiers des bâtiments de Sa Majesté, arts et manufactures de France et des appointements des officiers servant dans toutes les maisons royales suivant l'estat ci-après signé. *Comptes des bâtiments du roi sous le règne de Louis XIV.* Jules Guiffrey.

valleraye dernier concierge de ce nom[1], nous voyons le sieur de Rus, chevalier de Rafélis, capitaine de cavalerie dans le régiment de Conty, nommé le 1er avril 1747, date à laquelle lui fut accordée la survivance de concierge et garde-meubles[2] du château de Madrid, nomination approuvée par le roi le 28 octobre 1749, ainsi que l'indique la pièce suivante :

« Provisions de Concierge garde-meuble pour le Sieur de Rus, 28 octobre 1749.

« Louis... la charge de concierge garde-meuble de notre château de Madrid étant vacante par le décès du Sieur Corneille de Ricard de la Chevalleraie, nous avons cru ne faire un meilleur choix pour la remplir que du Sieur Alexandre de Rus, capitaine de cavalerie dans le régiment de Conty. Les services qu'il nous a rendus dans nos armées nous ont d'autant plus déterminés à luy accorder cette grâce que nous sommes persuadés que le dit sieur de Rus nous servira dans la dite charge avec le même zèle et le même attachement.

« A ces causes etc... donnons en mandement[3]... »

Les appointements de concierge avaient été augmentés, ils s'élevaient alors à 500 livres par année. Il est vrai que si, primitivement, on ne payait aux Ricard que les deux tiers des sommes dues, le sieur du Rus plus avantagé, peut-être en considération de cet avantage, se voyait absolument oublié lors des paiements, ainsi que nous le fait savoir la lettre de réclamation d'Alexandre Ambroise, chevalier de Rafélis, frère du précédent, capitaine au régiment du colonel général

---

1. Le sieur Corneille de Ricard avait succédé le 9 octobre 1716 à son cousin Charles de Ricard de la Chevalleraye, mais celui-ci, qui avait donné sa démission pour finir ses jours dans un monastère, n'ayant pu supporter la règle dudit monastère, revint chez lui et pria son cousin de lui rendre sa démission. Corneille la lui rendit et Charles reprit son poste le 12 mars 1717. (Voir aux appendices).

2. O1 91, p. 135, v°.

3. O1 93, p. 297.

appelé aux fonctions de concierge le 5 mars 1771[1] :

Monsieur le chevalier de Rafélis a l'honneur de prier monsieur le marquis de Marigny d'avoir la bonté de faire payer les appointements de concierge de Madrid échus au profit de la succession du chevalier de Rus, son frère.

Il est dû 1766, 1767, 1768, 1769, 1770. M. de Rafélis demande que l'année 1766 luy soit payée en argent et les autres années en papier. Le montant des appointements sur les bâtiments est de 500 l. par an.

Il a l'honneur de le prier en outre, ainsi qu'il a eu la bonté de luy faire espérer, de donner ses ordres pour que l'année 1771 luy soit payée à son échéance ainsi que les années suivantes.

Le chevalier de Rafélis.

Etant devenu titulaire par la mort de monsieur son frère.

(En note de la main d'un employé : Les gages de 1771 ont été ordonnés le 30 novembre 1772.)

Le chevalier Alexandre-Ambroise de Rafélis semble être le dernier concierge qui soit passé au château de Madrid.

*
* *

A côté des concierges, chargés de la direction et de la surveillance intérieure du château, il y avait des portiers, dont nous ne croyons pas intéressant de donner la liste que l'on pourra trouver aux appendices, (extrait de l'État de la France par Frère Ange, religieux augustin déchaussé.)

François Ier avait également installé dans le château un poste d'artilleur, ainsi que nous le prouve la pièce suivante :

Provisions pour Guillaume le Seure de l'office d'artilleur au château de Boulogne, vacant par la mort de Pierre Nicolin. Cognac, 11 mai 1526[2].

Quel fut le rôle de ces artilleurs? nous n'avons pu malgré nos recherches le connaître, attendu que dans

1. O¹ 116, p. 352.
2. Bibl. Nat., mss. franç. 5502, fº 14.

les nombreux documents que nous avons été à même
de compulser il n'en est pas fait mention.

*
* *

Fleuriau d'Armenonville [1], dont le duc de Saint-Simon a fait le portrait suivant : « C'était un homme
léger, gracieux, respectueux quoique familier, toujours ouvert, toujours accessible, qu'on voyait peiné
d'être obligé de refuser et ravi de pouvoir accorder,
aimant le monde, la dépense et surtout la bonne compagnie, qui était toujours nombreuse chez lui. Il était
frère très disproportionné d'âge, de la femme de Peletier, le ministre d'État, qui l'avait fait intendant des
finances, pendant qu'il était contrôleur général.

« Outre cet excès à la faveur publique, Saint-Sulpice le portait auprès de Mme de Maintenon, à cause
du supérieur de tous ses séminaires, qui était fils de
Peletier le ministre et il avait auprès du roi le crédit
des Jésuites à cause du Père Fleuriau, son père, qui
l'était. » Fleuriau d'Armenonville habitait le château
de la Muette qu'il avait acquis en 1705. En 1716,
après la mort de sa femme [2], il vendit son château au
Régent, celui-ci lui conserva la capitainerie des
chasses et lui accorda, comme maison de campagne,
le château de Madrid, dont il devenait gouverneur.

1. Joseph-Jean-Baptiste Fleuriau, sieur d'Armenonville, garde
des sceaux et secrétaire d'Etat, capitaine des chasses. Il avait prêté
serment le 24 novembre 1705, comme gruyer du bois de Boulogne,
capitaine des châteaux et maisons royales de Madrid et de la
Muette, parc de Boulogne, forêt de Rouvray, pont de Saint-Cloud,
gruyer des dits lieux, capitainerie distraite de celle de la Plaine
Saint-Denis en 1715 pour la seconde fois. Il mourut le 25 novembre
1728 au château de Madrid âgé de 67 ans. Son corps fut transporté le surlendemain par le curé de Villiers à l'église Saint-Eus-
tache pour y être inhumé.

On a donné son nom à une allée du Bois.

2. Jeanne Gilbert, fille de Charles Gilbert, secrétaire du roi et
de Marguerite Robert. Elle mourut le 26 novembre 1716, à l'âge de
cinquante-six ans.

Fleuriau y transporta la gruerie, qui comprenait un sous-lieutenant des chasses, un conseiller garde, un substitut du procureur du roi, un greffier, trente gardes, tant à pied qu'à cheval pour le bois de Boulogne et trois lieues à la ronde, et six portiers ; personnel qui venait s'ajouter à celui qui existait déjà au château et qui était composé d'un concierge, d'un chapelain et d'un portier.

Le premier soin du gouverneur fut de faire faire une nouvelle entrée au château, et devant cette entrée une grande place. L'exécution en fut confiée à Robert de Cotte, chevalier de l'ordre de Saint-Michel, premier architecte, intendant des bâtiments, jardins et manufactures. Pour mener à bien ce délicat travail, Robert de Cotte prit possession, par ordre du roi, de diverses serres appartenant à MM. Amyran, Bellanger, avocat général de la cour des Aydes, Mouchard, directeur de la compagnie des Indes, Mme la marquise de Vaubrun et à la fabrique de Villiers.

On lit à ce sujet dans une pièce de 1724, à la suite d'une ordonnance relative à la coupe d'arbres dans le bois de Boulogne : « ... et Sa Majesté étant d'ailleurs informée que les fonds qu'elle a ci-devant destinés par les arrêts de son conseil sur les coupes de l'année dernière au payement du prix des ouvrages par elle ordonnés tant pour le curement des mares du dit parc que pour la séparation de son château de Madrid, bâtiment et dépendances et des murs de clôture dudit parc n'ont pu être suffisants pour les dépenses qui s'y sont trouvées nécessaires : comme aussi que pour la décoration dudit château, il conviendrait d'acquérir au nom de sa Majesté environ quinze arpens de terre labourable, ou un pré situé entre les murs dudit parc et le bras de la rivière de Seine, du côté du couchant dont les propriétaires offrent de faire la vente au profit de sa Majesté. »

Le roi avait également décidé de faire refaire l'entrée du château de Madrid, en empruntant un vaste terrain au bois de Boulogne. On en trouve l'arrêt dans le registre du Conseil des finances de 1718[1].

Conseil des Finances.

MADRID.

Le Roy ayant jugé à propos pour la commodité et l'ornement des environs de son château de Madrid de faire percer quelques petites routes de douze pieds de largeur dans les bois les plus proches du dit château comme aussy de former une place de figure régulière au-devant de la nouvelle entrée du dit château dans un terrain lequel est pour la plus grande partie en clairière, le tout suivant le plan qui en a été fait par ses ordres. Et voulant que l'adjudication des dits ouvrages soit faite au rabais en la manière ordinaire aussi bien que la vente des bois qui se trouveront dans les dites routes et places. Et Sa Majesté étant d'ailleurs informée qu'il est resté depuis quelques années plusieurs arbres morts dans l'étendue du bois de Boulogne dont la vente peut produire un prix quelque suffisant à cette dépense, ouy le rapport :

Sa Majesté en son conseil de l'avis de M. le duc d'Orléans, régent, a ordonné et ordonne que par le P. de la Sabrère, grand maître en exercice des eaux et forêts du département de Paris, il sera procédé incessamment à la vente et adjudication au plus offrant et dernier enchérisseur, à la manière accoutumée, au siège de la maîtrise de Paris, des bois qui se trouveront dans l'enceinte de la place à former au-devant de la nouvelle entrée du dit château de Madrid et dans l'alignement des dites routes, à faire dans les bois qui sont aux environs du dit château, suivant le plan qui sera annexé à la minute du présent arrest, et des arbres morts qui se trouveront dans le dit bois de Boulogne, du nombre desquels sera préalablement dressé procès verbal par le dit sieur Grand, maître, à la charge par l'adjudicataire, de payer le prix des dits bois ez mains du receveur général, en exercice des domaines et bois de la généralité de Paris, pour être par lui employé au payement des entrepreneurs des routes à faire dans le dit bois et de la place à former au-devant de la nouvelle entrée, lesquels ouvrages seront pareillement par le dit sieur de la Sabrère adjugés au rabais et moins disant en la manière ordinaire au siège de la maîtrise, et le surplus en compte au profit de Sa Majesté, ainsy que les autres deniers de sa recette, et pour l'exécution

1. Arch. Nat. E 9 14ᶜ Mᵒ 281.

du présent arrest toutes lettres nécessaires seront expédiées.
11 oct. 1718.

Signé : Fagon, Voyer d'Argenson.

Ce projet fut poursuivi, mais l'œuvre ne fut terminée qu'en 1730.

Fleuriau d'Armenonville, auquel on avait retiré les sceaux, le 17 avril 1727, pour les remettre à d'Aguesseau[1], ne put se remettre de sa disgrâce.

« Jeudi soir, M. d'Armenonville remit les sceaux entre les mains du roi, d'une manière très noble, disant que, puisque M. d'Aguesseau était revenu, personne ne pouvait mieux s'acquitter que lui de la place de garde des sceaux. Il s'est ensuite retiré dans le château de Madrid, où il a un beau logement comme capitaine des chasses du bois de Boulogne. »

« M. d'Armenonville, ci-devant garde des sceaux, a voulu faire d'abord l'esprit fort sur sa disgrâce, mais, au dedans, il n'a pu en soutenir le coup. Depuis trois mois il est tombé en langueur, il a la bile répandue sur tout le corps, et il est d'une maigreur étonnante. On désespère absolument de lui ; sollicité par son confesseur, il a assemblé sa famille ces jours passés, et il a déclaré le mariage qu'il a contracté, il y a sept ou huit ans, avec une femme appelée la veuve Morin : Elle était veuve d'un gros joueur qui s'est trouvé ici avec dix-huit cent mille livres d'argent comptant, et qui a tout perdu. On dit qu'elle est demoiselle (de noble extraction, fille de gentilhomme), qu'elle a plus de cinquante ans, et qu'elle a beaucoup d'esprit. M. d'Armenonville avait eu du goût pour elle lorsque son mari vivait, et du vivant aussi de Madame d'Armenonville, mais sans réussite. Depuis il l'a épousée à condition que le mariage serait secret. La déclaration qu'il en a faite n'est pas devenue publique, cependant tout Paris l'a sue. La famille

---

1. Barbier. T. I, p. 258. M. d'Armenonville conserva les honneurs et la robe.

nie à présent le mariage; il n'y a point d'enfants et l'on croit que les parents de M. d'Armenonville ont passé un acte avec cette dame. Ils lui feront peut-être une bonne pension à la charge de conserver le nom de veuve Morin.

« M. d'Armenonville est mort au château de Madrid; il a été enterré samedi 28 novembre 1728[1]. »

Il mourut le 25 novembre 1728 et ne vit pas l'achèvement de l'œuvre à laquelle il avait concouru.

Son successeur fut Henri-Hubert de Courtarvel, Marquis de Pezé, né en 1680, maître de camp, lieutenant et inspecteur du régiment du roi, ci-devant gentilhomme de la chambre de sa Majesté Louis XIV, capitaine au régiment des gardes françaises et capitaine des chasses. Il avait épousé, le 22 novembre 1722, Lydie-Nicole de Béringhen, fille du premier écuyer du roi, laquelle mourut au commencement de septembre 1729. Voici, toujours d'après Saint-Simon, le portrait du Marquis de Pezé. « C'était un jeune homme de figure commune, avec beaucoup d'esprit et de physionomie, plein de manèges, d'adresses, de finesse, de ressources dans l'esprit, liant et agréable, le ton du grand monde et de la bonne compagnie où il était agréable et bien reçu, et d'une ambition qui lui fit trouver toutes sortes de talents pour arriver à la plus haute fortune. Il fit si bien, qu'il persuada au monde, que le roi l'avait pris en amitié, que cette raison le fit compter, lui acquit des amis considérables à qui, il ne manqua jamais, en aucun temps, et lui fraya le chemin en tout. »

Il reçut, le 2 mars 1729, les provisions de la charge de capitaine au château de Madrid et un brevet d'assurance de la somme de 50.000 livres.

« Sa Majesté, mettant en considération que le dit sieur marquis de Pézé a été obligé de payer sa charge aux héritiers du dit feu sieur d'Armenonville, la somme de 125.000 Ll. que Sa Majesté lui avait assurée sur la dite charge par brevets du 28 octobre 1705 et

---

1. Barbier. T. I, p. 285.

11 juin 1716... Sa Majesté a déclaré... qu'en cas que le dit sieur M. de Pézé vienne à se démettre ou à décéder en possession de la dite charge, celui qui sera agréé pour la remplir soit tenu de payer comptant à lui, sa veuve, enfants ou héritiers la somme de 50.000 Ll... de laquelle somme Sa Majesté peut néanmoins audit sieur marquis de Pézé de tout ou partie par donation testamentaire, transput ou autrement, soit en faveur de la dite dame son épouse, de celui ou de ceux de ses enfants qu'il ordonnera sans que pour cela ils soient tenus d'en tenir compte sur la succession ni sujets à aucun retour de partage[1]. »

Il sut plaire au roi par ses bonnes manières et la façon intelligente qu'il avait de choisir ce qui pourrait être agréable à Sa Majesté.

« En 1722, pour divertir le roi, on a fait un camp, qu'on appelle *Porchefontaine* à Montreuil près de Versailles. Le régiment du roi y est campé, et c'est M. le marquis de Pézé, colonel de ce régiment et favori du roi, qui y commande ; il a table ouverte de cent couverts soir et matin. On a aussi un fort dont on fait le siège dans toutes les règles : il est occupé par une partie du même régiment sous les ordres du lieutenant-colonel M. Desclavelles... [2] »

Plus tard, alors qu'il était gouverneur il divertissait le roi par son esprit et ses causeries agréables.

« On dit que les soupers qu'il (le roi) fait au bois de Boulogne avec M. le duc d'Antin, M. le duc de Noailles, M. le marquis de Pézé, et autres qui sont tous gens d'esprit, sont fort gais[3]. »

Malgré ses allures de courtisan, de favori non payant, de la duchesse de Gontaut-Biron, coquette délurée, spirituelle, charmante, figure noble, qui faisait l'ornement de la cour, ressemblant comme le disait le président Hénaut qui fit pour elle sa jolie chanson :

Quoi ! vous partez sans que rien vous arrête... etc.

1. Arch. Nat. O¹ 73, p. 55.
2. Barbier. T. I, p. 155, 4 septembre 1722.
3. Id., p. 451 (22 août 1732).

« à Cléopâtre blessée par l'aspic[1] », le marquis de
Pézé sut toujours remplir son devoir et même se
conduire vaillamment.

Alors qu'il était gouverneur du château de Madrid,
il continua son service dans l'armée. En 1733-1734, il
suivit l'armée d'Italie en qualité de maréchal de
camp, promu au grade de lieutenant-général le
1er août 1734, il fut mortellement blessé quelques
jours après sa promotion, à la bataille de Guas-
talla, le 19 septembre 1734, et mourut en Italie
le 23 novembre 1734, au moment même où il recevait,
en récompense de sa belle conduite, sa nomination
de chevalier de l'ordre du Saint-Esprit.

Le marquis de Pezé ayant par ses libéralités, aidé
l'église de Passy, l'Église reconnaissante fit un service
solennel pour le repos de son âme le 5 janvier 1735.

A sa mort, ce fut son beau-frère, Henri-Camille,
marquis de Beringhen de Châteauneuf et d'Uxelles,
comte du Plessis-Bertrand, qui obtint le gouvernement de la Muette, de Madrid et du bois de Boulogne[2].

« Aujourd'hui premier janvier 1735, le roy étant
à Versailles s'est fait représenter son brevet du
12 avril 1730 : par lequel Sa Majesté aurait accordé et
fait don au Sieur Louis de Lestendart Marquis de Bully
de la partie du château de Madrid qu'occupait feu
M. d'Armenonville, Capitaine du château, pour le
dit Sieur Marquis de Bully, jouir sa vie durant du
dit logement ensemble des bâtimens détachés, cours,
écuries, remises, faisanderie, la pièce de terre en
pré faisant face audit château, ensemble le petit parc
entouré de murs qui va du dit château à la porte de

---

1. D'Argenson. T. I, p. 87.
2. Les papiers de la capitainerie portent : « Henri Camille,
marquis de Beringhen, chevalier des ordres du Roy et son premier
écuyer, marquis d'Huxelles, comte d'Armainvilliers et de Tournan,
seigneur de Gretz, Cormatin, Yvri-sur-Seine et autres lieux, gouverneur des ville et citadelle de Chalon-sur-Saône, lieutenant-
général pour Sa Majesté de la province de Bourgogne-en-Chalon-
nais, gouverneur des châteaux de la Muette et de Madrid, capitaine
des chasses des parcs et bois de Boulogne et gruyer des dits lieux.

Neuilly avec faculté audit Sieur de Bully d'y faire telles impenses et améliorations que bon luy sembleroit, etc... Et Sa Majesté ayant aujourd'hui promu le sieur Marquis de Beringhen de la charge de Capitaine et gouverneur du château de Madrid vacante par le déceds du Sieur Marquis de Pézé s'est en même temps réservé la disposition du dit château, cours, basse-cour, jardins et logements en dépendant, lorsqu'ils viendraient à vaquer par le déceds de ceux auxquels ils ont été cy-devant accordé sous le bon plaisir de Sa Majesté, et voulant dès à présent assurer au dit Sieur Marquis de Beringhen le même logement dans le dit château qu'occupait le feu Sieur d'Armenonville et dont le dit Sieur Marquis de Pezé son successeur avait traité sous le bon plaisir de Sa Majesté avec le dit Sieur marquis de Bully, Sa Majesté a déclaré et déclare, veut et entend qu'après le déceds du Sieur Marquis de Bully, le sieur Marquis de Beringhen jouisse du logement qu'il occupe audit château ensemble les bâtimens destachés et autres dépendances cy-dessus énoncés et mentionnés audit brevet du 12 avril 1730... [1] »

Peu de renseignements nous sont donnés sur ce qu'était ce capitaine gouverneur.

D'Argenson, dans ses Mémoires, le traite de sot et de dépensier tandis qu'au bas d'un assez joli portrait du marquis, gravé en 1759 par Moitte d'après la Porte, on lit ces vers :

> Zélé sujet, ami généreux et fidèle,
> Bienfaisant avec choix, simple avec dignité
> Courtisan sans bassesse et grand sans vanité,
> La fortune l'a vu toujours au-dessus d'elle.

Que faut-il croire de ce quatrain flatteur ou de la note d'Argenson? L'image le représente assez bel homme, d'une corpulence moyenne; mais l'expression du visage ordinaire semble un peu confirmer la première partie du jugement de d'Argenson. Depuis

1. Arch. nat. O¹ 79* p. 6.

Louis XIII le titre de premier écuyer du roi s'était transmis chez les de Béringhen de père en fils et le nouveau capitaine le possédait depuis la fin de 1723, année de la mort de son père et de son frère aîné. Le 2 février 1731 il avait été promu chevalier de l'ordre du Saint-Esprit. Au mois de mars 1743, c'est-à-dire 8 ans après sa nomination à Madrid, il se décida à prendre femme et épousa Angélique-Sophie d'Haufort, veuve de M. de Lauzières, baron de Thémines et de Cardaillac. Henri Camille de Béringhen eut un frère qui fut évêque du Puy et deux sœurs qui furent successivement abbesses de Faremoutiers au diocèse de Meaux. Son hôtel à Paris était situé rue Saint-Nicaise, à la place du Carrousel, son père, qui avait été membre du conseil de Régence, directeur des Ponts et Chaussées et membre honoraire de l'Académie des Inscriptions, grand amateur d'estampes et d'objets d'art, avait fait un véritable musée; à sa mort ses collections furent dispersées[1]. Le château d'Armainvilliers près de Tournan (Seine-et-Marne) fut aussi la propriété du père et du fils[2], sans doute grands amateurs de chasse, car la principale particularité de ce domaine consistait et consiste encore en une canardière située à l'extrémité d'un étang de 127 hectares, s'élevant à plus de 3 mètres au-dessus du château et dans laquelle les canards sauvages attirés par les appelants, s'abattaient alors en telle quantité que la chasse s'en faisait deux fois par jour, matin et soir, du 1er mars au 15 août. Le marquis de Béringhen avait en outre un château à Ivry-sur-Seine près Paris qu'il avait orné des meilleurs tableaux de Lancret. Il mourut en 1770 et fut inhumé à Saint-Germain-l'Auxerrois.

---

1. Sa collection d'estampes alla à la bibliothèque du roi, aujourd'hui Bibliothèque nationale.

2. Au mois de mars 1762, Louis XV acheta au marquis de Beringhen le château d'Armainvillers pour le donner au comte d'Eu. Ce château devint ensuite la propriété du duc de Penthièvre. Il appartient actuellement au baron Edmond de Rothschild, qui l'a complètement transformé.

Le dernier gouverneur du château de Madrid fut le fameux prince de Soubise (Charles de Rohan-Rohan et de Ventadour, né le 16 juillet 1715. La protection de Louis XV, dont il était l'ami de cœur, et surtout celle de Mme de Pompadour[1], à laquelle il se permettait d'offrir des bagues enrichies de diamants, l'avaient fait, plus que son mérite qui, cependant était loin d'être nul, arriver aux plus hauts emplois. Gouverneur de Flandre depuis 1748, et du Hainault depuis 1751, duc et pair avec le titre d'Altesse sérénissine depuis 1753[2], il fut fait maréchal de France le 19 octobre 1758 puis ministre de la guerre. Ses qualités militaires laissaient cependant à désirer; mauvais tacticien, le soldat n'avait pas confiance en lui, surtout depuis ses mésaventures au début de la guerre de Sept ans. Le 13 octobre 1757, il était entré à Gotha avec 8.000 hommes. Le général prussien Seidlitz, à la tête de 1.500 hommes seulement, le surprend au moment où il allait se mettre à une table splendidement servie dans le château princier; Soubise s'enfuit à la hâte, laissant les Prussiens manger son souper. Le 5 novembre suivant, il essuyait l'ignominieuse défaite de Rosbach; son armée prenait lâchement la fuite laissant 7.000 prisonniers entre les mains de Frédéric II qui trouva, outre les bagages ordinaires de Soubise, des caisses d'eau de lavande et autres parfums, des nécessaires de toilette, des manchettes brodées, des parasols, et, mieux, des singes et des perroquets, le tout accompagné de valets de chambre, de cuisiniers, de perruquiers, de marchands de modes et d'acteurs.

Cependant, l'année suivante, à la tête d'une nouvelle armée, il obtint quelques succès à Sondershausen et à Lutzelberg ce qui lui valut le bâton de maré-

---

1. Il fut très malheureux lorsqu'il connut l'épitaphe qui avait été faite pour la Pompadour :

> Ci-git qui fut vingt ans pucelle,
> Sept ans catin et huit ans maq......

2. Il obtint ce titre à la suite du mariage de sa fille avec le prince de Condé, ce qui l'alliait à la famille royale.

chal. En 1726 il vainquit encore à Johannisberg grâce aux conseils du maréchal d'Estrées.

En 1770 il fut nommé gouverneur de la Muette, de Madrid et du bois de Boulogne. Le 30 décembre 1734, il avait épousé la fille du grand chambellan de France, Anne-Marie-Louise de Bouillon, âgée seulement de douze ans, et qui mourut à Paris le 19 septembre 1739. Le 24 décembre 1745, il s'était remarié au château de Saverne avec Anne-Victoire-Marie-Christine de Hesse-Rheinfels, fille du prince héréditaire de Hesse-Rheinfels. Soubise passait pour être un des plus riches seigneurs de la noblesse française. En 1753, il avait donné en dot à sa fille 5 millions en biens fonds sans compter de nombreux bijoux. On connaît ses générosités pour la Guimard, première danseuse de l'Opéra, qu'il gratifia pendant longtemps de 72.000 livres de rente. L'hôtel de Soubise à Paris, rue de Paradis au Palais (actuellement hôtel des Archives), était l'un des plus somptueux de la capitale; son grand-père, vers 1706, avait consacré des sommes immenses à son embellissement, en faisant aménager la cour et construire le grand portique qui subsistent encore. Les appartements répondaient à la beauté du dehors, garnis qu'ils étaient de nombreuses statues et de peintures de Lemoine, Restout, Hyacinthe Rigaut, Parrocel, Boucher, Carle Vanloo, etc. Vers 1773 Soubise s'etait aussi rendu acquéreur du château de Saint-Ouen près Paris.

Soubise avait des qualités qui atténuaient ses défauts. Il était affable, obligeant, généreux et inaccessible à la cupidité. A la mort de Louis XV, il fut le seul courtisan qui eut le courage d'accompagner le corps du roi son protecteur. Aussi, touché de cette marque de reconnaissance, Louis XVI lui conserva-t-il sa place au conseil et tous ses gouvernements.

Le prince de Soubise mourut à Paris. le 4 juillet 1787, en sa petite maison de la rue de l'Arcade n° 22, et fut inhumé dans la chapelle des religieux de la Merci, rue des Archives, au coin de la rue de Braque où était la sépulture de famille.

Le maréchal de Soubise gouverneur du château de Madrid ne fut pas remplacé. Louis XVI était obligé à des économies, et pour ce faire vendait ses châteaux.

On était à la veille de la révolution qui devait tout modifier[1].

1. Nous ne parlons pas dans ce volume des capitaines des chasses du Bois de Boulogne, château de Madrid, etc., dont l'un, Louis de Beauvais, est mentionné comme gouverneur du château de Madrid ? nous réservant d'en parler dans notre *Histoire du Bois de Boulogne*.

CHAPITRE IX

La Chapelle du Château de Madrid.

Au château de Madrid était joint une chapelle, dont l'acte le plus ancien que nous connaissions, comme émanant de ses registres, est daté du 31 juillet 1636, jour de la cérémonie du baptême d'Anne Ricard de la Chevalleraye.

François Ier avait pourvu cette chapelle d'un chapelain ; celui-ci était nommé par les capitaines gouverneurs du château et recevait pour toute rétribution 300 livres. Il ne devait être dit la messe dans la chapelle que les dimanches et jours de fête. Seul, le curé de Villiers pouvait baptiser, marier, donner la communion et porter les sacrements.

Au xviiie siècle, Louis XV ayant reçu la démission de M. Besnard de Resay possesseur du prieuré de Saint-Serin-de-la-Celle, songea à réunir ce prieuré à la chapelle royale de Madrid et donna, en janvier 1724, les lettres patentes nécessaires, confirmées par les lettres du cardinal de Noailles au mois de juin suivant. Dans les lettres du roi on remarquera que Sa Majesté dota la chapelle royale de Madrid, et la mit sous l'invocation de saint Louis.

Lettres patentes de fondation d'une chapelle royale dans le château de Madrid, sous l'invocation de Saint-Louis ; et d'union des revenus du prieuré de Saint-Serin pour la dotation de la dite chapelle :

Données à Versailles au mois de janvier 1724.

Louis, par la grâce de Dieu, roi de France et de Navarre : à tous, présents et à venir, salut. Le roi François premier, de glorieuse mémoire, ayant fait enfermer de murs le bois de Boulogne, fit construire dans ce parc le château de Madrid, où il établit en même temps une chapelle et un chapelain pour la desservir ;

mais ce prince et les rois ses successeurs, n'ayant
point pourvu à la dotation de cette chapelle, le chapelain qui en a fait la desserte et qui en était pourvu sur
la nomination des capitaines du dit château n'a joui
jusqu'à présent que d'une rétribution de trois cents
livres, pour laquelle il aurait été chargé d'y célébrer la
messe les jours de dimanches et fêtes seulement, ce
qui n'étant pas suffisant pour l'édification d'un grand
nombre de personnes qui habitent le dit château, la
basse-cour et autres lieux qui en dépendent, et qui
par l'éloignement où ils sont de l'église paroissiale
ne peuvent commodément y assister au service divin ;
nous avons résolu d'y pourvoir en procurant l'érection
de notre dite chapelle en titre de bénéfice sacerdotal
et susceptible d'union d'autres bénéfices pour former
un revenu suffisant non seulement pour l'entretien
du chapelain, mais encore d'un autre éclésiastique à
titre de secondaire, au choix de notre dit capitaine et
amovible à sa volonté, pour résider au dit château, et
y faire en cas d'absence, maladie ou autre empêchement, le service ordinaire et journalier, mais encore
les instructions dont il serait jugé capable par le sieur
archevêque de Paris. Pour concourir à l'exécution de
nos instructions sur ce sujet, le sieur Besnard de
Resay, clerc du diocèse de Paris et chevalier de
l'ordre de Notre-Dame du Mont-Carmel et de Saint-
Lazare, nous aurait offert de se démettre entre les
mains de l'évêque de Troyes du prieuré simple de
Saint-Serin-de-la-Celle de l'ordre de Saint-Benoist
dont il est pourvu en commande, situé dans le diocèse de Troyes et dépendant de l'abbaye de Mourtier-
la-Celle, à l'effet d'être procédé à l'extinction du titre
du dit Prieuré et à l'union des fruits à nostre dite
chapelle ; et le sieur abbé de Villebreuil, abbé de
Mourtier-la-Celle, collecteur du dit Prieuré, ensemble religieux de la dite abbaye y ayant donné leur
consentement à ces causes, de l'avis de nostre conseil
et de nostre certaine science, pleine puissance et autorité royale, après qu'il nous est apparu de la démission du sieur Besnard de Resay faite par acte du

12 octobre dernier du dit Prieuré de Saint-Serin-de-la-Celle, et des consentements tant du dit sieur abbé de Villebreuil que des prieurs et religieux de Mourtier-la-Celle, par acte du 14 du dit mois et du 8 novembre suivant, nous avons par ces présentes signées de nostre main fondé et fondons à perpétuité une chapelle royale en nostre dit château de Madrid, pour être érigée en titre de bénéfice sacerdotal sous l'invocation de Saint-Louis à laquelle sera par nous pourvu et par les rois nos successeurs, sur la présentation qui nous en sera faite par notre capitaine au dit château et les successeurs, voulons qu'il soit fait fonds pour la donation de la dite chapelle de la somme de trois cents livres par chacun ou à commencer du premier janvier dernier dans l'état des charges de nos domaines de la généralité de Paris pour être payées au dit chapelain sur les simples quittances : et de la même autorité que dessus; Nous avons approuvé et approuvons l'extinction et union consentie tant par le dit sieur Besnard de Resay que par les abbés et religieux de Mourtier-la-Celle du dit prieuré de Saint-Serin-de-la-Celle et revenus en dépendans à nostre dite chapelle royale, pour contribuer à la dotation de la dite chapelle, auquel effet nos présentes lettres seront présentées, tant au sieur Archevêque de Paris pour être la dite fondation décrétée en la forme ordinaire, qu'au sieur évêque de Troyes pour être par lui procédé à l'extinction du dit prieuré et du consentement du dit sieur archevêque de Paris à l'union des revenus en dépendans à nostre dite chapelle, à condition néanmoins que celui qui en sera par nous pourvu, sera tenu de faire respecter, acquitter les fondations du dit Prieuré dans la chapelle qui en dépend, par un prêtre commis à cet effet ainsi qu'il s'est pratiqué jusqu'à présent, ensemble de payer les portions congrues si aucunes sont dues, les décimes ordinaires et extraordinaires, subventions, dons gratuits, et généralement toutes les choses dont le dit Prieuré est tenu à présent ou sera tenu à l'avenir, même d'entretenir les ornemens et vases

sacrés que nous avons donnés ou donnerons ci-après
à nostre dite chapelle, et d'y fournir le vin et le lumi-
naire et autre chose nécessaire au service d'icelle, à
quoi seront affecté, tant les dits trois cents livres ci-
dessus, que tous les autres revenus de la dite chapelle provenant de la dite union. Voulons en outre
que le titulaire de la dite chapelle soit tenu d'entretenir un autre prêtre à titre de secondaire au choix
de notre dit capitaine et amovible à sa volonté, auquel il sera donné par lui une rétribution de cinq
cents livres par chacun an payable de quartier en
quartier sur tous les revenus de la dite chapelle,
(si donnons en mandement) à nos amez et féaux
conseillers les gens tenans nostre cour de parlement
de Paris que ces présentes ils ayent à enregistrer,
et icelles garder et observer et faire exécuter selon
leurs formes et teneur, cessant et faisant cesser tous
troubles et empêchements au contraire, car tel est
notre plaisir, et afin que ce soit chose ferme et
stable à toujours. Données à Versailles au mois de
janvier, l'an de grâce mil sept cent vingt quatre et de
notre règne le neuvième, signé Louis et sur le reply
est écrit, par le roy : Phelippeaux ; et scellé de
notre grand sceau de cire verte, soie rouge et verte
et à costé sur le reply est écrit, visa : Fleuriot (pour
fondation d'une chapelle royale dans le château de
Madrid signé Phelippeaux) et à costé est écrit :

« Registrées, oui et ce requérant le procureur
général du roi pour être exécutés selon leurs formes
et teneurs, suivant l'arrêt de ce jour. A Paris, au
parlement le trente et un janvier mil sept cent vingt-
quatre, signé : Ysabeau. »

Et à costé est écrit :

« Registrées en la chambre des comptes ouï le
procureur général du roy pour être exécutées selon
leurs formes et teneur et jouir par l'impétrant et
ses successeurs audit bénéfice de l'effet du contenu
en icelles à la charge par eux de faire la foi et hommage au Roy pour raison des terres, fiefs et seigneu-
ries ci aucun y a dépendant dudit bénéfice, mouvant

et relevant de Sa Majesté et d'en fournir l'aveu et dénombrement en la chambre dans le temps dans la coutume. Le 25 mai 1731. Collationné, signé : Ducornet. »

C'est bien la pièce la plus intéressante que nous ayons trouvée au sujet de la chapelle royale de Madrid.

A dater de 1724, le chapelain titulaire fut aidé dans son service par un second chapelain également nommé sur la présentation du capitaine gouverneur du château; mais ces deux chapelains ne purent officier sans une autorisation de l'archevêque de Paris. Cet établissement se fit avec le consentement d'Hervé de Pinel, curé de Villiers qui d'ordinaire officiait à la chapelle[1] et qui déclara entre autre : « que ce serait sans préjudice au droit et à la possession qu'il est de porter les sacremens dans le château; que les deux prêtres n'y feraient aucune fonction curiale que de son consentement; que lui curé continuerait d'aller en procession à ce château le lundi de Pâques et celui des Rogations, d'y donner la communion à Pâques et à l'égard des œuvres de les donner aux habitants du château et des environs, ou de les envoyer au chapelain pour les distribuer en la chapelle. »

Les registres paroissiaux de Villiers nous donnent le nom de deux des chapelains ; ce furent : Poterat, mentionné le 18 juillet 1706 et le 12 février 1714.

Martin, mentionné le 30 mars 1739 et 16 novembre 1744. A cette courte liste nous pouvons ajouter les noms de quatre autres chapelains, l'abbé André Colybaux que nous trouvons en fonctions en 1716, en 1727 et qui paraît avoir été remplacé par l'abbé Brou en fonctions en 1749, puis l'abbé Nicolas Browne, chapelain du château de Madrid qui reçoit le 24 août 1750 un brevet lui permettant d'aller dans la province de Conacie pour l'arrangement de ses affaires.

1. Diverses cérémonies furent célébrées dans la nouvelle chapelle royale.

Mlle Marie Thérèze le Petit de Vernot de Chausseraye mourut

L'autre est l'abbé Odovan, que nous trouvons dans une lettre de Mme la duchesse de Fitz-James aux juges de la chapelle de Madrid, par les mains de M. Mesnard de Chouzy, commissaire général de la maison du roi [1].

A Paris, le 16 juin 1789.

Il y a plus de quinze jours, Monsieur, que j'ai eu l'honneur de vous parler à Versailles du désir qu'avait M. l'abbé Odovan de se démettre de la place de chappelain du château de Madrid en faveur de M. l'abbé Burck, un des suppérieurs du collège des Lombards; j'ai celui de vous laisser le mémoire et la lettre de M. l'abbé Odovan et de vous détailler combien l'abbé Burck mérite que le roi veuille bien accepter en sa faveur la démission du titulaire de la dite chapelle qui depuis plus de cinquante ans a toujours été donné à des Irlandais; ils sont dans ce moment plus susceptibles que jamais des bontés du Roi, l'état actuel des finances ayant obligé Sa Majesté de suspendre les pensions portées à une somme annuelle de 40 mille livres qui depuis Louis quatorze étaient faites aux membres de cette nation; je vous serais très obligé, Monsieur, de faire connaître ce petit détail au Roy et de ne lui point laisser ignorer que c'est moi qui vous ai prié de vouloir bien vous charger de cette affaire... J'ose l'espérer d'après les bontés infinies dont Sa Majesté veut bien me combler, il me paraît d'ailleurs bien égal que ce soit l'abbé Burck ou l'abbé Odovan qui soit chappelain de Madrid... ([2]).

FITZ JAMES DE CHIMAY.

le 24 mars 1730, âgée de soixante-neuf ans dans une dépendance du château.

Un grand nombre de personnages de la cour assista à ses funérailles. Elle fut inhumée le 26 mars en présence de Louis-Henri d'Andigné, docteur en Sorbonne, et de Charles Ricard, écuyer sieur de la Chevalleraye, concierge du château. Ayant demandé à ne pas être enterrée dans l'église, elle le fut au cimetière, derrière le grand autel, entre le mur du sanctuaire et la croix.

D'après le procès verbal dressé à l'occasion de la réunion du prieuré de Saint-Serin-de-la-Celle à la Chapelle du château de Madrid, il y avait 100 communiants à la dite chapelle.

1. M. Mesnard de Chouzy était en réalité commissaire du bureau général d'administration des dépenses de la maison du roi. Mme la duchesse de Fitz-James était dame du Palais de la reine depuis 1781. Almanach royal de 1789, p. 126 et 127.

2. Arch. nat. O^1 806.

*
* *

C'était la fin. Louis XVI ayant résolu de vendre le château on ne songeait plus qu'à une seule chose, supprimer la chapelle.

« Le chapelain du château de Madrid dans le bois de Boulogne est un titre de bénéfice ; il y a un prieuré réuni à cette chapelle et elle vaut au moins 6.000 livres de rentes. Le chapelain, à ce que l'on dit, est âgé et infirme. Le château de Madrid est presque en ruine et ne subsistera pas longtemps probablement. Le roi ne pourrait-il pas comprendre dans la suppression et union de cette chapelle pour doter celle de Sa Majesté et de la reine, la chapelle du château de Madrid? La masse de revenus à unir augmenterait ainsi et le château fût-il conservé, ainsi qu'une place de chapelain, on lui assignerait convenable et relatif à son état. »

On voyait la ruine partout, château et chapelle tout devait tomber en poussière au premier coup de pioche, aussi était-il prudent de tout supprimer. C'est ce que l'on fit. On s'aperçut peut-être que les bâtiments n'étaient pas si désagrégés que l'on voulait bien le dire, mais la prudence avant tout, les pierres jetées bas n'étaient plus dangereuses. On se tournait d'un autre côté, pour élever d'autres monuments, appelés à être plus solides.

CHAPITRE X

Projets de vente et de démolition du château. — Offres
d'achat. — Adjudication. — Le sieur Le Roy adjudicataire. —
Démolition du château. — Dispersion des richesses conte-
nues dans le château. — Les émaux de Della Robbia réduits
en ciment.

Depuis plusieurs années le château menaçait
ruine ; tous les locataires, ainsi que nous l'avons vu
dans un chapitre précédent, demandaient des réparations ou en faisaient faire à leurs frais, quitte à
demander plus tard le remboursement des sommes
qu'ils avaient avancées. Et cependant, malgré tous les
embellissements, malgré les réparations, malgré les
impenses, le château trop vaste pour être réparé
seulement par endroits, se dégradait toujours, tant
à l'intérieur qu'à la façade.

Aussi, dès 1774, songea-t-on à démolir l'édifice
dispendieux et, paraît-il, inutile. L'idée ne fut pas
mise immédiatement à exécution, mais en juillet 1777
elle fut reprise :

« L'administration des Bâtiments du Roi chargée
de l'entretien et réparation de ce château, ne peut
avoir d'autre vœu que celui de sa destruction, parce
que d'un côté, elle arrivera d'un instant à l'autre et
que d'un autre côté, en prévenant la chute de l'édifice
par une démolition dont on ferait adjudication, on
tirera des matériaux un produit assez conséquent
pour mériter attention [1] ».

L'abbé Terray, administrateur des domaines, avait
reçu l'offre de deux entrepreneurs qui désiraient
acheter le château pour 50.000 francs ; il examinait le
projet soumis, lorsqu'il fut mis en disgrâce. Ce fut
la seule cause de la non-réalisation de l'affaire.

1. Arch. nat. O¹ 1581.

Une compagnie se forma et offrit d'acheter les matériaux contre 85.000 francs. Elle joignit à son projet une demande d'emphytéose, voulant prendre une partie du bois, sur laquelle elle aurait construit des maisons, qui à l'expiration de l'emphytéose seraient revenues au roi.

« L'idée de l'emphitéose de la lisière du bois qui eût permis de multiplier les habitations dans l'enclos particulier du château de Madrid aurait entraîné à un grave inconvénient. C'était la communication du bois qu'il eût fallu donner à toutes les maisons construites dans l'une ou l'autre partie. Dès lors, l'enceinte du bois destinée aux chasses du Roy n'aurait plus eu cette sûreté qu'il était nécessaire d'y maintenir, parce que plus les portes auraient été multipliées moins on aurait pu s'assurer de la fermeture générale qu'on faisait observer quand le Roy était à la Muette. »

Cette offre resta sans effet. C'est alors : « qu'une personne veuve sans enfans, qui dans la vue de se faire un sujet d'amusement utile à sa santé, veut avoir près de Paris une possession susceptible d'y faire faire des travaux et embellissements dont elle puisse se faire une continuelle occupation, propose de prendre le château de Madrid tel qu'il est avec ses jardins, enclos et dépendances, à la charge d'abattre à ses frais ce qui est en ruine et d'employer en reconstructions et édifications nouvelles, embellissements, etc., la valeur de 50.000 livres qui ont été offertes de toutes les démolitions en général, consentant d'abandonner en outre au Roy toutes les dépenses en constructions excédentes qui se trouveront à sa mort avoir été faites [1] ».

Cette combinaison échoua comme ses devancières. Malgré les offres plus avantageuses les unes que les autres, au dire des offrants, pour les deniers du roi, celui-ci ne semblait pas convaincu.

Aussi, pour hâter le mouvement, pour réduire à

1. Juillet 1777. O¹ 1581.

François I.er

[illegible]

néant ce vaste château qui osait lever la tête malgré les siècles qui couvraient sa face :

M. d'Angiviller faisait écrire (de Versailles) à Soufflot, lui demandant un procès verbal sur la valeur du château de Madrid, l'autorisant à s'adjoindre MM. Bazou et Coustou, et ajoutait : « S'il est possible que vos opérations en demeurent inconnues à ceux qui logent dans le château, n'excitent aucune démarche de leur part, j'en serai fort aise, et je vous prie de prendre sur ce point les mesures qui vous paraîtront convenables : il sera bon que votre procès verbal donne l'indication de tous les concessionnaires de logement occupant ou non occupant, (et de sa main). Je désire avoir ce procès verbal le plus tôt qu'il vous sera possible. »

Dans la crainte que le billet n'arrivât pas, ou qu'il ne fût pas assez explicite, trois jours plus tard, le mercredi 23 juillet 1777, M. d'Angivillier écrivit à Soufflot ce mot personnel :

Il y a peut-être un mois, monsieur, que vous me dîtes que le château de Madrid était dans un état tel qu'il fallait que j'y fisse la plus sérieuse attention, parce qu'il y avait un danger imminent et journalier que non seulement vous ne l'habiteriez pas, mais que vous n'aimiez pas à y aller, que vous croyiez qu'il fallait ou y faire quelques réparations de sûreté, ce qui était inutile, ou l'abattre ce que vous croyiez plus sage.

Depuis cette conversation plus ou moins ancienne, on a fait des propositions relatives à Madrid, on m'a demandé mon avis, et j'ai dit que d'après votre rapport je concluais à ce que cette habitation est inutile au Roy, impossible à rétablir, bonne à abattre. C'est pour déterminer un parti que je vous demandais un procès verbal en règle, mais comme il est simplement question d'une détermination du Roi, et que le reste peut être fait après, ou devenir inutile, un simple rapport signé de vous et de M. Coustou qui depuis si longtemps convoitait ce département, qui en avoit fait tant de fois des examens détaillés, suffira pour mettre sous les yeux du Roi, et ensuite s'il est question de remplir des formes, on y suppléera. Ce que je vous demande, c'est que le Roi puisse se déterminer sur cet objet.

A l'égard de l'estimation des matériaux, non seulement il

n'y a point de soumissions plus fortes, mais on n'en trouverait plus de semblables. Il est bien vrai qu'il y a des soumissions de 95.000 ll. mais elles embrassaient des ventes de terrains qui étaient dans la main de M. l'abbé Terray, et qui ne sont pas dans la mienne. Je vous envoye cette lettre, par un exprès, parceque je dois voir le Roi demain matin et qu'il faudrait que je lui remisse le rapport d'après lequel il prendrait une détermination vendredi avec M. de Maurepas, et comme je m'en vais à Chantilly il faudrait que je l'eusse. Ce rapport me paraît très simple à faire, il n'est question que de mettre en forme la conversation que vous avez eue avec moi, et la faire signer par M. Coustou ainsi que par vous. On suppléera le reste s'il y a lieu.

Vous connaissez les sentiments de confiance et d'amitié avec lesquels j'ai l'honneur d'être, monsieur, votre très humble et très obéissant serviteur.

D'Angiviller.

La signature de M. Coustou me paraît même très superflue.

C'était la main forcée, ce pauvre château gênait tout le monde en général et en particulier M. d'Angiviller et malgré cela il restait debout, impassible, offrant aux regards de pitié ou de haine ses faïences ternies et ses pierres dégradées.

Le 29 décembre 1779, on établit un détail général des matériaux de toute espèce qui proviendraient de la démolition du château de Madrid dans le bois de Boulogne.

O bonheur! ce château qui n'avait aucune valeur debout, vaudrait, alors qu'il serait à terre, 66.626 liv.

COUVERTURE.

La couverture des combles en ardoise compris ceux de l'orangerie et des bâtiments des basses cours contient 800 toises de superficie à 20 sols la toise déduction faite des frais de démolition, et eu égard au mauvais état de la dite couverture cy. . . . . . .   800^l 0^s 0^d

PLOMBERIE.

3038 pieds superficiels de plomb d'une ligne et demie à 8 livres un quart le pied, et

Report	800¹ 0ˢ 0ᵈ

3331 pieds de plomb de deux lignes des chéneaux à 11 livres le pied, fait 61.704 livres pesant, et pour les bouts de conduite du Réservoir à un petit bassin 6.000 livres pesant font ensemble 67.704 livres pesant à 5 sols la livre, valent. 16.926 0 0

CHARPENTE

Les combles des deux grands planchers d'enrayures et des deux grands pavillons, du comble entre les dits pavillons, des deux combles en retour entre iceluy et les dits grands pavillons, et des huit petits pavillons produisent ensemble 1.750 pièces dont bon à être employées 850 pièces, le surplus n'étant bon que pour brûler, cy. .   850 pièces.

Les trois grands planchers produisent ensemble y compris celui de l'entresol au droit de la grosse cheminée 2.800 pièces dont un quart en bois à brûler, reste. . . . .   2.100 pièces.

La charpente du comble de l'orangerie et des bâtiments des basses-cours : 800 pièces, dont bons à être employés 500 pièces, cy. .   500 pièces.

TOTAL. . . . 3.450 pièces à deux livres la pièce déduction des frais de démolition valent.. . . . .   6.900 0 0

Le bois à brûler déduction des frais de sciage et démolition 100 voyes à 6 ll. la voye.. .   600 0 0

GROS FERS.

Les gros fers pour corbeaux, tirans, ancres, etc., évalués à huit milliers à 100 ll. le millier valent.. . . . .   800 0 0

MAÇONNERIE.

Les murs de face et de refend, déduction faite

A reporter. . . . , . .	26.026¹ 0ˢ 0ᵈ

Report. . . . , . .   26.026^l 0^s 0^d

des vuides, produiront ensemble trois mille
toises cubes ; la construction des dits murs
est en carreaux de pierre de Saint-Leu et en
moilon de Passy et de Nanterre, ce qui fait
un très grand déchet à 18 ll. la toise cube,
sur quoy à déduire pour les frais de démolition 8 ll. par toise, il reste 30 ll. ; sur quoy
il faut encore déduire sur la démolition des
planchers, aires, plafonds et cloisons qui ne
rapportent aucun profit, la somme de 3.000 l.
il reste la somme de. 27.000 0 0

Les matériaux en maçonnerie provenant des
murs de terrasse et autres accessoires, déduction faite des frais de démolition, valent   3.600 0 0

NOTA. Il faut observer que toutes les portes
et croisées qui appartiennent au Roy sont
de nulle valeur.

VALEUR DES MATÉRIAUX. . .   56.626 0 0

Les cinq arpens de terre de l'avenue en y comprenant la portion dont M. de Saint-James
s'est emparé à 2.000 ll. l'arpent valent. .   10.000 0 0

66.626^l 0^s 0^d

Jean Thevenin et Pierre Pécoul, entrepreneurs des
bâtiments du roi, auteurs de ce détail, se chargeaient
de faire l'acquisition du château et des cinq arpents
de terre qui en dépendaient, moyennant la somme de
66.626 livres, pour en faire la démolition à leurs
risques et fortunes, se chargeant de remblayer les
fossés du pourtour et faire le régalement du terrain
avec les gravois et immondices qui proviendraient de
ladite démolition.

Ce projet était bien tentant ; malgré cela il subit le
même sort que les précédents, il tomba dans l'oubli[1].
Mais en 1788, Louis XVI cherchant à faire des éco-
nomie, ordonna la vente ou la démolition du château

---

1. Voir aux appendices, la lettre du duc de Choiseul-Praslin,
demandant Madrid en échange de 10 boisseaux d'avoine de redevance annuelle, par arpent.

de Madrid, dont l'entretien et la garde étaient fort coû-
teux. « Vu la cour, toutes les chambres assemblées,
ses pairs y séant, l'édit du roi donné à Versailles au
mois de février 1788, signé Louis, et plus bas : par le
Roy, le baron de Breteuil, visa de Lamoignon, vu au
Conseil, par lequel le roi ordonne la démolition ou la
vente des châteaux de la Muette, Madrid, Vincennes
et Blois et l'aliénation de celles des maisons dont Sa
Majesté est propriétaire à Paris.

Fait au Parlement, le 14 mars 1788. »

On se pressait, tant la hâte de voir le château
abattu était grande, de profiter de l'état d'esprit du
roi. Aussi les décrets succédèrent-ils aux décrets. Le
14 mai 1790, un décret de l'assemblée nationale,
sanctionné par le roi le 17 du même mois, décida
qu'il serait procédé à la vente du château de Madrid.
Des tentatives infructueuses eurent lieu le
31 octobre et le 15 novembre 1791; l'adjudication
définitive fut fixée au 15 mars 1792.
La direction du département de la Seine trancha
diverses questions posées par des amateurs et dont
l'examen lui fut soumis par l'administration. Il fut
entendu notamment que les boiseries se trouvant
dans les lieux occupés par ceux qui avaient obtenu
des logements gratuits seraient comprises dans la
vente; que la porte de communication avec la propriété voisine, appartenant à Mme de Maurepas serait
bouchée; que l'acquéreur même en cas d'aliénation
du bois de Boulogne aurait son entrée par le chemin
de Neuilly à Bagatelle, Longchamp et Boulogne.
Le château, les cours, le jardin, le potager conte-
naient environ 21 arpents, et le parc séparé et clos de
murs, 57 arpents. Le château, pour être démoli était
estimé à 34.000 francs, les 21 arpents : 8.400 ll., et
les 57 arpents 41.200 ll.
Les enchères furent portées le 27 mars 1792 devant
le directoire du district de Saint-Denis, en la salle
des ventes faisant partie des bâtiments de la ci-devant
abbaye de Saint-Denis.

Des affiches furent apposées qui indiquèrent nettement les conditions de la vente :

DISTRICT

DE SAINT-|DENIS

BIENS NATIONAUX A VENDRE

Adjudication définitive

Le mardi 27 mars 1792, dix heures du matin.

On fait savoir que le mardi 27 mars 1792, dix heures du matin, au lieu ordinaire des séances du directoire du district de Saint-Denis, à la requête de M. le Procureur Général-Syndic du département de Paris (auquel département copie de la présente Affiche a été envoyée) poursuites et diligence du Procureur-Syndic du district de Saint-Denis, fondé du pouvoir du dit sieur Procureur-Général-Syndic, il sera procédé par devant MM. les administrateurs du Directoire du dit District de Saint-Denis, à l'adjudication définitive des Biens Nationaux qui seront ci-après detaillés, en présence des deux Commissaires de la Municipalité de Neuilly, dans le ressort de laquelle les dits biens sont situés, ou eux duement appelés, pour être les dits Biens vendus et adjugés définitivement au plus offrant et dernier enchérisseur, en exécution des Décrets de l'Assemblée Nationale, sanctionnés par le Roi, sous les formes et aux conditions y portées.

CANTON DE CLICHY

MUNICIPALITÉ DE NEUILLY

CHATEAU DE MADRID

Le château et parc de Madrid, dépendant cy devant du domaine du Roi, est situé à l'extrémité du Bois de Boulogne.

Le château et dépendances sont composés d'une avant-cour, formant la principale entrée du côté du chemin de Neuilly à Boulogne, à côté de laquelle sont deux bâtiments servant de remise et écuries, ainsi que ceux au derrière de l'aile à gauche, par un grand espace, séparant le parc par un mur, et servant d'entrée à la façade du côté du nord ; vers le couchant est un jardin planté de deux avenues en tilleuls, ayant un potager à gauche, dans lequel est un puits : du côté du levant est une porte, formant l'entrée ordinaire, aux deux côtés de laquelle sont deux petits bâtiments, à côté un autre bâtiment pour l'orangerie, ayant son entrée par les fossés.

Les cuisines, offices et caves sont au-dessous du rez-de-chaussée sous les voûtes qui se communiquent par des corridors, régnant dans tout leur pourtour extérieur.

Ce rez-de-chaussée est relevé d'un perron de chaque côté, composé de quinze marches en pierre, une galerie avec chapelle, deux pavillons carrés, ayant chacun six pièces, quatre petits pavillons aux quatre angles, dont ceux joignant les perrons servent pour les escaliers à noyaux.

Il y a six escaliers à noyaux, formant plan circulaire, ayant leur communication par une galerie régnant dans le pourtour et à l'extérieur du bâtiment.

Les premiers, second et troisième étages sont distribués comme le rez-de-chaussée.

Les combles sont couverts en ardoises, avec cheneaux et faîtages en plomb.

Le dit château est défendu tout au pourtour par des fossés, interrompus seulement au droit des portes d'arrivées.

Dans la partie des fossés, du côté du midi, est un bâtiment sur plan carré long, servant d'orangerie, élevé d'un rez-de-chaussée seulement, couvert en ardoise.

A droite de l'avant-cour est une basse-cour, dans laquelle sont construits des toits à porcs et des poulaillers ; à gauche, derrière les écuries est un petit bâtiment servant d'étable à vaches.

Le château, les cours, les jardins, le potager contiennent environ vingt-un arpens.

Les murs de clôture de ce domaine, du côté du parc feront partie de la dite vente, à la charge de mitoienneté.

Estimés, savoir, le château.	34.000 liv.
Les vingt-un arpens compris dans les cours, le jardin et le potager.	8.400 liv.
Total.	42.400 liv.

Les dits biens ci-dessus désignés seront adjugés ainsi qu'ils se poursuivent et comportent, sans aucune garantie de mesures ni de servitudes actives ou passives, sans pouvoir par les dits adjudicataires prétendre aucune diminution de prix, ni exercer aucune garantie ou recours pour raison de défaut de mesures, quotité, consistance, servitudes et pour quelqu'autre cause que ce soit, prévue ou non prévue, exprimée ou non exprimée au procès-verbal, mais les dits biens seront francs et quittes de toutes rentes et redevances foncières ou seigneuriales, droits seigneuriaux ou hypothèques, conformément aux articles VII, VIII et IX du décret du 14 mai 1790.

Les biens compris en chaque lot seront criés et vendus séparément, mais les enchères seront reçues à la fois sur l'ensemble et les parties des objets compris dans un même lot; et si lors de l'adjudication, la somme des enchères partielles réunies égale celle faite sur la masse, les biens seront de préférence adjugés séparément.

L'adjudicataire sera tenu de l'entretien des baux dont la résiliation n'est pas prononcée par les décrets, sans pouvoir expulser les fermiers, même en les indemnisant; les paiements seront faits dans la proportion, dans les termes et de la manière fixée par les décrets notamment celui du 28 novembre 1791, sanctionné le 16 décembre suivant, et faute du paiement d'un des dits termes, les biens seront revendus à la folle enchère des adjudicataires, quinzaine après l'expiration de l'un des dits termes, ainsi qu'il est prescrit par l'article IV de la loi du 17 novembre 1790.

Il ne sera admis d'enchère que de 5 livres lorsque l'objet fera plus de 100 liv., de 25 liv. au-dessus de 1.000 liv., et enfin de 100 liv. lorsque l'objet dépassera 10.000 liv. sans qu'il puisse y avoir lieu ni au tiercement, ni au doublement, ni au triplement.

Toutes personnes solvables seront admises à enchérir, en justifiant d'un domicile certain et d'une contribution directe, foncière ou mobilière au lieu de leur domicile, par un certificat de leur municipalité, ou en déposant, entre les mains du secrétaire du District, le premier terme du paiement d'après la première mise à prix; elles pourront aussi prendre connaissance du Cahier des Charges des Enchères, au Bureau du Secrétariat du District de Saint-Denis.

Le Procureur Syndic du district de Saint-Denis,
Signé : BÉVILLE.

De l'imprimerie de la veuve Hérissaut, imprimeur du District de Saint-Denis, rue neuve Notre-Dame.

On ne mettait en vente que le château et 21 arpents y attenant. Il fut allumé jusqu'à 13 feux et M. Nicolas Jean Le Roi fut déclaré adjudicataire, moyennant la somme de 271.300 livres payables : 52.271 livres au comptant et le surplus en 12 annuités.

Le vandale Le Roy, s'offrit alors le luxe de bouleverser, piller, réduire à néant, cette œuvre luxueuse à laquelle François Ier avait apporté tant de soins.

Le château de Madrid, qui d'après Soufflot était

dans un état tel, qu'il fallait y faire la plus sérieuse attention, parce qu'il offrait un danger imminent et journalier, pour lequel des réparations de sûreté eussent été inutiles, était en effet si peu solide, que le Roy ne put songer à le démolir à la pioche et au levier. Aussi, doté d'une ingéniosité, sans pareille, le fameux adjudicataire fit alors saper les murs à des distances rapprochées, les étançonna au moyen de forts étais de bois et entoura ces étais, de fagots et de matières combustibles. Quand tous les préparatifs furent faits, 50 ouvriers y mirent le feu, les flammes et la fumée de ce vaste incendie, le bruit et les éclats de la calcination de la pierre, ressemblaient de loin à l'éruption d'un volcan.

C'était merveilleux ! Toutes les voix entonnèrent un hymne de joie à la vue de cet immense incendie. Les flammes montaient haut, les bois craquaient, les pierres se fendaient, mais le château restait toujours debout. C'est alors que l'on reprit l'infernal travail par où il avait été commencé ; à main d'homme on fit choir ce qui restait debout. Tous ces massacres, toutes ces horreurs, n'enrichirent pas l'adjudicataire qui, ruiné, ne put faire face à ses engagements.

Dans cette tourmente deux tapisseries représentant le « Triomphe de Scipion » et « la vie de saint Paul », tissées de soie et d'or, placées dans le château sous le règne de François Ier, furent vendues 120.000 francs. Le plomb rapporta 150.000 livres.

Les boiseries travaillées, les marbres furent vendus à vil prix et passèrent à l'étranger. Les superbes émaux des Della Robbia [1], livrés à un maître paveur nommé Helaine, furent convertis en ciment.

Le château de Madrid, qui avait coûté plus de 7 millions, qui avait orné le bois de Boulogne comme un joyau merveilleux, qui avait servi d'abri à de grands rois et offert à de si grands maîtres l'occasion de révéler leur talent ; le château de Madrid avait disparu. A sa place s'offrit un lieu de démolition poussiéreux, abandonné, impraticable, qui devait à

1. Voir aux appendices.

son tour disparaître pour faire place à de vastes maisons de campagne entourées de maussades jardins anglais.

* *

Pauvre château de Madrid, toi qui es né d'un rêve d'amour, toi qui as été élevé, au prix de tant d'efforts, par des hommes célèbres entre tous, toi qui as abrité des rois, de grandes amoureuses et des savants, toi qui en 1791 servais de repaire à quelques royalistes traqués, qui sacrifiaient leur vie pour détourner l'attention des *Tuilleries* où se faisaient déjà les préparatifs de la fuite du roi! Pauvre château de Madrid! Ta gloire est effacée, on discute le nom de tes architectes, on ne se souvient plus des belles actions qui ont été commises sous ton toit, on ignore ce que sont devenues les richesses qui t'embellissaient.

Tu n'es plus rien, tes débris ont été foulés aux pieds par une horde de soldats russes, les derniers vestiges de ta splendeur ont été réduits en poussière pour faire du ciment, ou exposés dans un musée. Toi qui étais né pour miroiter au soleil!

Rien plus de toi n'existe! Seul, épargné par le temps, le vieux chêne écoute les bruits qui passent, il ne comprend plus le langage qu'il entend, mais, gardien fidèle, il regarde l'endroit où se dressait son maître et il élève au ciel ses longues branches, comme pour prier ceux qui l'ont vu grandir, de revenir un instant, voir le réverbère dont la flamme clignotante, éclaire l'inscription :

Château de Madrid. Appartements meublés.

Il ne conçoit pas, ce roi des forêts, que nous avons changé d'époque ; qu'actuellement chacun peut venir se loger moyennant quelques francs, là où les grands seigneurs d'autrefois, malgré tous leurs titres de gloire et de noblesse, n'avaient pas le droit d'approcher, si le souverain ne le voulait pas.

LE PETIT MADRID

***

Ce qu’était le Petit-Madrid. — Ses locataires. — Mlle de la
Chausseraye. — Son importance à la cour de Louis XVI.
— Son testament. — L’inventaire de ses biens. — Hubert-
Huché. — Jean-François Barbier. — Une histoire de
chasse. — Mlle de Charolais créatrice du Petit-Madrid. —
Quelques anecdotes sur sa vie. — Louis XV au Petit-
Madrid. — Mme de Mailly. — Mlle de Nesle. — Le
mariage de celle-ci au Petit-Madrid. — L’habitation de
Mlle de Charolais.

MADRID-CONTI

Le Comte de la Marche de Bourbon-Conti, légataire de
Mlle de Charolais. — La vente de Madrid-Conti.

MADRID-MAUREPAS

Mme de Maurepas acquiert la propriété du comte de la Marche.
— Ses réclamations au sujet d’un mur de clôture au comte
de la Marche. — Réponse de celui-ci. — Mme de Maurepas lègue sa propriété à Mme de Flamarens. — Démêlés
de celle-ci avec l’enregistrement. — Folle enchère. —
Division de la propriété en cinq lots. — Logement Decazes.
— Le Docteur Bary. — Haras.   Vente du haras. — Le lot
passe à M. Crémieux. — Le restaurant : Borne, Fèvre,
Herbomez, propriétaires du restaurant. — Les hôtes du
restaurant.

Les communs du château de Madrid, construits
pour servir d’orangerie et d’écuries au roi, ou de logements aux portiers, s’étendaient au pied du château qu’ils entouraient.

Autour d'une longue cour de forme trapézoïdale, s'élevaient une trentaine de petites constructions, quelconques par leur forme et leur agencement, qui de modifications en restaurations, de restaurations en embellissements, devinrent logements agréables ou boudoirs charmants.

Les capitaines gouverneurs de Madrid habitaient le château et louaient les communs à des personnages de la cour, le montant de la location rentrant dans leur casuel.

Parmi les principaux locataires qui tous ont eu un rôle marquant dans l'histoire, et entre les plus célèbres, on peut citer Mlle Lepetit de Verno, de la Chausseraye (ou de Chausserais) qui jouit auprès de Louis XIV d'une faveur marquée. D'après un extrait des mémoires de Duclos [1], on peut se rendre compte de son importance, dans la lutte soutenue par le cardinal de Noailles, archevêque de Paris, contre la cabale jésuite et la prépondérance de ses remarques sur le jugement du roi.

« ...Quoi qu'il en soit, je n'en suis pas moins certain du projet de Tellier, et de la manière dont il échoua, qui a été ignorée du jésuite même. Mademoiselle Chausseraie en eut tout le mérite. Il est à propos de la faire connoître.

« Elle étoit fille d'un gentilhomme poitevin, nommé Le Petit de Verno, et d'Ane Brissac, veuve du marquis de la Porte Vésins. Ayant perdu père et mère, elle seroit restée dans l'indigence ou du moins dans l'obscurité, si le marquis de Vesins, son frère utérin, n'en eût pas eu pitié. Il lui procura de l'éducation et engagea par son exemple les Biron, les Villeroy, les Brissac à s'intéresser pour une orpheline qui leur appartenoit de fort près du côté maternel, et dont ils ne vouloient pas d'abord entendre parler. Elle leur fut enfin présentée ; bientôt elle leur plut par sa figure et ses manières, et ils la firent entrer chez Madame, belle-sœur du roi, en

1. Collection Petitot et Monmerqué. T. 76, p. 148 et suivantes.

qualité de fille d'honneur. Grande, bien faite, d'une figure agréable, elle avoit beaucoup d'esprit et encore plus de jugement, et une physionomie de candeur et une naïveté dont elle eut l'adresse de conserver l'extérieur et le ton, lorsque l'usage de la cour lui en eut fait acquérir toute la finesse. Le Roi, qui la vit souvent chez Madame, prit pour elle le goût qu'inspirent naturellement celles qu'on nomme vulgairement de bonnes créatures, espèces si rares dans les Cours et à qui ce titre une fois confirmé, permet des familiarités que d'autres n'oseroient pas prendre. Elle eut des amis dans tous les temps, dans toutes les classes, dans les partis les plus opposés, et obligea des ministres à des égards pour elle, sans les rendre ses ennemis. Ils lui firent une fortune considérable, qu'elle augmenta encore dans la régence. Elle se retira à un certain âge de chez Madame, dont elle conserva les bontés, et continua d'aller de temps en temps faire sa cour au roi qui lui donnoit toutes les audiences particulières qu'elle vouloit. Elle a passé toute sa vie dans l'intrigue, et l'habitude lui en avoit fait un besoin. Elle a rendu gratuitement mille services, ignorés de ceux qui les recevaient, et qu'elle ne connoissoit pas, souvent par le seul plaisir d'intriguer, ou pour traverser des intrigantes à gages ; elle en fit renoncer au métier. Ce fut elle qui sauva le cardinal de Noailles.

« Quand elle alloit passer quelques jours à Versailles, elle logeait chez la duchesse de Ventadour, son amie, le rendez-vous de la cabale jésuitique. L'intimité qui régnoit entre la duchesse et elle, l'indifférence, l'inattention que celle-ci avoit et affectoit encore davantage pour les affaires de la constitution, faisoient que sans lui confier précisément ce qui se machinait, on ne se cachoit point d'elle. Mais pour cette fois le cardinal de Rohan, supposant que tout ce qui se trouvoit dans sa société ne pouvoit avoir d'autres intérêts que les siens, confia le secret à la Chausseraie, afin, dit-il, qu'étant notre amie, elle jouisse d'avance du triomphe de la bonne cause. Il lui déclara donc que l'ordre d'enlever le cardinal de Noailles devoit s'expédier le lendemain. Elle applaudit à cette sainte violence avec un transport dont Rohan fut la dupe, et conçut à l'instant le projet de sauver Noailles, pour qui elle avoit un respect que lui avoit inspiré l'abbé d'Andigné, son parent et ami. Elle se procura le jour même un tête-à-tête avec le Roi. Elle avoit avec lui cette liberté qu'on prend avec quelqu'un qu'on a bien persuadé qu'on l'aime.

« Sire, lui dit-elle, je ne vous trouve pas aussi bon visage qu'hier ; vous avez l'air triste : je crois qu'on vous donne du chagrin. — Tu as raison, répondit le roi ; j'ai quelque chose qui mè tracasse : on veut m'engager dans une démarche qui me répugne, et cela me fâche... Je respecte vos secrets, Sire, poursuivit-elle ; mais je parierois que c'est pour cette bulle où je n'entends rien. Je ne suis qu'une bonne chrétienne qui ne m'embarrasse pas de leurs disputes. Si ce n'est que cela vous êtes trop bon ; laissez-les s'arranger comme ils voudront. Ils ne pensent qu'à eux, et ne s'inquiètent ni de votre repos, ni de votre santé ! Voilà ce qui m'intéresse, moi, et ce qui doit intéresser tout le royaume. — Tu fais bien, mon enfant, reprit le Roi en secouant la tête ; j'ai envie de faire comme toi. — Faites donc, Sire, dit-elle ; au diable toutes ces querelles de prêtres ! Reprenez votre santé et tout ira bien.

« Ce fut avec de pareils propos que la Chausseraie dérangea toute la machine. Le lendemain, dès quatre heures du matin, elle monta en chaise de poste, et se fit précéder à l'archevêché par un homme de confiance un peu plus que son ami, et de qui je tiens ce détail. Elle rendit compte de tout au cardinal, lui recommanda de ne point sortir de Paris, où l'on craindroit de révolter le public par un acte de violence, repartit aussitôt pour Versailles, et rentra dans sa chambre avant que personne eût encore paru. Vers midi, elle trouva chez la duchesse la cabale fort consternée, et sut, qu'après la prière, le Roi avait dit au père Tellier qu'il ne falloit plus penser au parti proposé ;

que le confesseur ayant voulu insister, le Roi avoit
coupé court, si sèchement et avec tant d'humeur,
qu'il n'y avoit pas lieu d'y revenir sans s'exposer à
se perdre. La Chausseraie en instruisit le cardinal
par un exprès, et tout fut fini à cet égard. »

Mlle de Chausseraye avait beaucoup d'esprit et le
roi la prisait fort; aussi lui accorda-t-il le corps de
logis de Madrid qu'elle lui demandait. Ce ne fut qu'en
1708, le 21 juillet [1], que Louis XIV délivra le brevet
de jouissance du logement au château de Madrid,
mais Mlle de la Chausseraye avait pris possession dudit logement, depuis plusieurs années déjà, ainsi que
nous l'indique le brevet lui-même.

« Aujourd'huy, 21 juillet 1708, le Roy estant à
Fontainebleau, la d^lle de Chausseraye a représenté à
Sa Majesté que depuis plusieurs années elle occupe
dans la basse-cour du château de Madrid par la permission de Sa Majesté, un logement où il a été fait
plusieurs dépenses des propres deniers de Sa Majesté,
en la possession duquel elle l'auroit très humblement supplié de la maintenir, et Sa Majesté voulant
continuer de traiter honorablement la d^ite d^lle de
Chausseraye, elle luy a accordé et accorde pour sa vie
durant seulement la jouissance du dit logement auquel elle ne pourra rien innover sans la permission
de Sa Majesté, et à condition qu'au jour de son décez
les lieux demeureront en l'estat auquel ils se trouveront nonobstant les dépenses que la dite d^lle pourroit
y avoir faits alors de ses deniers dont ses héritiers
ne pourront demander aucun remboursement, mande
et ordonne Sa Majesté au sieur marquis Dantin, directeur général des bastimens de faire jouir la dite
d^lle du dit logement conformément au présent brevet
que Sa Majesté a pour assurance de sa volonté,
etc... [2] »

Mlle de la Chausseraye trouvant son domaine trop

---

1. Le même jour le roi faisait don à Mlle du Mesnil d'un logement
dans le château de Madrid.
2. O^1 52^* p. 110, 1708.

petit, l'agrandit en achetant le 5 janvier 1720 à Louis Huot d'Hillerin et à Michelle Papion, son épouse, la partie qui leur avait été accordée par brevet en date du 30 avril 1717, mais qu'ils avaient occupée depuis 1707 [1].

Après une jeunesse orageuse, Mlle de la Chausseraye passa ses dix dernières années, confinée dans la piété ; elle mourut le 24 mars 1733, assistée de M. Esnault, curé de Saint-Jean-en-Grève et entre les bras de l'abbé d'Andigné.

Se sentant très faible, Mlle de la Chausseraye avait mandé auprès d'elle, le 18 février 1733, ses notaires Renard et Doyen auxquels elle dicta ses dernières volontés.

Par testament elle donnait la plus grande partie de ses biens aux pauvres.

Testament de Mademoiselle de Chausserais
du 18 février 1733.

Au mandement et réquisitoire de demoiselle Marie Thérèze Le Petit de Verno de Chausserais, usante de ses droits, demeurant à Madrid, les conseillers du Roi Notaires au Chastelet de Paris, soussignez, se sont transportez au dit Madrid, en l'appartement de la dite demoiselle, qu'ils ont trouvée dans sa chambre ayant vue sur le jardin, saine d'esprit, mémoire et entendement, ainsy qu'il est apparu auxdits notaires par ses actions et entretiens, mais indisposée de corps, où étant ladite demoiselle de Chausserais a fait, dicté et nommé auxdits notaires soussignez son testament ainsy qu'il suit :

Au nom du Père, du Fils et du Saint-Esprit que votre esprit saint, ô mon Dieu, forme et dicte toutes les dispositions de mon cœur et celles que je vais faire par le présent testament.

Je suis née sans biens, et si Dieu a permis qu'il m'en soit

---

1. Le 19 janvier 1720, le roi accordait par brevet à la demande du sieur d'Armenonville, gouverneur du château de Madrid, au nom de Mlle de la Chausseraye, un logement pris sur la partie acquise par Mlle de la Chausseraye à Huot et à sa femme, au marquis de Biron, cousin de Mlle de la Chausseraye.

tombé entre les mains par un évènement auquel je ne pouvais
pas m'attendre, je crois devoir lui en rendre hommage dans
la personne de ses pauvres et suivant les lumières de ma
conscience, je ne dois plus écouter mon goût ny mes inclina-
tions naturelles.

Je veux être enterrée dans la paroisse sur laquelle je
mourray, avec la simplicité des pauvres et dans leur cimetière, que mon corps soit accompagné de six prestres seulement ; je veux qu'il soit donné 300 livres une fois payez aux
pauvres de la dite paroisse, et qui seront distribuez par
Duplessis comme connaissant mes pauvres.

Je donne et lègue aux religieuses de la Madeleine, rue des
Fontaines à Paris, 6.000 livres une fois payez, à condition
qu'elles laisseront jouir Mademoiselle Busca, sa vie durant,
du logement que j'ay dans ladite communauté et que j'ai
presté à la dite demoiselle de Busca, sans que les dites religieuses puissent jamais luy en rien demander ; il leur sera
payé en outre la somme de 2.000 livres que je leur dois pour
le dit logement et qui ne sont payables qu'après ma mort.

Je donne et lègue à Madame de la Taste les 15.000 livres
et les arrérages que j'ay payez pour elle à Monsieur de Vau-
bert, et les arrérages ou intérests qu'elle m'en devra au jour
de mon décèds.

Je donne et lègue au petit de la Marinière, qui est mon
parent, 600 livres de pension viagère sa vie durant.

Quant à ma maison scize à Paris, rue du Bacq, faux bourg
Saint-Germain, que j'ay acquise sous le nom de Monsieur le
comte de Volvir, le 14 mars 1724, je donne et lègue l'usufruit
de la dite maison audit sieur comte de Volvir sa vie durant.

Quant à la rente de 2.000 livres que me doit ledit sieur
comte de Volvir, au principal de 40.000 livres que je luy ai
prestez pour acquérir la terre du Chatellet en Bretagne, je
veux et entends que si la comtesse de Volvir meurt avant ledit
sieur comte de Volvir son mary, sans enfants, ledit sieur
comte de Volvir retienne 20.000 livres dont je luy fais don et
remise sur les dites 40.000 livres, de sorte qu'il ne restera
plus redevable que de la somme de 20.000 livres de principal ; et au cas que la dite dame comtesse de Volvir survive
son mary, je veux qu'elle jouisse de la dite rente de deux
mille livres sa vie durant et par usufruit, lesquels usufruits je
leur lègue sans qu'ils puissent estre susceptibles d'aucunes
saisies pour quelque cause que ce puisse estre.

Je leur lègue en outre tous les arrérages qu'ils me devront
au jour de mon décèds de la dite rente de deux mille livres,

mais au cas que la dite dame de Volvir ayt des enfants de son mariage avec le dit sieur comte de Volvir, je donne et lègue aux dits enfants la propriété de la dite maison, rue du Bacq, et des dites deux mille livres de rente, à la charge des usufruits tels que dessus.

Je donne et lègue à Madame de Pressy et à son mari conjointement, pendant leurs vies et au survivant d'eux 500 livres de pension viagère.

Je donne et lègue à Sara, juive, que j'ay tenue sur les fonts de baptême, 400 livres de pension viagère sa vie durant.

Je donne et lègue à Lhopital, mon premier lacquais. 400 livres de pension viagère sa vie durant, soit qu'il soit encore à mon service lors de mon décès, soit qu'il n'y soit plus.

Je donne et lègue à Georges, mon second lacquais, 200 livres de pension viagère.

Je donne et lègue à Manon, fille de basse cour, 200 livres de pension viagère.

Je donne et lègue à mon petit vacher 100 livres de pension viagère.

Je donne et lègue à Louis Otterol, mon bon et fidèle domestique, une somme de 8.000 livres une fois payée et les meubles qui se trouveront dans les chambres qu'il occupe à Paris et à Madrid.

Je donne et lègue à Henry, mon cuisinier, 300 livres de rente viagère.

Je donne et lègue à Le Blanc, mon officier, 400 livres de pension viagère.

Je donne et lègue à Belleville, mon portier, 300 livres de pension viagère.

Je donne et lègue à Garre, mon frotteur, 150 livres de pension viagère.

Je donne et lègue à Delisle, mon maître d'hôtel, 500 livres une fois payez.

Je donne et lègue à Frémont, mon jardinier, 300 livres une fois payez.

Tous lezquels legs cy dessus faits à mes domestiques, et que je pourray faire cy après, n'auront lieu qu'au cas qu'ils se trouvent à mon service au jour de mon deceds.

Duplessis rendra un fidel compte de mes affaires à mes exécuteurs testamentaires ; ses longs et fidels services ont mérité que je luy fisse du bien, ce que j'ay fait ; il ne me reste plus qu'à lui donner une dernière marque de mon amitié, qu'il a mérité plus que jamais par tous les soins qu'il a de moy dans mon estat d'infirmité, dont tous mes amis sont témoins ; je luy donne et lègue toute ma petite écurie, chevaux, berlines et carrosses et en outre la somme de six mille livres une fois payez, ma petite pendule qui est dans ma chambre, et tous mes meubles qui se trouveront au jour de mon décèds, soit dans ma maison de Paris, soit dans l'appartement que je loue de Monsieur le Marquis de Pezé au château de Madrid, ensemble les meubles qui se trouveront dans sa chambre en ma maison de Madrid.

Je donne et lègue à Mademoiselle de Villeneuve, qui demeure près la Flèche, 300 livres de pension viagère.

Je donne et lègue à Madame la Marquise de Croy, demeurante rue des Fontaines, à la Madelaine, 500 livres de pension viagère.

Je donne et lègue 500 livres de pension viagère à Monsieur de la Chevaleraye, concierge du château de Madrid, à condition qu'il fera faire les réparations nécessaires en l'appartement que j'ay loué au château, suivant que j'y suis obligée.

Je donne et lègue à Monsieur l'abbé d'Andigné, demeurant à Paris rue Saint-Honoré, près les Pères de l'Oratoire, 2.000 livres de pension viagère, sa vie durant.

Je donne et lègue à Monsieur le duc de Biron, l'usage, sa vie durant, de tous les meubles meublans à moy appartenants qui se trouveront au jour de mon décèds dans ma maison, à Madrid, à l'exception des tableaux, portraits, porcelaines, et des meubles que j'ai cy devant léguez à quelqu'un de mes domestiques.

Je donne et lègue à Madame la comtesse de Seygnelay mon petit coffre de lacque noire de la Chine, et touttes les porcelaines que j'ay à Madrid et à Paris, à la réserve de mon beau cabaret blanc, avec son plateau et un pot bleu à thé, de porcelaine de Perse, que je donne et lègue à Madame la princesse d'Auvergne, et que je luy donneray peut-être de mon vivant.

Monsieur le Procureur général aura la bonté de porter après ma mort, à Madame la duchesse de Ventadour, une boeste qui se trouvera cachettée à son adresse ; je la supplie de l'accepter comme une légère marque d'un très tendre attachement pour elle ; on portera à Mademoiselle de Busca celle qui est cachetée à son adresse.

Je supplie Monsieur le Procureur général de faire accepter à Madame de Chateautiers une petite boeste qui enferme une pierre gravée ; le présent n'est pas embarrassant.

Je donne et lègue à Madame la marquise d'Urfé, que j'ay toujours très tendrement aimée, une bague en alliance d'une émeraude et d'un rubis balais, dernière marque des bontés de feue Madame pour moy.

Je donne et lègue à Madame la comtesse du Bois de la Roche une tabatière de nacre de perles, incrustée et garnye d'or, que je regarde comme bien précieuse comme venant de Madame, pour luy marquer à quel point je l'honore et l'aime tendrement.

Je veux que mes exécuteurs testamentaires touchent les arrérages qui seront deus et écheus au jour de mon déceds des rentes viagières qui m'appartiennent tant sur le Roy que sur particuliers, ensemble les loyers qui me seront deus ou à ma succession de l'hôtel de Noailles, dont j'ay droit de jouir en usufruit, et qu'ils en remettent le montant entre les mains de M. Titon, conseiller de grand'chambre, quoy que je n'aye point l'honneur d'estre connue de luy ; bien informé qu'il est dans l'usage des bonnes œuvres et d'ailleurs honorant son mérite et sa vertu, je le supplie d'en faire la distribution et l'application, scavoir, un tiers en faveur des pauvres prisonniers à son choix, et à l'égard des deux autres tiers restants, il y en aura un quart pour les pauvres de la paroisse de Saint-Germain-le-Viel à Paris, et les trois autres quarts pour les pauvres des paroisses de Sainte-Margueritte et de Saint-Jean-en-Grève, également par moitié.

J'institue pour mes légataires universels l'Hôtel Dieu de Paris, l'hôpital des Enfants Trouvez, près l'Hôtel Dieu, et l'Hôpital général de la même ville, pour jouir et disposer également et par tiers de ce qui se trouvera compris dans le legs universel, les legs particuliers préalablement prélevez, dettes et charges de ma succession, à la charge de payer exactement les arrérages de rentes et pensions viagères par moy cy dessus léguées, supliant Messieurs les administrateurs des trois hôpitaux que j'institue mes légataires universels de faire célébrer dans les églises de chacun des dits hôpitaux, annuellement et à perpétuité, à pareil jour que je décéderay, un service pour le repos de mon âme.

Je déclare que je n'ay contracté aucunes dettes, et qu'on ne trouvera après mon décez que celles courantes, qui sont peu de chose. Si on ne trouve point de diamans chez moy au jour de mon décès, ce sera un signe que j'en auray disposé, ainsi que de mes autres pierreries, dont je me suis déjà défaiste, et on ne doit les demander à personne.

On trouvera six mille louis d'or dans mon coffre fort, dont je renfermeray la clef dans un des doubles de mon présent testament, que je remettray es-mains de Monsieur le Procureur général ; Leblanc, mon officier, est chargé de ma vaisselle d'argent qui monte à 180 marcs et plus ; je lui en ay fait faire

un mémoire que je renfermeray avec la clef de mon coffre-
fort.

Je nomme pour exécuteurs de mon testament Monsieur Joly
de Fleury, procureur général du Parlement; Monsieur Bellanger, avocat général de la Cour des aydes; et Monsieur l'abbé
d'Andigné, ou l'un d'eux en l'absence ou à deffaut des autres.

L'amitié dont ils m'ont toujours honorée me persuade
qu'ils en voudront bien prendre la peine, d'ailleurs le soin
des pauvres est digne de leur vertu.

Je supplie Monsieur le Procureur général d'accepter tout
ce que j'ay de vaisselle d'argent, tous mes tableaux et ceux
qu'il voudra choisir entre les portraits que j'ay.

Je supplie Monsieur Bellanger de recevoir un diamant de
six mille livres et ma montre d'or d'Angleterre à répétition.

Je veux que tous les droits d'insinnation qui seraient deus
à cause des legs portez au present testament, soient acquittez
aux dépens de ma succession, sans qu'on en puisse rien répé-
ter contre les légataires particuliers.

O mon Dieu, que votre grâce surabonde où le péché a
abondé, je révocque tous testaments et codicils par moy faits
avant le présent testament, auquel seul je m'arreste, comme
étant ma dernière volonté, même ceux que je pourrais faire
cy après, soit en santé, si ces mots (vous avez rompu mes
liens, ô mon Dieu, et je vous sacrifiray à jamais une hostie
d'actions de grâce) que j'emploie pour clause dérogatoire, ny
sont mot pour mot répétez.

Ce fut ainsi fait, dicté et nommé par la dite demoiselle de
Chausserais aux dits notaires soussignez, et ensuitte à elle
par l'un d'eux, l'autre présent relu, qu'elle a dit avoir bien
entendu et y a persévéré, à Madrid, en l'appartement sus
désigné de la ditte demoiselle, l'an mil sept cent trente-trois,
le dix-huitièsme jour de février, et a signé avec les dits
notaires soussignéz le présent testament, double et délivré en
original à la dite demoiselle à sa réquisition, ainsi signé : M. T.
Le Petit de Verno de Chausserais, avec Renard et Doyen,
notaires, avec paraphes, et en marge est écrit : Scellé ledit
jour, avec paraphes, et en haut de la marge de la dite page du
dit testament est écrit paraphé selon notre procès-verbal
du 24 mars 1733. Signé : Dargonges.

Est l'original de l'un des deux doubles du dit testament
déposé avec autres pièces, pour minute, à Doyen, notaire,
par M. le lieutenant civil, suivant le procès verbal sus daté,
fait en son Hôtel, d'ouverture du dit testament, le tout demeuré
en la garde et possession du dit Doyen, notaire, qui a délivré

la présente expédition ce quatre avril mil sept cent trente-trois. Signé : Renard, Doyen.

INVENTAIRE APRÈS DÉCÈS DE MADEMOISELLE DE CHAUSSERAIS
(31 mars 1733. Extraits).

L'an mil sept cent trente-trois, le mardy trente-un, dernier de mars, sur les huit heures du matin, au mandement des personnes cy après qualifiées, les conseillers du Roy, notaires, gardes scel au Chatelet de Paris, soussignez, se sont transportez à Madrid, en l'appartement qu'occupait Marie-Thérèze Le Petit de Verno de Chausserais, demoiselle, et où elle est décédée le 24 du présent mois, ou estant, à la requeste de Messire Guillaume François Joly de Fleury, chevalier, conseiller ordinaire du Roy en ses conseils d'Estat et son procureur général, demeurant en son hôtel, rue Haute-Feuille, paroisse Saint-Séverin ;

De Messire Louis Paul Bellanger, chevallier, conseiller du Roy, en ses conseils et premier avocat général pour Sa Majesté en la Cour des Aydes, demeurant rue Saint-Dominique, paroisse Saint-Sulpice ;

Et de Messire Louis Henri d'Andigné, prestre, docteur de Sorbonne, prieur de Saugeron, diocèse de Saintes, et chanoine de l'église métropolitaine de Tours, cxécuteurs, conjointement, ou l'un d'eux en l'absence ou au deffaut des autres, du testament de la ditte demoiselle de Chausserais ;

Mes dits sieurs exécuteurs testamentaires représentez par M⁰ Gabriel Tardif, procureur au Chatelet de Paris, à ce présent, comme fondé de leur procuration spécialle.

Et encore à la requeste de très haut et très puissant seigneur, Monseigneur Charles Armand de Gonstaust, duc de Biron, pair de France, lieutenant général des armées du Roy, et gouverneur des ville et citadelle de Landau,

Et de très haute et très puissante dame Madame Louise de Gontaud de Biron, veuve de très haut et très puissant seigneur messire Joseph de Lascary, marquis d'Urfé, représentés par M⁰ Jacques Potier, procureur au Châtelet de Paris ;

Les dits seigneurs duc de Biron et dame marquise d'Urfé, frère et sœur, habiles à se dire et porter seuls héritiers des meubles et acquêts et des propres de leur Ligne, de la ditte deffunte demoiselle de Chausserais, leur cousine germaine du côté maternel.

Plus en la présence de M⁰ Jean Doyen, conseiller du Roy, substitut de Monsieur le Procureur de Sa Majesté au Châtelet, appelé et stipulant pour l'absence de Madame Saint George, habile à se porter héritière de la ditte demoiselle de Chausserais, sa cousine du côté paternel.

Et encore en la présence de Messire Jean Rémy Henault, ancien secrétaire et greffier des Conseils du Roy, en qualité de l'un de Messieurs les administrateurs de l'Hôtel-Dieu de Paris, et comme fondé de pouvoir,

Et de Me Charles Arrault, avocat au Parlement, en qualité de l'un de Messieurs les directeurs et administrateurs de l'Hôpital général et des Enfants Trouvez y unis et comme fondé de pouvoir,

A la conservation des droits des dittes parties, ès dits noms et qualitez, a esté par les dits notaires soussignez, fait inventaire et description fidelle de tous et chacuns, les meubles meublans, ustancilles, habits, linge, bijoux, etc., estants de la succession de la ditte demoiselle de Chausserais, trouvez es lieux et endroits cy après déclarez, représentez et mis en évidence, tant par Benoist de Bussy, sieur du Plessis, gardien des scellez apposez sur les dits effets par Me Louis Pierre Regnard l'aîné, conseiller du Roy, commissaire au Châtelet, que par Jacques Bernard Le Blanc, officier de la dite deffunte demoiselle de Chausserais...

Dans une des caves :

114 caraffons de gros verre remplis de hidromel, prisés la somme de xxiiii livres. Item 28 bouteilles remplies de vin de champagne rouge, commun, prisé la somme de xv livres.

En procédant, il s'est trouvé dans un coffre fort, dans un petit cabinet derrière la chambre, et à gauche du lit où est décédée la ditte demoiselle de Chausserais, la quantité de six sacs de mille louis chacun, à 24 livres, valants chacun 24.000 livres, et les six ensemble celle de 144.000 livres.

Item s'est trouvé dans une armoire pratiquée dans la ditte chambre à la droite du dit lit, un sac de 175 louis d'or de 24 livres, valant la somme de 4.200 livres.

Item et dans un petit cabinet à costé de la ditte chambre et dans une armoire pratiquée derrière la cheminée de la ditte chambre, il s'est trouvé un sac renfermant 1000 demy louis d'or à 12 livres, valant la somme de 12.000 livres.

Et aussy, en procédant, il s'est trouvé une liasse de sept pièces : *la première est un brevet du Roy datté du 21 juillet 1708, signé Louis et au bas Phelipeaux, par lequel il a plu à Sa Majesté d'accorder à la demoiselle de Chausserais pour sa vie durant seulement, le logement par elle occupé dans la basse cour du château de Madrid,* auquel logement elle ne *pouvoit rien innover sans la permission de Sa Majesté*; la deuxième est un autre brevet du Roy du 3 janvier 1713, par lequel sa Majesté accorde et fait don à la ditte demoiselle de Chausserais de la somme de 3.000 livres de pension, pour en estre payée par les gardes de son trésor jusqu'au temps marqué au dit brevet.

Item une pendule faite à Paris par Coup, dans sa boeste et sur son pied de marquetterie, avec ornements et renommée de cuivre en couleur, prisée la somme de 180 livres.

Item seize tableaux peints sur toile dans leurs différentes bordures de bois sculpté doré, qui sont portraits, sçavoir, deux de Mademoiselle de Châteautiers, celui du Roy Louis XIV, celui de feu Monseigneur le duc d'Orléans, celui de Monseigneur le duc d'Orléans d'à présent, les portraits du Roy et de la Reine d'Angleterre, de Monseigneur le cardinal de Noailles, de Madame de Maintenon, de Mademoiselle la duchesse de Vantadour, de Madame le Marquise de Chausserais, etc., prisés ensemble la somme de 160 livres.

Item une commode de bois de violette à trois tiroirs, avec son dessus de marbre, prisée la somme de quarante livres.

Item une couchette à bas pilliers de bois de noyer... prisée la somme de 320 livres.

Item une pendule faite à Paris par Gaudron, dans la boeste de marquetterie, prisée 8 livres.

Item un canapé de bois de noyer de trois places, rempli de crain, couvert de satin blanc brodé en soye, prisé 80 livres.

Item onze tableaux peints sur toile et sur bois, qui sont tous sujets de dévotion, prisés la somme de 240 livres.

Dans la salle de billard.

Item une table de billard couverte de vieux drap vert, douze billes d'yvoire et un jeu de Troumadame, prisés la somme de 40 livres.

Item un petit buste Louis XV en cire, prisé 8 livres.

En suit la vaisselle d'argent.

Un grand plat à potage à pans et deux moyens plats aussi à pans... le tout d'argent blanc, poinçon de Paris, pesant 155 marcs 3 onces prisé, à raison de 48 livres 6 sols 5 deniers le marc, la somme de 7.507 livres 16 sols 11 deniers.

Item deux aiguières montées, une caffetière, une chocolatière, etc... le tout prisé la somme de 1.928 livres.

(Suit : Extrait du registre des délibérations du Bureau des

affaires de l'Hôpital général tenu au Saint-Esprit, le jeudi
29 juillet 1734 ;

L'Etat du legs universel fait par Mlle de Chausserais ;

La Transaction entre l'Hôtel-Dieu, l'Hopital général et les
Enfants Trouvez, en qualité de légataires universels de Mlle de
Chausserais, et le sieur Boutillier, au sujet de l'espalmage
des bâtimens sur mer).

Mlle de Charolais devait succéder à Mlle de la
Chausseray dans son logement de Madrid et y jouer
le rôle important que l'on connaît[1] sur lequel nous
allons cependant revenir.

Le 23 juillet 1716, le roi accordait par brevet,
jouissance leur vie durant, d'un logement dans la
cour du château de Madrid, aux sieurs Hubert Huché
et Edmond-Jean-François Barbier, avocat et écrivain
célèbre du xviiie siècle.

Brevet qui assure leur vie durant aux sieurs Hubert Huché
et Edmond François Barbier
un logement dans la cour du château de Madrid.

Aujourd'hui 23e juillet 1716. Le roi estant à Paris et voulant traiter favorablement le Sieur Hubert Huché et Édouard-
Jean-François Barbier et étant informés qu'ils désiraient
s'assurer la jouissance leur vie durant dans la cour du château de Madrid qui faisait anciennement partie des écuries
dudit château, contenant neuf toises de face sur ladite cour et
composé de deux salles basses et une cuisine, un corydor au-
dessus qui distribue à cinq chambres, dont la dernière est au-
dessus des écuries dépendantes du château et attenant ledit
logement, un bucher de 10 à 12 pieds de face sur ladite cour
une écurie, deux remises de carrosses, grenier au dessus qu'ils
pourront construire à leurs frais et une cave d'environ
18 pieds de longueur sous le corps dudit château aux offres
qu'ils ont faites de payer entre les mains du trésorier des bâtimens de sa Majesté la somme de quatre mille livres pour estre
employées à la construction d'autres logements convenables
pour les écuries et équipages du capitaine dudit château, à
quoy le sieur Catelan capitaine des chasses de la varenne des

---

1. Voir Mlle de Charolais, procureuse du roi, par G. Duchesne.
Edité chez Daragon, 96-98, rue Blanche.

Tuilleries aurait consenty, aussi bien que le sieur Gaillard son lieutenant pour la part qu'ils pourraient avoir auxdits logements en conséquence de la déclaration de Sa Majesté du 16 octobre 1705. Sa Majesté, de l'advis de M. le Duc d'Orléans son oncle régent, a accordé... et d'y faire telles autres impenses et améliorations que bon leur semblera sans néanmoins que leur déceds arrivant, leurs héritiers en puissent prétendre aucun remboursement, lequels cas de déceds arrivant, lesdits sieurs Catelan et Gaillard ou leurs successeurs, rentreraient en tous leurs droits qu'ils pourraient avoir audit logement, à la charge pour les sieurs Huché et Barbier de payer suivant leurs offres... etc. [1].

Barbier profita habilement de son séjour à Madrid, pour regarder autour de lui ce qui se passait et le noter, afin de le livrer à la postérité. Tandis qu'il était à souper dans son logement à Madrid il jetait un coup d'œil indiscret du côté de Bagatelle et s'intéressait fort aux faits et gestes du régent qui allait chez le maréchal d'Estrées, de concert avec sa maîtresse, Mlle d'Averne, que l'avocat ne trouvait pas jolie, « ayant trop de gorge et pendante, fort noire de corps et n'ayant de l'éclat que par du rouge et du blanc. »

Il ne se contenta pas de jeter un regard furtif vers Bagatelle ; il assista de plus près aux scènes qui se déroulèrent devant lui à Madrid. On lit dans son journal, à la date du 16 juin 1723, le compte rendu d'une grande chasse au bois de Boulogne :

« Depuis que le roi est à Meudon, il a fait deux chasses, l'une avec les équipages de M. le Duc, l'autre avec les siens ; ils n'ont rien pris : ces chasses sont pour le cerf. M. le prince de Conti, qui a un équipage magnifique composé de quatre-vingts chevaux et cent cinquante chiens, proposa au roi de lui donner une chasse au bois de Boulogne ; cela fut exécuté hier mardi 15 par une très grosse chaleur. Pour n'être point embarrassé par le peuple de Paris et par les carrosses, les portes du bois ont été saisies

1. O[1] 60, p. 109 verso.

à quatre heures du matin par les gardes du corps
avec défense de laisser entrer qui que ce soit, ni à
pied, ni en carrosse : on avait même posté des gardes
aux maisons qui ont communication avec le bois,
dans les villages de Passy, Auteuil et Boulogne,

« Au moyen de la petite maison que j'ai dans la cour
du château de Madrid, moi et ceux qui ont des logements, nous n'avons pas été compris dans les
défenses. Nous y avons été coucher la veille, et l'on
nous a même donné permission, pour les dames,
d'aller en carrosse au rendez-vous de chasse qui
était, à deux heures de l'après-midi, à la croix de
Mortemart. L'équipage du prince de Conti était
presque habillé de neuf : le prince et ses principaux
officiers, en drap jaune galonné d'argent sur toutes
les coutures, avec les parements de velours bleu,
les piqueurs et autres à demi galonnés ; plusieurs
seigneurs avaient pris l'habit uniforme du prince.
Le roi était dans sa calèche avec M. le duc de
Charost, son ci-devant gouverneur. Quatre calèches
de M. le prince de Conti remplies de femmes,
Mlle de La Roche Guyon à cheval, avec quelques
autres, Mlle de Charolais, M. le duc de Chartres,
M. le Duc et tous les jeunes seigneurs de la cour
suivaient la chasse. Au moyen de la fermeture des
portes, il n'y avait dans le bois que les carrosses
de la cour de Madrid, lesquels ne couraient point
et pas vingt personnes d'inutiles en honnêtes gens.
On a lancé le cerf du côté de Madrid ; la chasse a été
très mal pendant près de quatre heures, les chiens
ont pris plusieurs défauts, et le cerf les a menés
dans tous les coins du bois. Au milieu de la chasse,
le roi a fait une collation dans sa calèche pendant
une bonne heure ; le prince de Conti avait fait
dresser des rafraîchissements considérables , en
viande, pour tout le monde, à la Croix de Mortemart.

« On a relancé plusieurs fois, et l'on désespérait de
la réussite, lorsqu'en me promenant tout doucement
avec deux personnes, du côté de la mare aux biches,
j'ai vu venir le cerf droit à nous. Il était assez

fatigué, et s'est jeté dans la mare, n'étant suivi ni des chiens, ni des piqueurs, ni de qui que ce fût de la chasse. Il s'est baigné pendant un demi-quart d'heure, puis il est sorti ; à la fin il est arrivé un piqueur qui, sur notre rapport, a été chercher la chasse ; les chiens sont arrivés, et nous avons indiqué les voies aux chasseurs. Le bruit s'est répandu dans tout le bois que le cerf était à la mare aux biches et, en moins d'un quart d'heure, le roi, ainsi que toute la chasse, sont arrivés à nous. On s'est informé des faits, on a remis de nouveaux chiens encore plus juste sur la voie, et après une demi-heure, le cerf a été forcé contre les murs, entre la porte de Long-champ et la terrasse de Madrid. M. de la Cheva-leraye, capitaine des chasses de M. le prince de Conti, à l'Ile-Adam, et colonel réformé, est venu en apporter la nouvelle au roi, de sorte que, sans chevaux, nous avons vu tout le beau de la chasse.

« Nous nous intéressions d'autant plus à donner ces renseignements, que M. le prince de Conti, s'étant donné des mouvements épouvantables et n'ayant pas quitté les chiens, devait être très chagrin du mauvais succès de la chasse et que M. le Duc en était bien aise. Parmi les seigneurs de la cour du prince de Conti, il y a le marquis du Bellai qui est pis qu'un piqueur. Tous ces seigneurs étaient magni-fiquement montés, avaient changé plusieurs fois de chevaux et allaient comme des diables à travers bois ; je ne sais comment ils peuvent résister à une pareille fatigue. Le roi et les autres se sont rendus à l'endroit de la mort, et là on a fait la curée.

« Le roi est retourné à Meudon ; le prince de Conti donnait un gros souper à Clichy ; M. d'Armenonville, garde des sceaux et capitaine des chasses du Bois de Boulogne, avait deux tables de vingt couverts dans le château de Madrid.

« Le roi reste toujours à Meudon, et fait très sou vent des parties de chasse dans le Bois de Bou-logne ; c'est son grand plaisir. »

Tandis que Barbier se délectait à la vue des

chasses ou à décrire sur un ton badin et ironique
souvent, les mœurs de son époque, un autre personnage se voyait accorder par brevet pour lui :
sieur Antoine de Hem, secrétaire du roi, et pour sa
femme Marie-Jeanne-Charlotte Porchon, un logement à Madrid ledit logement devant revenir à leur
décès à Mlle Bidault de Salnove et Mme Claude Bidault,
veuve du sieur Valtrain[1].

*
* *

L'histoire de Mlle de Charolais, Louise-Anne, née
le 23 juin 1695, nommée Mlle de Sens, puis Mlle de
Charolais, sixième enfant de Louis duc de Bourbon
et de Mlle de Nantes, fille de Louis XIV et de
Mme de Montespan, est intimement liée à l'histoire
de Madrid ; elle en a été véritablement la charpente. C'est grâce à la conduite souvent scandaleuse,
toujours dénuée de sens moral, de Mlle de Charolais
que Madrid devint ce qu'il a été, c'est-à-dire le lieu
choisi pour les plaisirs cachés et la luxure du roi
Louis XV et des dames l'accompagnant.

C'est sous son toit qu'est né le Petit-Madrid, qui
devait donner au château, dont il n'était qu'un commun, le triste renom dont il a joui quelque temps.

Issu de communs, « Petit-Madrid » devait rester
commun, par la débauche éhontée qu'il a abritée,
sans jeter un rayon de grandeur comme l'avait fait
le château au pied duquel il s'aplatissait.

Mlle de Charolais, l'illustre marraine du Petit-
Madrid, avait demandé à la mort de Mlle de la Chausseraye, l'autorisation d'habiter le logement de la
défunte. Louis XV, qui n'était pas précisément
généreux, voulut bien accorder l'autorisation moyennant finances. Mlle de Charolais offrit alors au sieur
de Pezé, gouverneur du château de Madrid, la somme
de 28.000 livres, et au sieur de Biron, qui lui cédait
la partie qu'il occupait, celle de 8.000 livres.

1. Brevet en date du 13 juin 1729. O^1 73, p. 94.

Le 12 mai 1733, le brevet de don de jouissance d'un logement au château de Madrid, pour Mlle de Charolais, fut accordé.

Aujourd'hui, 12 mai 1733. Le Roy étant à Versailles, Mlle de Charolais a représenté à Sa Majesté que la d^{lle} de la Chausseraye jouissait d'un logement dépendant du château de Madrid de partie duquel Sa Majesté a accordé la survivance au Sieur duc de Biron par brevet du 19 janvier 1720 comme l'autre partie dudit logement se trouve par le déceds de lad. d^{lle} de la Chausseraye reversible au sieur marquis de Pezé, capitaine du dit château de Madrid, il luy en auroit sous le bon plaisir de Sa Majesté fait cession et même de celle dont jouit le sieur duc de Biron en cas qu'elle vienne à vacquer par son décéd ou qu'il la luy cédât, ce que le dit sieur duc de Biron ayant bien voulu faire, elle suppliait Sa Majesté de continuer en sa faveur la jouissance dudit logement et dépendances sa vie durant, à quoy ayant égard, après s'être fait représenter le d. consentement, desd. Sieurs marquis de Biron des 4 et 11 de ce mois, ledit brevet du 19 janvier 1720. Sa Majesté voulant en toutes occasions donner à Mlle de Charolais les marques de son estime et de la considération qu'elle a pour sa personne luy a accordé et fait don de la jouissance de l'ancienne et première partie de logement dont jouissait la feue d^{lle} de la Chausseraye et de la pelouse étant au bout du jardin dud. logement contenant environs 12 arpens, laquelle s'étend depuis Madrid jusqu'à la maison appelée Bagatelle bornée de ce côté par la route aboutissant à la porte et vis à vis de lad. maison et de l'autre côté par la route qui va de Madrid à Longchamp, lequel terrain Sa Majesté lui permet de faire enclore de murs, luy fait pareillement don de l'autre portion dud. logement accordé à lad. d^{lle} de Chausseraye et au sieur duc de Biron en survivance l'un de l'autre par brevet du 19 Janvier 1720. Pour, par Mlle de Charolais jouir sa vie durant du d. logement en entier, jardins, bâtiments en dépendant ainsi que de la pelouse, avec facilité d'y faire telles augmentations, etc... sans néanmoins qu'elle ny ses héritiers en puissent prétendre aucun remboursement... lequel cas arrivant le d. sieur de Pezé... rentrerait en possession... pour être... au dit château de Madrid... sans en pouvoir être démembrés... » [1].

1. O¹ 77* p. 76.

Ce brevet venait confirmer le brevet en papier que
M. de Pezé, capitaine du château de la Muette et gouverneur du château de Madrid, avait déjà donné le
4 mai 1733 [1].

En 1735, Mlle de Charolais qui avait agrandi son
domaine en achetant des terres à différents particuliers, désira voir convertir la jouissance à vie qu'elle
avait obtenue du roi en 1733, en un droit d'engage-
ment ordinaire et à faculté de rachat perpétuel [2]. Pour
réaliser ce désir elle adressa une requête qui fut
présentée au roi en son conseil et à laquelle Sa
Majesté répondit par une ordonnance :

Sur la requête présentée au Roi en son conseil par Mademoiselle contenant que Sa Majesté ayant ci-devant laissé aux
capitaines du château de Madrid la liberté de disposer sous
son bon plaisir, des bâtiments et emplacements du dit château
il lui a plu par les lettres de provision qu'elle a accordées de la
même charge au Sieur Marquis de Béringhen le premier jour
de la présente année de s'en réserver à elle-même, la disposition à mesure viendraient à vacquer pour le décès de ceux
auxquels la jouissance en avait été par elle confirmée mais
que les défunts Sieurs Catelan et de Pézé précédent gouverneur usant du droit qui leur appartenait leur avait concédé
à vie plusieurs des dits bâtiments, jardins et emplacements à
différentes personnes, entre autres à la demoiselle Chausseraye
qui outre une première portion qui lui avait été accordée
consistant en une maison, un jardin à l'extrémité de la cour
dudit château et une pelouse d'environ douze arpents, étant
du côté de la maison appelée *Bagatelle*, en avoir acquis une
autre de Louis Huot et sa femme par acte du 15 janvier 1720
confirmé à la demoiselle Chausseraye pour le temps de sa vie
et au sieur de Biron en survivance par brevet de Sa Majesté
du 19 du même mois, que cette première et ancienne portion
était revenue par le décès de la demoiselle Chausseraye à la
disposition dudit Sieur Marquis de Pezé il l'a cédée et transportée à la dite princesse avec le droit qui lui reviendrait de
disposer du surplus, soit à la mort du Duc de Biron, ou dans

---

1. Voir aux appendices le brevet en papier accordé par M. de
Pezé.

2. Voir aux appendices, l'inventaire et les acquisitions faites par
Mlle de Charolais, ainsi que l'arpentage.

le cas qu'elle obtiendrait la subrogation en ses droits, le tout par un écrit du 4 mai 1733, et par un acte passé devant Ballot, notaire à Paris, le même jour, portant promesse que le dit Sieur de Pezé de lui fournir brevet de Sa Majesté qui confirmerait les dites concessions en moyennant 28.000 ll. qui ont été par elle payées au dit sieur de Pezé par quittance passée devant le même Ballot notaire le 8 février suivant, qu'elle a pareillement acquis les droits du dit Sieur de Biron par un écrit du 11 mai 1733 moyennant la somme de huit mille livres qu'elle lui a payée, qu'ayant représenté à Sa Majesté ces différents actes qu'elle n'avait passé qu'après en avoir obtenu sa permission, Sa Majesté lui en a accordé le 12 mai 1733 son brevet de don pour jouir pour elle sa vie durant, desdits bâtiments et jardins et de la dite pelouse qui s'étend depuis Madrid jusqu'à la dite maison appelée Bagatelle, laquelle pelouse est bornée par ce côté-là par la route aboutissant à la porte et vis à vis de la dite maison de Bagatelle, et de l'autre côté par la route qui va de Madrid à Longchamp lequel terrain Sa Majesté lui a permis de faire enclore de murs et de faire dans tout le dit lieu telle augmentation et embellisement qu'elle voudrait, tant en bâtiments que plantations à la charge que son décès arrivant ledit Sieur de Pézé ou son successeur en ladite capitainerie rentrerait en la possession du tout en l'état qu'ils se trouveraient, mais comme c'est à présent à Sa Majesté même que doivent revenir le dit lieu lors du décès de ladite princesse, qui a commencé à y faire des augmentations et embellissements, et qu'elle va y en faire de nouveaux, elle supplie très humblement Sa Majesté de vouloir bien convertir cette jouissance à vie en un droit d'engagement ordinaire et à faculté de rachat perpetuel pour en jouir pour elle, ses héritiers et ayants, cause ainsi que jouissance tous les engagistes des domaines de Sa Majesté, et de vouloir bien aussi ajouter aux choses dont elle est en possession des lieux compris au plan qu'elle a représenté à Sa Majesté qui sont toutes choses qui n'ont jamais produit, et ne peuvent lui produire aucun revenu, sans néanmoins qu'elle puisse jouir des lieux qui ont été concédés à vie à différents particuliers par brevets de Sa Majesté, qu'au terme de leur décès ou en s'accommodant avec eux de gré à gré, le tout aux offres qu'elle fait de payer au Trésor Royal telle somme qu'il plaira à Sa Majesté de régler outre les trente six mille livres qu'elle a déjà payées du consentement de Sa Majesté tant au sieur Maréchal Duc de Biron qu'au dit Sieur de Pézé pour le prix de sa jouissance à vie.

« Sur quoy ouï le rapport du sieur Orry, conseiller
d'État et ordinaire au conseil Royal controlleur géné-
des finances.

Sa Majesté en un conseil ayant égard à la requête et aux
offres de ladite princesse, a ordonné et ordonne qu'en payant
pour elle au Trésor Royal la somme de quarante quatre mille
livres, faisant avec la somme de trente-six-mille livres par
elle payée du consentement de Sa Majesté, au dit sieur de Biron
et de Pézé, celle de quatre-vingts mille livres, elle jouira
elle, ses héritiers et ayants cause à titre d'engagement et à
faculté de rachat perpétuel de tous lieux, bâtiments et emplacements faisant parties des dépendances du château de Madrid
ainsi qu'ils sont portés au plan qui demeurera annexé à la
minute du présent arrêt sans en pouvoir être dépossédée
qu'en leur remboursant ladite somme de quatre-vingts mille
livres et sans qu'il leur soit besoin d'aucun autre titre que
du présent arrêt avec la quittance qui sera délivrée par le
garde du Trésor Royal et celles données par les sieurs
de Biron et de Pézé et à condition que ceux qui jouissent
d'aucune portion dudit bien sur des brevets de Sa Majesté ne
pouvant en être dépossédés pendant leur vie, si ce n'est
de leur consentement.

« Signé Daguesseau, Chauvelin et, Orry ; fait au conseil
d'État du roi à Versailles le treize septembre 1735 [1]. »

Cet acte fut enregistré le 18 janvier 1736. La
quittance du Trésor Royal date du 14 novembre 1736
et son enregistrement du 23 novembre 1736.

C'est donc en l'année 1735 que commence l'histoire du Petit-Madrid, avec toutes ses fêtes, toutes
ses galanteries et, ajoutons-le, toutes ses turpitudes,
mais avant cette époque, Mlle de Charolais avait largement profité de l'heureuse solitude de son logis.

Dotée d'un tempérament qui ne lui permettait pas
de vivre seule, Mademoiselle [2], malgré ses charmes,
n'eut pas le talent d'attirer à elle un mari, si l'on

---

1. A. na·. O[1] 1581.
2. En 1709, Mlle de Charolais avait reçu un brevet du duc d'Orléans, lui accordant le droit de se nommer « Mademoiselle » ; elle
ne semble avoir profité de ce droit qu'à dater de 1734. Voir Saint-
Simon et Sourches, T. X, p. 435.

excepte le duc de Richelieu dont Mathieu Marais [1], nous parle en son journal : « On m'a dit aujourd'hui que Mlle de Charolais, princesse du sang, a épousé le duc de Richelieu qu'elle aime depuis longtemps ; que la princesse a attendu qu'elle eût 25 ans, étant née le 23 juin 1695 et se trouvant majeure le 23 juin 1720 ; qu'elle a fait des sommations respectueuses à madame la duchesse, sa mère, qui a toujours résisté à ce mariage, aussi bien que la famille royale et qu'elle est bien plus contente d'avoir épousé un duc et pair fort galant qui a cinquante mille écus de rentes, qu'elle aime et qui la fait rester dans la Cour de France, que d'être souveraine ailleurs. »

Mariage qui en réalité n'exista pas, et ne fut qu'une union rompue très vivement et plus vivement encore remplacée par une et plusieurs autres.

Mlle de Charolais se consolait de son célibat en cherchant et trouvant des amants nombreux, mais ces sortes de recherches, si elles ont leur plaisir ont aussi leurs déboires et ce fut au Petit-Madrid que Mademoiselle porta le fruit inattendu de ces caresses éphèmères.

Mlle de la Chausseraye raconte à ce propos, qu'un jour, Mlle de Charolais, sentant l'heure de sa délivrance approcher, dit à sa grand'mère : « Je suis grosse ! » ; celle-ci lui répondit alors : « Eh bien, ma fille, il faut accoucher. »

Plus tard, les accouchements étant moins nombreux, Mlle de Charolais, qui ne pouvait plus que difficilement pour elle-même faire naître l'amour dans les cœurs, ouvrit alors les portes du Petit-Madrid dont elle était propriétaire, afin de livrer passage aux amants en quête d'abri discret. La venue de Mademoiselle, dans les communs de Madrid ne fit pas naître tout le bonheur auquel on pouvait s'attendre de la part d'une aussi agréable personne.

L'avocat Barbier note en termes peu flatteurs l'entrée en jouissance effective, de Mlle de Charolais au château de Madrid.

---

1. Mathieu Marais. T. I, p. 325.

« Rien de stable dans ce bas monde ! Le château de
Madrid dans le Bois de Boulogne, la cour du château
et les bâtiments qui y sont, ont toujours été du
domaine dépendant du gouverneur du château et
capitaine des chasses du Bois et étaient dans son
casuel.

« Mlle de Charolais, princesse du sang, sœur de
M. le duc, acquit de M. de Pezé, gouverneur et
capitaine de Madrid et du Bois de Boulogne, il y a
près de deux mois, une maison dans la cour du château, après la mort de la personne qui en jouissait.
Comme elle est fort bien auprès du roi, elle a obtenu
la distraction de sa maison, de la cour et des petits
bâtiments qui y sont, dont le roi lui a fait don en
propriété, de façon qu'une personne[1] et moi, qui
avons la jouissance notre vie durant de petits bâtiments dans la cour par brevet du roi, moyennant
finance donnée, nous dépendons à présent de
Mlle de Charolais et cela tombera dans son casuel
après notre mort. C'est ainsi que tout change. Elle
fait de cela sa principale demeure comme étant entre
Versailles et Paris et elle s'y réjouit assez incog-
nito ».

Douteuse comme mœurs, Mlle de Charolais des-
cendit à partir de ce moment au plus bas degré de la
morale, si libre pourtant à cette époque.

Mademoiselle, dont le plus grand désir avait toujours été de devenir la maîtresse du roi, voyant se
déjouer ses desseins, devint alors la procureuse de
Louis XV[2]. Madrid était bien placé pour permettre
d'abriter les amours irrégulières du monarque. Sans
sortir du domaine on pouvait aller de Madrid à la
Muette, par une grande allée droite, passant par la
croix de Schulemberg qui reliait les deux châteaux et
de la Muette à Bagatelle, par une autre allée, qui avec
un léger coude, et passant par la Croix de Catelan,
faisait communiquer le château de la Muette à celui

1 Hubert Huché, suivant brevet accordé par le roi en 1716.
2. Voir Mlle de Charolais, procureuse du roi, par Gaston Duchesne, chez Daragon, 96-98, rue Blanche, 1 vol. 15 francs.

de Bagatelle, vers l'extrémité du jardin triangulaire, formé par le mur du bois de Boulogne et la route de la Longue Queue [1].

Louis XV, qui n'avait jamais eu d'amour pour la reine, poussé par son entourage profitant de la faiblesse de caractère du roi, se laissa emporter au gré du vent d'amour qui soufflait à la cour.

Mlle de Charolais, qui sentait d'où venait le vent, fit du Petit-Madrid une douce retraite, en créant des petits cours de galanterie qui incitèrent le roi à venir se délecter de « salades spéciales à l'amour [2] » accommodées par la princesse du sang.

C'est alors qu'au Petit-Madrid, les soupers succèdent aux soupers, pendant lesquels le roi cherchait sur les lèvres de sa maîtresse présente et de ses maîtresses futures, les prémices d'un amour, qui devait s'épanouir à la fin du repas, dans le calme abri qu'offrait le château de la Muette.

La maison du Petit-Madrid, que Mademoiselle avait fait construire, qu'elle avait meublée somptueusement, était le lieu propice et rêvé pour des amours royales. Mlle de Charolais le savait et c'est pour ce faire qu'elle avait englouti une fortune dans son installation, comptant compenser la perte de son argent, par la faveur toujours croissante que lui témoignait le roi à cette époque.

Et toujours, en forçant son rôle, on la vit faire jouer à ses hôtes des comédies immorales, sur le théâtre du Petit-Madrid. Au moment où le roi, lassé des caresses de Mme de Mailly, cherchait une autre maîtresse et abaissait son regard sur la sœur de celle qu'il voulait quitter, sur Mlle Pauline-Félicité de Mailly-Nesle, Mlle de Charolais, en quête d'intrigues qui pouvaient servir à ses désirs, comprenant l'amour naissant du roi, travailla si bien, qu'elle fit mettre en présence le roi et Mlle de Nesle. De cette rencontre Louis XV ressentit un trouble,

1. Voir « Le château de Bagatelle », 1715-1908, par H. G. Duchesne.
2. Mémoires du duc de Luynes. T. II.

mais, par crainte des méchantes langues et de Mme de Mailly, il obligea Mlle de Nesle à se marier. M. de Vintimille fut choisi comme époux, le roi donna 100.000 écus et assura 6.000 livres de pension aux futurs époux.

« On vient (dit d'Argenson) de déclarer le mariage de Mlle de Nesle, sœur favorite de Mme de Mailly, avec M. de Vintimille, fils du marquis du Luc, neveu de l'archevêque de Paris et beau-frère de M. de Nicolaï, premier président de la chambre des comptes, famille très amie de M. le Cardinal.

« On prend au trésor royal cent mille écus pour ce mariage et le roi assure 6.000 livres de pension. On ne doute pas que le roi n'ait topé à ce mariage et par là on voit le renouement du vieux précepteur avec la maîtresse, chose infâme, après avoir tant dit qu'il quitterait le ministère dès que le roi aurait une maîtresse. On croit aussi que, de cette affaire-là, Mme de Mailly approche de la disgrâce et qu'il a fallu qu'elle donnât sincèrement dans un repatinage avec le cardinal et qu'elle le ménageât, ce qui l'éloigne de la fidélité tant promise à MM. Chauvelin et Bachelier et son attachement à Mademoiselle a passer le jeu et les vues de dissimulation qu'on s'y était proposées[1]. »

Mlle de Charolais offrit alors aux fiancés son appartement du Petit-Madrid, et ce fut là, qu'après la consécration religieuse à l'archevêché se consacra effectivement le mariage.

« Le mariage se fera dimanche à l'archevêché, écrit le duc de Luynes[2]. De là, les mariés iront coucher à Madrid chez Mademoiselle et il paraît certain que le roi ira ce jour coucher à la Muette et viendra à Madrid donner la chemise au marié et Mademoiselle à la mariée. »

Plus tard, à la date du 27. « Le roi va aujourd'hui à la Muette après le salut ; le mariage de Mlle de Nesle a été fait ce matin à l'archevêché et le roi doit donner la chemise ce soir au marié. »

1. D'Argenson, t. II, p. 271.
2. De Luynes, t. III.

Puis enfin : « Tout s'est passé à peu près comme il est marqué ci-dessus. Après le mariage et le dîner à l'archevêché, le nonce vint à Madrid. M. l'archevêque n'y était point; ils soupèrent chez Mademoiselle. Mlle de Clermont était venue de Paris à Madrid avec Mme la duchesse de Ruffec, Mmes de Chalais et de Talleyrand; elles allèrent toutes quatre souper à la Muette avec le roi. Immédiatement après le souper, Sa Majesté monta dans une gondole avec ces quatre dames et alla à Madrid chez Mademoiselle, où étaient plusieurs dames qui n'ont jamais été présentées au roi, comme Mme du Luc, Mme de Nicolaï. Le roi joua à cavagnole[1]. Les mariés couchèrent chez Mademoiselle à Madrid et le roi fit honneur à M. de Vintimille de lui donner sa chemise. C'est la première fois que le roi ait fait cet honneur à qui que ce soit. On dit qu'il y en a eu plusieurs exemples du temps de Louis XIV. Le roi assista au coucher et revint ensuite prendre ses voitures pour venir coucher à la Muette. Mme la maréchale d'Estrées coucha à Bagatelle, maison qu'elle a au bout du jardin et elle y donna une chambre à Mme de Ruffec. »

Le mariage effectué, ce n'était plus Mlle de Nesle sœur de Mme de Mailly qui devenait la maîtresse du roi, c'était Mme de Vintimille. Pour être bien joué, le tour n'en était pas moins absolument honteux, et Mademoiselle put être fière de son exploit.

Mlle de Charolais avait donc bien fait d'acquérir une partie des communs de Madrid pour consacrer au malin petit dieu Éros, pour elle et son entourage. Aussi, soucieuse de la beauté de son domaine qui lui permettait de recevoir le roi et sa suite, Mademoiselle acquit toutes les terres environnant les bâti-

---

1. Cavagnole ou cavayole. On dit que ce jeu vient d'Italie; c'est une espèce de biribi dont le tableau est partagé en 6, 8 et même 10 tableaux de 12 cases chacun, et il y a autant de boules que de chiffres. On ne peut mettre que 22 jetons en plein. Lorsque le chiffre sur lequel est un des 22 jetons arrive, tous les autres joueurs payent chacun 22 jetons et au delà. (Voir les mémoires du duc de Luynes, t. I, p. 272).

ments qu'elle avait achetés et celui qu'elle avait fait construire. Elle se fit ainsi une demeure luxueuse.

« Les bâtiments étaient très vastes et donnaient ou sur le château de Madrid ou sur les jardins regardant Boulogne. Ils se composaient de 8 cuisines, 3 offices, 1 salon, 1 salon de compagnie, 2 salles à manger, 46 chambres à coucher, 19 garde-robes, 8 petits cabinets, 3 antichambres, 1 lingerie, 1 salle pour la bibliothèque, 1 garde-manger, 1 charbonnier, 1 échaudoir, 1 chapelle, 1 étable, 1 grange, 1 grenier, 1 poulailler. Sur la Seine, des bateaux de plaisance.

« Le jardin s'étendait devant la maison qui avait sa façade du côté de Boulogne, » c'était une immense pelouse de forme rectangulaire; une seule allée y était tracée, mais elle était sinueuse.

« Afin de détruire l'uniformité de ce tapis vert, Mlle de Charolais avait fait faire de çi de là, des carrés, des ronds sablés où étaient installés des chaises et des fauteuils de campagne. Tournant sur elle-même, l'allée tracée dans la pelouse principale sortait sur une autre pelouse triangulaire, qui touchait au mur enveloppant le bois de Boulogne et que l'on dénommait tapis.

« A son extrémité, non loin de la porte de Bellanger, était une petite ménagerie. C'était un bâtiment carré entourant une cour, au centre de laquelle s'élevait un autre bâtiment en forme de tour.

« On arrivait au Petit-Madrid par la route de Neuilly à Longchamp; les carrosses franchissaient deux corps de bâtiments, dont l'un fut occupé par l'avocat Barbier, et entraient sur une esplanade triangulaire bordée de deux rangées d'arbres. Le château de Madrid, auquel on accédait par un pont franchissant une douve, était laissé à droite [1]. »

Mlle de Charolais avait en 1739 fait enclore par un mur la majeure partie de son domaine du Petit-Madrid, qu'elle tenait à voir séparé du domaine de Bagatelle, qui n'était, lui, enclos que d'une haie

1. Voir Mlle de Charolais procureuse du roi. Gaston Duchesne, publié chez Daragon, 1 vol. 15 francs.

du côté de la route charretière qui le séparait de Madrid.

Mlle de Charolais vit se terminer sa vie comme elle devait se terminer. Le roi, lorsqu'il eut achevé sa tournée amoureuse dans la famille du marquis de Nesles, devint l'amant de Mme de Pompadour ; les beaux jours de la Muette, de Bagatelle et du Petit-Madrid étaient terminés. Une aube nouvelle se levant Mlle de Charolais ne pouvait continuer son rôle. Chassée publiquement de Shizté par ordre royal, elle partagea son temps entre son hôtel de la rue de Varennes et sa maison du Petit-Madrid. En 1754 elle ressentit les premières douleurs du mal qui devait l'emporter le 8 avril 1758. « Elle avait fait du comte de la Marche son légataire universel. On crut qu'il y aurait peut-être quelques difficultés et même un procès au sujet de son testament à cause d'un mot mal écrit de sa main : « ouvriers » au lieu « d'héritiers », mais il paraît que tout se concilia. Mlle de Charolais a laissé à Mme de Bercy, sa dame d'honneur, les mêmes 4.000 francs qu'elle avait d'appointements et fit le même arrangement pour tous ceux qui lui étaient attachés. Elle donna en plus beaucoup de bijoux. Dans la lecture de son testament, nous remarquons que Mme l'abbesse de Beaumont, sa sœur, lui avait laissé tout son bien et qu'en échange, Mlle de Charolais lui faisait 27.000 francs de rentes [1]. »

On fit alors l'inventaire de ses biens, et cet inventaire, commencé le 22 mai 1758, ne fut terminé que le 2 août 1758.

*
* *

Avec Mlle de Charolais disparut véritablement le Petit-Madrid, qui par la suite devint Madrid-Conty, puis Madrid-Maurepas.

Louis XV préférant le séjour de la Muette à celui de Madrid : le château de Madrid n'exista plus que de nom ; plus tard, Louis XVI, harcelé de tous côtés, son-

---

1. Voir Mlle de Charolais, par Gaston Duchesne, p. 147.

geant toujours à faire des économies, donnait l'ordre
de vendre l'œuvre des Della Robbia et Gadyer. D'un
monument on songeait à faire un champ de poussière
qui devait, d'après les rapports, donner des résultats
magnifiques. Hélas! ces résultats furent piteux.

Les communs alors prirent le dessus. Mlle de Charolais sut attirer dans son logement les maîtresses
du roi, et celui-ci daigna venir souvent se divertir
au milieu des rires et des soupers. Mais Mlle de Charolais décédée, le roi parti vers d'autres lieux plus
attrayants, le Petit-Madrid ne devint plus qu'une
demeure ordinaire, seulement relevée par le nom de
celui qui l'occupait...

Le prince de Conty, légataire universel de Mlle de
Charolais, habita dans le luxueux logement, mais
le Petit-Madrid avait cessé de vivre, les fêtes ne
furent plus les mêmes, les joyeux ris d'amours
royales firent place à d'autres divertissements et
Petit-Madrid avait changé de nom, il était devenu
Madrid-Conty.

*
* *

Ce fut donc Louis-François-Joseph de Bourbon
Conty, comte de la Marche, qui succéda à Mlle de Charolais, et la dépendance prit, alors, le nom de Madrid-
Conty. Le prince occupa longtemps cette propriété;
il l'agrandit, achetant des terres jusque sous les murs
de l'abbaye Royale de Longchamp, entre Bagatelle
et la Seine, dans la plaine aujourd'hui dite d'entraî-
nement [1]. C'est dans cette plaine que l'on prit les
terres nécessaires pour permettre à Blaikie aidé de
Kosser de renouveler les jardins de Bagatelle. Le
transport de ces terres coûta 11. 726 livres 7 sols.

Enfin, par acte du 17 février 1782, le prince de
Conty vendit à Marie-Jeanne-Phelypeaux de la Vrillière, veuve de Jean-Frédéric Phelypeaux, comte de

---

1. Arch. nat. Inventaire Conty. Il acheta le 14 juillet 1769 à
Michel Saulnier une pièce de pré de 66 perches. R³ R³ 3.

Maurepas et de Pontchartrain, le domaine de Madrid-Conty qui prit alors le nom de Madrid-Maurepas.

L'acte passé devant Doillot, notaire à Paris, était ainsi rédigé :

Louis-François-Joseph de Bourbon et dame Marie Jeanne Phelypeaux de la Vrillière, veuve de Jean-Fréderic Phelypeaux, comte de Maurepas et de Pontchartrain, et dame de Maurepas, demeurant rue de Grenelle paroisse Saint Sulpice.

S. A. S. de Bourbon cède et transporte à Mme de Maurepas :

1° La jouissance concédée à feue S. A. S. Mlle de Charolais par arrêt du conseil du 13 septembre 1735 à titre et à faculté de rachat perpetuel de tous les lieux et emplacements faisant partie des dépendances au château de Madrid tels et ainsi qu'ils sont portés et désignés au plan demeuré annexé à la minute du dit arrêt.

2° Tous les bâtiments que feue son altesse Mademoiselle de Charolais a fait construire sur les emplacements, ensemble ceux que Mondit Seigneur prince de Conty a lui-même fait reconstruire et réparer tel et en l'état que le tout est actuellement enclos de murs.

3° Les meubles et effets spécifiés dans l'état qui est demeuré annexé à la minute du présent acte. Après avoir été des parties, signé et paraphé en présence des notaires soussignés, La dite A. S. se réservant expressement tout le surplus de tout le mobilier qui est dans ledit enclos de ladite maison, lequel sera retiré avant le 1er Mai prochain.

Pour que ma dite dame comtesse de Maurepas... jouir... Mgr prince de Conty, en sa qualité de légataire universel de S. A. S. mademoiselle de Charolais.

1° De ses faits et promesses qu'il n'a point disposé des objets.

2° Et de celle à cause de la substitution dont est grevé envers le fils aîné qu'il aurait le legs universel à lui fait par Mlle de Charolais en sorte que ma dite dame comtesse de Maurepas et des successeurs ne soient point en aucune manière et en aucun temps troublés, inquiétés ni cherchés à ce sujet et pour la dite garantie mon dit Seigneur prince de Conty affecte spécialement le dit pré situé près de la dite maison de Madrid, acquit soit par ma dite demoiselle de Charolais, soit par mon dit Seigneur le prince de Conty et tous ses autres biens tant en son chef personnellement que ceux pro-

venant de la succession de Mgr son père situés en Vexin
français.

S. A. S. fait la dite cession, vente et délaissement moyennant le prix de la somme de 150.000 livres.

Sur et en déduction de la dite somme, ma dite dame de
Maurepas a présentement payé à S. A. S. en espèces son-
nantes au cours de ce jour... cent mille livres...

Et le reste en deux paiements égaux de 25.000 livres chacun ;
le premier écherra le 1er janvier prochain et le second le
1er janvier 1784, s'obligeant à payer les intérêts... de six mois
en six mois [1].

S. A. S. Mgr le prince de Conty laissait à Mme de Maurepas
les objets suivants :

Les tables de cuisine, les broches et tournebroches ;

Les tables et tablettes de la lingerie et armoires pour serrer
le linge ;

Les cloisons qui séparent les chevaux dans les écuries ;

Toutes les armoires et devantures d'armoires qui sont
scellées et tiennent à fer et à cloux dans la maison.

Toutes les glaces et dessus de portes ;

Les tentures en papier ;

Les buffets de la salle à manger ;

Les jalousies ;

Le billard et ses instruments ;

Tous les vases et bustes du jardin avec leurs gaines de soie ;

Les outils et ustensiles de jardins.

Mme de Maurepas sembla ne pas être très contente
de l'acquisition qu'elle fit ; à plusieurs reprises on
tenta de s'introduire chez elle, dans le but évident
de s'approprier les objets contenus en sa maison.
Elle demanda alors à M. de Vougny, portier du château de Madrid, de vouloir bien faire réparer les
murs, du côté du bois de Boulogne. M. de Vougny
fit part de la demande de réparations à l'ancien propriétaire, le prince de Conty. Celui-ci répondit alors
le 30 juin 1785 :

Je me rappelle, monsieur, que les murs de ma maison du
côté du Bois de Boulogne étant mauvais, il y a plusieurs

---

1. Arch. nat. R³, 5.
2.   —   R³, 4.

années je priai M. de Marigny, alors Directeur des Bâtiments du Roi, de les faire réparer, quoique devant être à ma charge en totalité et m'engageai alors avec lui à entretenir les murs qui sont du côté de ma prairie aussi en totalité, lesquels devaient l'être par le Roi, comme murs de clôture du Bois de Boulogne ainsi qu'il est aisé d'en juger par leur construction absolument pareille à tous les autres murs du Bois et dans leur alignement. Voilà tout ce que je puis vous dire à cet égard et Madame de Maurepas pourra, d'après cela, agir comme elle voudra. Je ne me rappelle point avoir fait aucune mention par écrit, et cela s'est, ce me semble, passé verbalement entre M. de Marigny et moi.

Cy-joint la lettre que vous me demandez, pour M. le Premier Président, fort aise d'avoir cette occasion de faire quelque chose qui vous soit agréable.

Soyez-en, je vous prie, aussi persuadé, monsieur, que de la parfaite sincérité de tous les sentiments que vous me connaissez pour vous [1].

L. F. de BOURBON ·/.

La réponse était formelle et catégorique, le prince ayant fait entretenir les murs du côté de sa prairie, était dégagé du soin de la réparation des murs du bois de Boulogne que la direction des Bâtiments du Roi s'était engagée de faire, suivant l'échange verbal auquel avait accédé M. de Marigny. La réparation étant refusée, les choses restèrent en l'état.

Mme de Maurepas légua sa propriété à Mme de Flamarens; celle-ci en prit possession immédiatement, bien convaincue qu'elle ne serait jamais dérangée. Son espoir ne fut pas de longue durée. La république était proclamée et les biens soumis à un contrôle. Mme de Flamarens dut donc, à l'époque de la promulgation de la loi du 14 ventôse an VII sur les domaines engagés, faire la soumission prescrite par cette loi pour devenir propriétaire incommutable.

L'estimation de la propriété, à laquelle on procéda afin d'arriver à la fixation du quart à payer au Trésor par l'engagiste s'éleva à la somme de 96.000 francs, moyennant le quart de laquelle somme soit 24.000 fr.

1. Arch. nat. O¹ 1581.

payable par tiers, dont un de suite en numéraire, un
en obligation ou cédules acquittables aussi en numéraire dans les deux mois à courir de l'expiration du
1er terme, et le troisième dans les deux mois à courir
du 2eme terme, le tout avec intérêts de 5 p. 100[1], Mme de
Flamarens eût été déclarée réintégrée dans la jouissance de sa maison. Mais celle-ci trouva abusive
cette estimation exagérée et réclama contre l'arrêt
du Préfet du 22 thermidor an 8.

A la date du 15 vendémiaire an 9, nous trouvons
une pièce qui nous signale les réclamations de Mme de
Flamarens, auprès du ministre des finances, pour
faire surseoir aux poursuites commencées par le
citoyen Dallon-Villeneuve pour le payement de la
somme de 24.000 fr. que Mme de Flamarens comptait
bien voir réduite.

15 Vendemiaire an 9.

Enregistr. à Girard, directeur à Paris.

Mme de Flamarens engagiste du domaine de Maurepas situé
dans le Bois de Boulogne, citoyen, a réclamé auprès du
Ministre des finances contre l'évaluation de ce domaine
qu'elle s'est soumise à racheter moyennant le quart du prix
en vertu de la loi du 14 ventôse an 7. Le ministre étant saisi
de la connaissance de cette affaire... vous voudrez bien, jusqu'à ce qu'il y ait été statué, faire surseoire aux diligences
commencées par le citoyen Dallon-Villeneuve pour le payement de la somme de 24.000 francs, à laquelle le prix du 1/4
avait été fixé par un arrêté de la préfecture du 22 thermidor
dernier.

En réponse à la réclamation de Mme de Flamarens,
les sieurs Contepié, Lelong et Aubert, architectes,
furent nommés experts pour procéder à une nouvelle estimation de la propriété; ils fixèrent alors,
d'après le revenu présumé de l'année 1790, le chiffre
de 60.800 francs, comme étant le montant de la plus
haute estimation du domaine de Maurepas. Ça n'était
donc plus la somme de 24.000 francs que Mme de

---

1. Voir aux appendices.

Flamarens devait avoir à payer, mais bien celle de 15.200 francs.

Le 12 brumaire an 10, le Préfet délivra un nouvel arrêté dont la direction de l'Enregistrement accusa réception le 11 pluviôse an 10.

J'ai reçu, avec votre lettre du 5 de ce mois, mon cher collègue, l'expédition qu'elle annonçait, d'un arrêté du Préfet du 12 brum. dernier qui déclare Mme Flamarens propriétaire incommutable du domaine engagé connu sous le nom de Maison de Maurepas, attenant le bois de Boulogne. J'ai fait les dispositions nécessaires pour l'exécution de cet arrêté.

Mme de Flamarens qui avait obtenu ce qu'elle désirait était seule à ignorer la bonne nouvelle; elle ne l'apprit que le 1er ventôse.

Aussi, attendant toujours la réponse, négligeat-elle d'acquitter sa dette à la date fixée par l'arrêté du préfet.

Les 5.500 francs n'ayant pas été payés le 12 nivôse, Dallon-Villeneuve, receveur des Domaines nationaux du 1er et 2e arrondissement, s'impatienta. Cependant il attendit encore, mais, ne recevant toujours pas d'argent, il résolut, le 16 germinal an 10, d'envoyer un arrêt de déchéance que le directeur des domaines devait communiquer à Mme de Flamarens. Mais celle-ci, par l'intermédiaire du citoyen Hainguerlot, fit payer, le 29 germinal, la somme de 5.500 francs. Dallon-Villeneuve, alors, demanda d'arrêter la déchéance lancée contre la débitrice.

Mme de Flamarens, surprise, réclama encore pour le paiement des deux derniers tiers, qui régulièrement eussent dû être versés en nivôse et en ventôse.

Se fixant sur la date de signification de l'arrêté, elle envoya une pétition, prétextant que si on l'obligeait à payer aux dates indiquées par l'arrêté, elle se verrait astreinte à débourser deux tiers presque immédiatement, le premier l'ayant été en germinal.

Cette pétition fut admise, étant donnée la solvabilité de Mme de Flamarens, et celle-ci dut payer le deuxième tiers sur-le-champ, c'est-à-dire en prairial,

moyennant quoi on lui accordait un délai jusqu'au
1ᵉʳ messidor pour le paiement du dernier terme.

Le 1ᵉʳ messidor étant écoulé, et Mᵐᵉ de Flamarens
n'ayant pas tenu ses engagements, un arrêté de
déchéance fut signé par le préfet le 19 messidor et
transmis par le directeur des domaines à M. Dallon-
Villeneuve par lettre du 24 messidor.

Sur ces entrefaites Mᵐᵉ de Flamarens, qui décidé-
ment pressentait les mauvaises nouvelles, paya, et le
23 messidor la somme ayant été versée intégralement, l'arrêté du préfet tombait de lui-même et le
citoyen Dallon-Villeneuve écrivait alors à M. Épar-
vier, directeur des domaines, le 28 messidor an 10.

Je n'ai point été obligé de faire nottifier à Mᵐᵉ de Flamarens, engagiste du domaine de Maurepas, l'arrêté du Préfet
du 19 de ce mois que vous m'avez transmis avec votre lettre
du 24.

Dès le 23, cette dame avait payé en monnaies la somme de
12.007ˡ10ˢ6ᵈ faisant avec celle de 5.568ˡ15ˢ payée le 29 germinal dernier, celle totale de 17.576ˡ5ˢ6ᵈ dont 2.376ˡ5ˢ6ᵈ pour
intérêts à raison de 5/0. Conformément à l'arrêté du préfet
du 12 brumaire dernier en 15.200ˡ montant du prix du susdit
domaine aux termes du même arrêté.

Conséquemment cette affaire se trouve terminée.

DALLON-VILLENEUVE.

C'était fini, Mᵐᵉ de Flamarens ayant satisfait à
l'arrêté du 12 brumaire, rien ne s'opposait plus à la
jouissance de ses droits.

*
* *

Le vandale Le Roy n'ayant pu, malgré le beau travail accompli, malgré le ciment fait avec les émaux
du château, payer le prix convenu, fut obligé de se
retirer ne laissant derrière lui que ruines et
décombres.

Ce qui avait été le château de Madrid, après les
feux de bois devait revoir le feu des enchères.

La propriété fut divisée en 5 lots, dont l'un

comprenait les communs du château qui n'avaient pas été détruits et qui ne furent pas démolis[1].

Le sieur Borne, ancien portier du château, dans la chapelle duquel il avait été marié, se rendit adjudicataire d'une partie des dépendances, du côté de l'orangerie où il devait établir un restaurant qui subsiste encore.

L'État se réserva un lot avec un pavillon, qui fut habité par le ministre Decazes en juin 1819. Ce pavillon prit alors le nom de logement Decazes.

Sur le lot voisin qui comprenait les anciennes écuries du château, s'établit le docteur Bary, qui fonda une maison de santé, mais l'État racheta le lot pour y établir un haras.

En 1821, M. de Corbières fit supprimer le haras qui fut mis en vente en 1825, le lot passa alors entre les mains de M. Crémieux.

*
* *

Et maintenant, c'est l'histoire d'hier, c'est l'histoire contemporaine ; M. Borne, qui avait établi son restaurant, y reçut, aidé de son fils, des hôtes princiers. En 1862, c'est Louis Fèvre qui prend l'établissement et le cède en 1883 à M. Herbomez.

Les communs de Madrid ont vu des rois et des grands seigneurs, le restaurant en voit également : Le roi d'Espagne Alphonse XII, le grand duc Constantin, le prince de Galles, le duc d'Aumale, le prince Napoléon, Napoléon III, le duc de Morny, le prince de Metternich, le prince Murat l'ont fréquenté.

Les grands esprits n'ont pas fait défaut et si le restaurant de Madrid avait un livre d'or, on y pourrait lire les noms universellement connus de Victor Hugo, Dumas fils, Emile Augier, Victorien Sardou, Ernest Renan, Auber, Donizetti, Meissonnier, Carolus-Duran, etc., etc.

1. Procès-verbal du 1er mars 1794, présenté par Gillet et Callet

Après les rois, les princes et les ducs, c'est la poésie, le théâtre, la philosophie, la musique, la peinture, qui passent à Madrid. Et puis ce sont les dames, la marquise de Galliffet, la princesse de Sagan, Mme de Pourtalès, qui viennent sous les ombrages, chercher à surprendre les secrets d'amour, susurrés par les princesses et les favorites d'autrefois.

Enfin, durant le siège, Madrid fut l'un des quartiers généraux de la défense de Paris : Mac-Mahon, de Ladmirault, Abatucci y logèrent successivement.

Et maintenant c'est tout le monde...

Les anciennes splendeurs ont disparu pour faire place à des habitations nouvelles, belles peut-être, mais dont le luxe n'a ni la grandeur, ni la noblesse de ce qui fut autrefois.

APPENDICES

I

Arbre généalogique des Della Robbia.

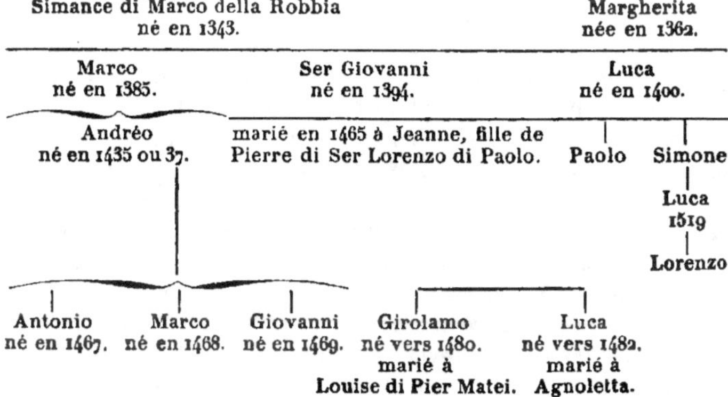

II

Le Primatice.

« François, par la grâce de Dieu, Roy de France, à tous ceux qui ces présentes lettres verront, salut, comme à nostre nouvel advènement à la couronne, nous avons trouvé plusieurs bastimens encommancez tant par le feu Roi François, nostre aïeul, que par le feu Roy nostre très honoré Seigneur et Père, desquels les uns sont si advancez que avec peu de temps et de dépense ils pourront estre parachevez, les autres du tout non tant eslevez et accomplis, que les laissant en l'estat auquel ils sont, ils ne tombent de bref en ruyne totale, dont nous désirons infiniment la perfection, tant pour la perte et dommage que ce nous seroit de les laisser en l'estat qu'ils sont, pour la grande despence qui s'y est faitte et le long temps qu'on y a consommé, que pour la commodité, plaisir et aisance que nous et nos successeurs en recevront; outre la décoration et embellissemens que tels édiffices apporteront à notre royaulme pour la visitation desquels et sçavoir comme ils ont esté conduits et maniez et de quel soin, diligence et loyalité notre dit feu Seigneur et Père y a esté servy et pour pouvoir faire besongner par cy après à l'entretènement, construction et parachèvement d'iceulx, il serait besoin pour cet effet commettre et en bailler la charge à quelque bon et suffisant personnage à nous seur et féable, expérimenté et entendu en l'art d'architecture sçavoir faisons que nous, a plain confians de la personne de nostre amé et féal conseiller et aumosnier M. François Primadici, de Bollongne en Italie, abbé de Saint-Martin de Troyes, et de ses sens, suffisance, loyauté, prud'hommie, diligence et grande expérience en l'art d'architecture, dont il a fait plusieurs fois grandes preuves en diverses bastimens, icelluy, pour ces causes et autres à ce nous mouvans, ordonnons et depputtons par ces présentes pour vacquer et entendre tant à la visitation des ouvrages et réparations qui seront nécessaires estre faites en tous nos dits bastimens, parachèvement de ceux qui sont encommencez, que de la conduite et direction de tous ceux que pourront faire construire par cy après, hors mis celluy de nostre chasteau du Louvre, faire parachever la sépulture du dit feu Roy François nostre aïeul, conclure et arrêter avec les maçons, charpentiers et autres ouvriers que besoin y sera, les pris et marchez qu'il conviendra pour ce faire, soit verbalement, soit par escript, pour iceulx ouvrages appeler tels personnages expers, tels que le dit sieur de Saint-Martin advisera, visiter et faire toiser, sçavoir et vériffier si les dits ouvrages seront bien et duement faits, ainsi qu'il appartiendra et que les ouvriers seront tenus et obligez, et pour ce faire ordonner des frais qui seront nécessaires [1]... et généralement de faire et ordon-

---

1. Nous supprimons un long passage sur les formes de la comptabilité.

ner, en ceste présente charge et commission de nos dits bastimens tout ainsi et en la propre forme et manière que ont
cy devant fait et ordonné maistre Philbert de Lorme, abbé
d'Ivrey, et Jean de Lorme son frère, du vivant de nostre dit
feu Seigneur et Père, lesquels pour aucunes causes et considérations à ce nous mouvans, nous avons déchargez et déchar-
geons de la dicte charge et commission et affin de donner
moyen audit M. Francisque Primadicy de se pouvoir entretenir en l'exercice de la dicte charge et supporter les grans
frais et despence qui luy conviendra faire, nous avons ordonné
et ordonnons, par ces dictes présentes la somme de 1200 livres
par an de gages ordinaires que voulaient avoir et prendre, du
vivant de nostre dit Seigneur et Père, les dits Philbert et Jean
de Lorme frères, commis à la dicte charge et superintendance de ces dits bastimens. Donné à Paris, le XIIe jour de
juillet 1559 et de nostre règne le premier. (Signé) François
(et au dos) Par le Roy, Monseigneur le cardinal de Lor-
raine. »

III

Lettres patentes.

Florimond de Champeverne est institué surintendant des
bâtimens qu'il a « puis n'a guères ordonné faire construire,
bastir et édiffier au lieu de Fontainebleau, en la forest de
Bièvre, et deux autres au lieu de Livry, et l'autre en son bois
de Boullongne, près Paris, ès quels lieux icelluy sieur estant
délibéré quelquefois se retirer pour le plaisir de la chasse
et lesquels édiffices il veut estre faits selon et ainsi qu'il a
devisé et donné à entendre à son cher et bien aimé varlet de
chambre ordinaire, Florimond de Champeverne, avec les
maçons, charpentiers, couvreurs, plombiers, serruriers,
menuisiers, vitriers, jardiniers, fontainiers et autres ouvriers,
selon et en suivant l'opinion et advis du dit Florimond de
Champeverne, auquel comme dit est il a devisé et donné à
entendre son vouloir, et intention de la forme et construction
d'iceux bastimens et édiffices. »

Let.-patentes (1er août 1528).

IV

« Donnons pouvoir et puissances au dit de Champeverne,
de conduire, deviser, faire et parfaire lesdits bastimens et

édiffices de Fontainebleau et ceux du dict Livry et Boullongne selon et ainsi qu'il advisera et verra bon en suivant nostre vouloir et intention et comme nous lui avons donné à entendre que voulons qu'ils soient faits et aussi d'avoir l'œil, regard et superintendance à bien faire et duement, promptement et diligemment besongner les dits ouvriers aux dits édiffices et bastimens, en manière qu'ils soient estre faits et accomplis le plus tost que faire se pourra. » 3 décembre 1528.

V

« François, par la grâce de Dieu, Roy de France, â nostre amé et féal conseiller, secrétaire de nos finances et trésorier de France, le sieur de Villeroy, chevalier, et à nos chers et bien amez varlets de chambre ordinaires M^res Pierre et Paul des Autels et à chacun d'eux salut et dilection ; nous, pour aucunes causes et raisons à ce nous mouvans, confians et plain de vos sens, expériences et diligence, vous avons commis ordonnez et depputez, commettons, ordonnons et depputons par ces présentes, pour incontinant vous transporter en nostre bastimen que faisons présentement faire au lieu de Boullongue, près vostre ville de Paris, appellé avec vous les maîtres des œuvres de vostre dicte ville et banlieue de Paris et les héritiers de feu maistre Pierre Gadier en son vivant maistre des œuvres de nostre dict bâtimen, faire mesurer, toiser, priser et estimer, en vos loyaultez et consciences, la besongne ja fecte et parachevée en icelluy bastimen et, de tout ce que en aurez trouvé advertissez nous en bien au long et par le menu, pour après en ordonner ce que verrons estre affaire ; de ce faire vous avons donné et donnons plein pouvoir, auctorité et commission, etc... Donnée à Compiègne le xxviij^me jour de octobre l'an de grâce mil cinq cens trente et un et de notre règne le dix septième.

Par le Roy,
Breton.
(La signature de François 1er a été enlevée).

VI

« Henry par la grâce de Dieu, Roy de France, à nos amés et féaulx les gens de nos comptes à Paris, salut et dilection, comme ayant par cy devant connu que Mre Pierre des Hostels, contrôleur des ouvrages de nos bastimens et édiffices

pour son ancien âge ne pouvoit bonnement et continuellement vaquer au controlle des dits ouvrages, ainsi qu'il estoit
requis pour le bien de nostre service, nous eussions commis
notre cher et bien amé maistre Jean Bullant pour, en l'absence du dit des Hostels, vacquer au fait dudit controlle
grandement expers en fait d'architecture et estant à présent
advertiz du trépas dudit des Hostels, à l'occasion duquel
vacant à présent la ditte charge et estat, ayant advisé la bailler
et commettre audit Bullant, estant suffisamment informés du
bon devoir qu'il y a jà fait et que nous espérons qu'il fera
encore cy après. Icelluy commettons au controlle de tous et
chacuns les ouvrages qui seront faits ès maisons et édiffices
quels qu'ils soient que nous avons faits et ferons encore
cy après.

Donnés à Saint-Germain-en-Laye, le 25 d'octobre 1557. »

VII

Provision de concierge et garde meuble du château de
Madrid pour le Sr de Ricard, à Paris le 9e octobre 1716 (1).

« Louis, par la grâce de Dieu Roy de France et de Navarre,
à tous ceux qui ces présentes lettres verront, Salut. Le
Sr Charles de Ricard de la Chevalleraye s'étant volontaire-
ment desmis en nos mains de la charge de concierge et garde
meuble de nostre chasteau de Madrid, nous avons fait choix
pour la remplir du Sr Corneille de Ricard son cousin, espe-
rant qu'il nous y servira avec tout le zèle et toute la fidélité
que nous pouvons désirer, à ces causes de l'avis de notre très
cher et très amé oncle le duc d'Orléans Régent nous avons
au d^t Sr Corneille de Ricard donné et octroyé, donnons et
octroyons par ces présentes signées de notre main l'estat et
charge de concierge et garde meuble de nostre dit château de
Madrid, vacante par la démission du dit Sr de la Chevalleraye ; pour par luy... aux honneurs, authorité, prérogatives,
prééminences, privilèges, franchises, libertez, gages, droits,
fruits, profits,... y appartenant... Si donnons du mandement
à notre très cher et féal chevalier de France le Sieur Verssin
commandeur de nos ordres qu'après qu'il luy saura ayant des
bonnes vie et mœurs, Religion catholique apostolique et
Romaine dud Sr de Ricard, et qu'il aura pris et reçu de luy,
le serment... accoutumé, il ayt à le mettre en possession de
la charge... »

1. O^i 60e, p. 150.

VIII

Provisions de concierge du chasteau de Madrid pour le Sr de la Chevalleraye du 12ᵉ mars 1717, à Paris (1).

Louis… Par nos lettres du 9ᵉ octobre 1716, nous avions pourvu le Sr Corneille de Ricard de la charge de concierge et garde meuble de nostre château de Madrid, sur la démission que le Sr Charles de Ricard de la Chevalleraye son cousin, en avait fait en sa faveur dans le dessein qu'il avait formé de finir ses jours dans un monastère. Mais n'en ayant pu suporter la règle, il est revenu chez lui, et son cousin a bien voulu lui rendre la démission de sa charge, sur laquelle il nous a très humblement supplié de luy accorder de nouvelles provisions, afin de pouvoir continuer à nous y servir, à quoy ayant égard et désirant traiter… donnons… le dit estat et charge…

IX

Rôles des acquits.

1ᵉʳ Décembre 1532. — Acquist pour faire bailler et délivres à Nicolas le Picard commis à tenir le compte et faire le payement des bastimens de Fontainebleau et boys de Boullongne, la somme de deux mil neuf cens cinquante troys livres deux sols, six deniers parisis, pour convertir au fait de sa commission et mesurement au dit bastimen de Boullongne, et icelle somme avoir et prendre sur troys ventes de boys de la dite fustaye. Délivrées à Jhérosme de la Robya esmailleur, comme plus offrant et dernier enchérisseur pour la dicte somme de ij^m ix^c iiij liv. ij s. vi d. p.

X

ROOLE DES ACQUITZ, etc.

« *9 février 1532 (1533).* — Provision à maistre Nicolas Picart, notaire et secrétaire du Roy, pour ses gaiges de teneur des bastimens de Boulogne. »

XI

8 juin 1534. — Mandement au vicomte et receveur ordinaire de Pont-Audemer de bailler la somme 7.700 liv. tournois

1. O¹ 61*, p. 49, V°

sur les sommes extraordinaires de la forêt de Brotonne pour la construction du château de Boulogne (1).

8 juin 1534. — Mandement au vicomte et receveur ordinaire de Conches et Breteuil de bailler 14.000 liv. sur les ventes extraordinaires des forêts de son ressort, pour les bastimens de Boulogne (2).

8 juin 1534. — Mandement au receveur ordinaire d'Orléans de bailler 21.100 livres tournois sur les ventes extraordinaires de la forêt d'Orléans pour les bastimens de Boulogne (3).

8 juin 1534. — Mandement au receveur ordinaire de Senlis de bailler 4.160 livres tournois sur les ventes extraordinaires de la forêt de Halatte pour les bastimens de Boulogne (4).

8 juin 1534. — Mandement au receveur ordinaire de Creil de bailler 3.200 livres tournois sur les ventes extraordinaires de la forêt de la Pommeraye pour les bastimens de Boulogne (5).

Le rôle des acquits donne à des dictes parties, pour les dicts bastimens de Boullongne... ꝺᵐ cl x liv.

Fait à Paris, le vɪɪɪᵉ jour de juing l'an mil cinq cens trente quatre.

Signé : FRANÇOIS.

XII

22 février 1534 (1534). Il a été ordonné, en conseil, que en apportant par Nicolas Picart, commis à tenir le compte et faire le paiement des bastimens et édiffices de Fontainebleau, Boulongne et de la fontaine de Sainct-Germain en Laye, les ordonnances, roolles et cayers, etc... »

XIII

ROOLLE DES ACQUICTZ, etc.

« A la vesve de feu Mʳᵉ Florimond de Champeverne, en son vivant commis au faict des bastimens de Fontainebleau, Livry et Boullongne. validons pour ses marchez et pris, par luy faicts, par devant deux notaires du Chastellet à Paris.

Signé par le roi, à Lyon, le vɪ décembre vᶜ xxxɪɪ j. »

1. Arch. Nat. Acquit sur l'épargne J. 962, nᵒ 110.
2.　　dᵒ　　　　　　　　dᵒ
3.　　dᵒ　　　　　　　　dᵒ
4.　　dᵒ　　　　　　　　dᵒ
5.　　dᵒ　　　　　　　　dᵒ

XIV

Autre validation de la somme de neuf mil deux cens livres tournois qu'il (Champeverne) a payée à Jherosme de la Robye et Pierre Gadier comme il appert par quictance. »

XV

« A Anthoine Morisseau, maître serrurier, pour tous les ouvrages de serrurerie qu'il a faits audit Boullongne par l'ordonnance dudit sieur de Villeroy du 12 d'aoust 1535, la somme de 146 liv. 10 sols. »

« A Jehan Peretour... par ordonnance du dit sieur de Villeroy et de la Bourdaiziere, le 28 de novembre 1537... 222 liv. ».

« A Jherosme de la Robie... le 28 avril 1537... 3572 liv. ».

« 2.400 liv. par an pour les 2 contrôleurs.

600 liv. par an pour le payeur. »

XVI

« A Maistre Nicolas Picart, comis à faire le paiement des édiffices de Fontainebleau et Boullongne, vi^m livres. Assavoir iii j^m i j^c livres sur et en déduction de ce qu'il peut et pourra estre deu aux ouvriers besoignons auxdicts édiffices, qui est pour le dict Fontainebleau ii j^m vi^c livre et pour le dict Boullongne vi^c liv. et pour les gaiges dudict Piccart et de Mre Pierre Desautels, contrerolleur des dicts bastimens de l'année finye MV^{c}XXXVIj, XVIIj^c livres, vi^m liv.

XVII

A propos des gages de Pierre des Hôtels.

« Bien que, sous coulleur de ce que après le trespas du dit des Hôtels, nostre dit feu seigneur et père en faveur de Mre Philbert de Lorme, abbé d'Yvry, ayant lors la charge de superintendant sur tous et chascun des dits bastimens, ordonna à Jean de Lorme, frère du dit abbé d'Yvry, pour ordonner en son absence les dits bastimens, la somme de 600 francs de gages, éclipsez de 1200 francs de gages appartenant à Jean Bullant, prédécesseur du dit exposant et que icelluy Bullant n'a joui que de 600 francs de gages restans des dits 1200 francs. »

XVIII

« A Jherosme de la Robie, sculpteur et esmailleur du Roy, pour ses gaiges de quatre années, finies le dernier jour de décembre MV°XXXVIIj, à ij°XL livres par an et à prandre sur les deniers de l'espargne ordonnés estre distribuez autour de la personne du roy IX°X livres.

« A M™ Nicolas Picart, pour les édiffices de Fontainebleau x™ livres. Pour ce à prandre comme dessus… xIj™ livres.

XIX

Dépences du 1er janvier 1537 au dernier décembre 1540.

« A Gratiam François et Jhierosme de la Robbia maistres maçons, la somme de 25.157¹ 14ˢ 5ᵈ à eux ordonnés par les commissaires de Neufville et Babon pour tous les ouvrages de maçonnerie et taille par eux faits au dit château de Boullongne.

A Jehan des Beufs. 203¹ 13ˢ 6ᵈ
A Ant. Morisseau. 361¹
A Miche Bourdin et Jacques Lardant . 527¹ 12ˢ

XX

A M™ Nicolas Picart pour convertir au paiement des édiffices de Fonteinebleau et Boullongne près Paris, à prandre sur les deniers ordonnés estre distribués à l'entour de la personne du roy VI j™ VI° livres.

(Signé du roi, non daté, est de fin 1538).

XXI

Autre despence faitte par le dit maistre Nicolas Picart commis pour les bastimens et édiffices de Boullongne lès Paris, durant le temps de ce compte, contenant neuf années et 9 mois commencez le premier janvier 1540 et finies le dernier de septembre 1550.

MAÇONNERIE

« A Gratian François et Jherosme de la Robie, maistres maçons, la somme de 94.666 livres 13 sols 11 deniers obole, à eux ordonnés par messieurs Nicolas de Neufville et Philibert Babon, commissaires députés sur le fait des dicts bastimens pour les ouvrages de maçonnerie et taille par eux faicts et qu'ils continuent faire au dit château de Boullongne.

CHARPENTERIE

« Aux héritiers de feu Jean Piretour, maistre charpentier et Claude Girard aussy charpentier, la somme de 19.650 livres pour ouvrages de charpenterie par eux faits au dit château de Boullongne-lez-Paris.

COUVERTURE

« A Jean et Louis Cardier, père et fils commis la somme de 1.275 livres 9 sols 4 deniers.

SERRURERIE

« A Anthoine Morisseau, maître serrurier, la somme de 2.000 livres pour ouvrages de serrurerie par luy faits en plusieurs lieux et endroits du dict château de Boullongne-lez-Paris.

MENUISERIE

« A Michel Bourdin et Jacques Sardant, maistres menuisiers, la somme de 2.819 livres.

VITRERIE

« A Jean de la Hacnée, maistre vitrier, la somme de 257 livres 9 sols 2 deniers.

OUVRASGES D'ESMAIL

« A Jherosme de la Robie, esmailleur de terre cuitte et sculpteur pour le Roy, au château de Boullongne, la somme de 12.786 livres 8 sols 4 deniers pour les ouvrages de terre cuitte, recuitte et esmaillée faits au bastimen de Boullongne-lez-Paris.

OUVRAGES DE POTERIE DE TERRE

« A Pierre Mousi, potier de terre, la somme de 255 livres 9 sols 6 deniers, pour ouvrages de poterie par lui faits et fournis au dit Boullongne.

Plomberie

« A François des Bœufs, maistre plombier, la somme de 6.275 livres pour ouvrage de plomberie, par luy faits au dit Boullongne.

Parties extraordinaires

La somme de 46 livres 8 sols.

XXII

OUVRAGES DE MAÇONNERIE A BOULLONGNE

« A maistre Gratien François et Jherosme de la Robia, maçons, la somme de 2.347 livres 2 sols 2 deniers pour les ouvrages de maçonnerie et taille par eux faits au dit château de Boulongne, suivant les marchés par eux faits au dit Sieur de Lorme.

Charpenterie

« A Jean Peretour et Claude Girard, maistres charpentiers, la somme de 2.971 livres 18 sols 11 deniers, pour tous les ouvrages de charpenterie, par eux faits au dit Boullongne suivant le marché par eux faits avec les dits sieurs commissaires de Neufville et Babon.

Ouvrages d'émail.

« A Jherosme de la Robia, esmailleur et sculpteur du roy, la somme de 7.387 livres à quoy se monte toutes les pièces et ouvrages de terre cuitte, recuitte et esmaillée par luy faits au dit Boullongne suivant le marché de ce fait avec les dits commissaires... 1550. »

XXIII

« Henry, par la grâce de Dieu, roy de France, à nos amez et féaulx conseillers, Messire Nicolas de Neufville, seigneur de Villeroy et Philibert Babon, sieur de la Bourdaizière, salut. Comme plusieurs ouvriers et artisans nous auraient remonstré qu'en vertu de pouvoirs à vous donner, par feu nostre très honoré sire et père que Dieu absolve, suivant les pris et marchez faits avec eulx, ils ont fait plusieurs ouvrages de maçonnerie — tant à Fontainebleau, Saint-Germain-en-Laye, la Muette du dit lieu de Boullongne-les-Paris, Villers-Cotterets — lesquels depuis le trépas de feu nostre Père, auroient esté veus et visitez, partie par vous et partie par nostre amé et féal conseiller et architecteur ordinaire, Mre Philibert de Lorme, abbé d'Yvrey, en vertu du pouvoir à luy donné (et comme ces comptables ne se considèrent plus comme suffisamment autorisés à ordonner les payements, les ouvriers ne peuvent se procurer les pièces qui établissent leur créance, le Roy leur ordonne de régler et clore les comptes) jusques au jour qu'avons donné la charge de nos dits bastimens à icelluy abbé d'Ivrey.

Donné à Rouen le 11 octobre 1550 et de nostre règne le 4e. »
Ordonnancement de payements d'ouvriers.

XXIV

Compte dernier de maistre Nicolas Picart durant une année entière, commencé le 1er janvier 1554 et finie le dernier de décembre 1555.

MAÇONNERIE.

« A Jean François (Gratiam), maistre maçon, la somme de 50 livres pour ouvrages de maçonnerie par luy faits au chasteau de Boullongne. »

PLOMBERIE.

« A Jean Le Vavasseur, maistre plombier, la somme de 300 livres... »

SERRURERIE.

« A Guillaume Hérard, serrurier, la somme de 85 livres 11 sols... »

XXV

Compte premier de maistre Bertrand le Picart, durant une année entière finie le dernier de décembre 1556.

Parties payées pour les bastimens et réparations de Boulongne-lez-Paris.

MAÇONNERIE.

« A Jean François, maistre maçon, la somme de 1.200 livres à luy ordonnée par le dit sieur de Lorme pour les ouvrages de maçonnerie par luy faits au dit Boullongne.

COUVERTURE

« A Jean le Breton, maître couvreur, la somme de 95 livres 6 sols 6 deniers.

SERRURERIE

« A Mathurin Bon, maistre serrurier, la somme de 57 livres 12 sols 6 deniers. »

XXVI

Compte deuxième durant neuf mois entiers, commencez le premier janvier 1558 et finis le dernier de septembre en suivant.

Chasteau de Boulongne-lez-Paris.

CHARPENTERIE

« A Jean le Peuple, maître charpentier, la somme de 193 livres, à luy ordonnée par le dit de Lorme, pour ouvrages de charpenterie faits au dit chasteau de Boullongne. »

SERRURERIE

« A Mathurin Bon, maistre serrurier, la somme de 37 liv. 11 sols 7 deniers pour ouvrages de serrurerie. »

Compte troisième et dernier de Mre Bertrand le Picart depuis le mois d'octobre 1559 jusques au dernier de may 1560.

Ouvrages de plomberie faicts au chasteau de Madrid.

PLOMBERIE

« A Jean Le Vavasseur, maître plombier, la somme de 87 livres 13 sols 4 deniers à luy ordonnée par le dit sieur abbé de Saint-Martin pour ouvrages de plomberie par luy faits au chasteau de Madric. »

Compte cinquième de Mre Jean Durant, présent Trésorier des bastimens du Roy, durant une année commencée le premier de janvier 1560 (1561) et finie le dernier de décembre 1561.

Chasteau de Boulongne.

MAÇONNERIE

« A maistre Jhierosme de la Robbia et Gatien François, entrepreneur du bastimen de Boulongne, la somme de 443 livres 11 sols pour avoir fourny plusieurs matériaux au dit chasteau.

XXVII

Autre despence faitte de l'ordonnance de messieurs les Trésoriers de France pour les réparations des vieils palais, chasteaux et maison du Roy.

MAÇONNERIE

« A Eustache Ive, maistre maçon, la somme de 386 livres 12 sols 2 deniers pour ouvrages de maçonnerie qu'il a faits au chasteau de Boullongne.

MENUISERIE

« A Micher Bourdin, la somme de 233 livres 7 sols 6 deniers.

VITRERIE

« A Jean de la Hacnée, maistre victrier, la somme de 181 livres 1 sol 4 deniers.

PARTIES INOPPINÉES

« A plusieurs personnes pour leurs peines et vaccations pour avoir fait une route et allée dans le bois de Boullongne ».

Compte septième de maistre Jean Durant, durant une année entière, commencée le premier de janvier 1562 et finie le dernier de décembre 1563.

Chasteau de Boullongne-lez-Paris.

MAÇONNERIE

« A messire Jhierosme de la Robbie, entrepreneur des bastimens du chasteau de Boullongne, la somme de 746 livres pour tous ouvrages de maçonnerie qu'il a faits au dit chasteau.

CHARPENTERIE

« A Jean le Peuple, charpentier, la somme de 400 francs.

COUVERTURE

« A Anthoine Lautour et Claude Perrelle, maistres couvreurs, la somme de 200 livres.

MENUISERIE

« A Jean Huet dit de Paris, la somme de 500 livres.

SERRURERIE

« A Mathurin Bon, serrurier, la somme de 400 livres.

VITRERIE

« A Nicolas Beauvain, victrier, la somme de 200 livres.

PLOMBERIE

« A Jean le Vavasseur, maistre plombier, la somme de 300 livres.

XXVIII

Parties extraordinaires et inoppinées de la même année.
Chasteau de Boullongne-lez-Paris.

MAÇONNERIE

« A Jherosme de la Robia, maistre maçon et ingénieur, la somme de 1.937 livres 3 sols 2 deniers à luy ordonnée par le dit Abbé de Saint-Martin, pour les ouvrages de maçonnerie qu'il a entrepris de faire pour le Roy en son chasteau de Boullongne.

CHARPENTERIE

« A Jean le Peuple, maistre charpentier, la somme de 324 livres.

COUVERTURE

« A Claude Perelle, maistre couvreur, la somme de 85 livres 10 sols pour les ouvrages de couverture par lui faits aux basses offices érigées de neuf en la cour du chasteau du Bois de Boullongne.

MENUISERIE

« A Rolland Vaillant, menuisier, la somme de 300 livres.

Compte neufviesme de maistre Jean Durant, durant une année entière commencée le premier janvier 1564 et finie le dernier de décembre ensuivant 1565.

Chasteau de Boullongne-lez-Pais.

« A Suzanne Perrin, vefve de feu Jean Huet, maistre maçon, la somme de 63 livres.

Compte particulier de maistre Juillaume le Jars pour les réparations de son bastiment de Boullongne, durant une année entière commencée le premier de janvier et finie le dernier de décembre 1568.

A Michel Bamet, maistre maçon la somme de   15.400[1]
A Guillaume Regnier   —   charpentier   —   5.000
A Jean Le Vavasseur   —   plombier   —   100
A Claude Perrelle   —   couvreur   —   402
A Jean Sagoyne   —   menuisier   —   500
A Mathurin Bon   —   serrurier   —   800
A Jean de la Hacnée   —   vitrier   —   482[1] 10[s]
A Guillaume Chevalier et Nicolas Girard arpenteurs   220

Pour avoir déserbé, aplany et mis en routte et allée, un grand chemin qui va au travers du Bois de Boullongne, depuis le chasteau jusques à la Muette du dit bois suivant le marché fait.

Menus frais et journées :

« A plusieurs personnes et manœuvres qui ont travaillé à eslargir la dicte allée ou route, et arraché plusieurs vieilles souches, la somme de 45 livres 10 sols. »

XXIX

Compte de Pierre Reynault, durant une année entière finie le dernier de décembre 1570.

Chasteau de Boullongne-lez-Paris.

MAÇONNERIE

« A André Soye et Michel Bonnet, maistres maçons, la somme de 5.200 livres: à eux ordonnée par maistre François Primadicis de Boullongne, abbé de Saint-Martin de Troyes, conseiller et aumosnier ordinaire du Roy et superintendant des bastimens et édiffices de Sa Majesté, pour ouvrages de maçonnerie par eux faits au dit chasteau de Boullongne.

CHARPENTERIE

« A Guillaume Regnier, maistre des œuvres de charpenterie, la somme de 4.450 livres.

MENUISERIE

« A Léon Sagoine, maistre menuisier, la somme de 1.400[l].

VITRERIE

« A Jean de la Hacnéc, maistre vitrier, la somme de 300[l].

SERRURERIE

« A Mathurin Bon, maistre serrurier, la somme de 900[l].

XXX

Compte des batiments du Roi.

19 mai 1665. — A Pierre Bastard, charpentier, pour parfaict paiement des ouvrages de charpenterie par luy faicts au chasteau de Madrid pendant l'année 1664. . . . .   400[l]

28 octobre 1667. — 12 may 1668. — A Antoine
    Barbé, maçon, à compte des menus ouvrages
    et réparations de maçonnerie qu'il fait au
    chasteau de Madrid, (6 p.). . . . .   4.100^l
28 octobre 1667. — A Lavier, à compte des ré-
    parations de menuiserie, au dit chasteau. .   1.600^l
28 octobre 31 décembre. — A Cachet, serrurier,
    réparations, au dit chasteau. . . . .   800^l
28 octobre 31 décembre. — A Jacquet, vitrier,
    serrurier, réparations, au dit chasteau . .   200^l
28 octobre 1667 : 19 février 1668. — A Patot,
    vitrier, serrurier, réparations, au dit chas-
    teau. . . . .   600^l
        Somme de ce chapitre. . . . 7.300^l

7 mars. 28 juillet. — A Antoine Cachet, à compte
    des ouvrages de serrurerie qu'il fait à divers
    endroits du dit chasteau (2 p.). . . . . .   400^l
7 mars. 11 juin. — A Lavié, à compte des ou-
    vrages de menuiserie au dit chasteau (2 p.)   1.500^l
14 mars. 3 décembre. — A François Patot, à
    compte des ouvrages de vitrerie au dit chas-
    teau (3 p.). . . . .   400^l
4 novembre 1668. 15 janvier 1669. — A Barbé,
    maçon, à compte des ouvrages de maçon-
    nerie au dit chasteau (3 p.).. . . . .   2.000^l
        Somme de ce chapitre, ... 4.300^l

25 février. 3 may. — A Barbé, maçon, à compte
    de ses ouvrages de maçonnerie au dit chas-
    teau (2 p.). . . . .   1.400^l
28 mars. 17 juin. — A Cachet, serrurier, à
    compte de ses ouvrages de serrurerie au dit
    chasteau (2 p.). . . . .   500^l
        Somme de ce chapitre. . . . 1.900^l

12 avril. — A Cachet, serrurier, pour parfait
    payement de 2.189^l 16^s à quoi montent les
    ouvrages de serrurerie par luy faits au chas-
    teau de Madrid, pendant les années 1667,
    1668 et 1669. . . . .   689^l 16^s
9 juillet. — A Barbé, maçon, pour son parfait
    payement des ouvrages de maçonnerie qu'il
    a faits au dit chasteau, ès-années 1667 et 1668.   2.161   7^s 9^d
        Somme de ce chapitre. . 2.851^l 3^s 9^d

19 avril 1673. — A Pataut, vitrier, pour parfait
    payement de 820 livres . . . .   20^l

22 mars 1675. — A luy (Yvon), pour recherches
    de couverture . . . .   985^l 14^s

15 avril. 11 juillet. — A Lavier, menuisier, à
    compte de ses ouvrages au chasteau de Ma-
    drid (3 p.) . . . .   1.300^l

24 novembre. — A compte d'ouvrages à Madrid.   600^t

XXXI

Chapelle de Madrid.

Gédéon fils d'Étienne de Ricart et de demoiselle Jeanne
Plode... bapt. le 25 avril 1639, tenu par Gédéon Halman con-
seiller du Roy de la cour du parlement assisté de damoiselle
Marguerite de Ricart, ses parrain et marraine.

T. I, p. 18.

XXXII

Jean Baptiste fils de Jean de Ricart, concierge du chasteau
maison roïalle de Madry, et de damoiselle Claude du Chau-
vigny, ses père et mère, et a esté baptisé le dimanche 19^e
d'apvril 1643 et a esté tenu... par Jean Fayet... conseiller à la
cour des aydes de Paris, et par Marie Le Royet femme de
M^{tre} Pierre Renard, conseiller au Parlement, ses parrain et
marraine.

(Signé) Je- de Grandval.

T. I, p. 37.

XXXIII

Françoise, fille de noble homme Denis Goudier, lieutenant
des plaisirs du Roy, demeurant au chasteau de Madriy, et de
damoiselle (nom en blanc) ses père et mère, a esté baptisée
en la chapelle du dit chasteau par le curé de Villiers la
Garenne le 10 juin 1648 et a esté tenue par Françoise Pinot,
demeurant à Paris, gouvernante des enfants de Mgr (Guin-
gault) du Roy assistée de ...

T. I, p. 37.

XXXIV

Anne, fille de Jehan de Ricart, ... concierge du chasteau
de Madrid, et damoiselle Marie de Chevreuse, ses père et
mère, a esté baptisée en la chapelle roïalle dudit chasteau et
a reçu le nom et a esté tenue par dame Catherine Marie de la
Roche Foucault, Marquise de Gouray pour la très ... royne
de France Anne d'Autriche assistée du sieur Gabriel de Ro-
chechouart Marquis de Mortemart ses parrain et marraine le
dernier jour de juillet mil six cent trente six.

Registres paroissiaux de Villiers la Garenne, T. I, p. 5.

XXXV

Registres des mariages faicts en l'église paroissiale de
Saint-Martin de Villiers la Garenne, hault et bas Roulle et
le port de Neuilly, commencé le 17 may 1637 jusqu'au
1er juin 1654.

XXXVI

Le mariage de Mathurin Villain, demeurant à Paris, paroisse
Saint-Germain l'Auxerrois, et de Marie Josse, de la paroisse
de Villiers a esté solennisé en la Chapelle du chasteau de Madry
par le curé du dit Villiers le lundy 13 janvier 1640 en présence
de Thierry Josse, chef de panneterie chez Mgr le .... du
roy pour la mariée, Olivier Josse, garde du corps du roy,
Jean Nicollas Villain, bourgeois de Paris pour le marié et
autres parents.

T. I, p. 7 ; mariages.

XXXVII

Mariage de Loyse de Ricard veuve de feu M Daubraparc et
de Cathelin du Bois, officier du ... du Roy.

                    Signatures :   Dumenil Baron.
                                    Jacque de Ricar.
                                    Pierre d'Arget.
5 may 1647.   de la Coulombresse.

                                       T. I, 25

XXXVIII

Jean fils deRoch Blondeau et Simonne Quosti ... demeurant
en la maison Seigneurialle de M. du Far au port de Neuilly, a
esté baptisé le

22 juin 1643, p. 72, v°, T. I.

XXXIX

Jean, fils de ... Marie ... du pont de Neuilly et de Magde
leine ... ses père et mère fut baptisé le 17 janvier 1655, et
reçut le nom de Jean de Ricard, écuyer sieur de la Chevalleray, concierge du chasteau de Madrid, assisté de dame ...
Dufour, nourrice du Roy et dame de chambre de la Royne.

T. I. p. 79.

XL

René, fils de Martin Chauvevau, garde à cheval des plaisirs
du Roy aux plaines et varenne du Louvre et de Madrie et
Anne Gaultier ses père et mère fut baptisé le jeudi 6 janvier 1656 et reçut le nom, de René Havigan dit Saint-Martin,
marchand de chevaux à Paris, paroisse Saint-Roch assisté de
Catherine Morgant ses parrain et marraine.

T. I, p. 86 v°.

XLI

Marie, fille de Louis de Puteaux et dame du Roussel ses père
et mère de Neuilly, fut baptisée le dimanche 19 mars 1656 et
reçut le nom par damoiselle Marie de Ricart assistée de
Roland Bavrain, fils de messire Jacques Bavrain, maître des
requestes, seigneur de la Galissonnière et autres lieux, paroisse
Saint-Merry.

T. I, p. 85.

XLII

Claude, fils de Pierre Dominay et Magdelaine Pinçon
15 mai 1656, reçut le nom par Jacques Pinçon, portier du
Long champ, assisté de Charlotte Pinçon, femme de Pierre
Dominay l'aisné demeurant au pont de Neuilly.

T. I, p. 85 v°.

XLIII

Catherine, fille de Loys de Puteaux et dame du Voyot...
a esté baptisée le 16 février 1649, et a reçu le nom par demoiselle Catherine du Virnod de la paroisse de Puteaux, assistée
de Loys de Ricard, fils du sieur concierge du chasteau de
Madry.

T. I, p. 59 v°.

XLIV

Nivollau Martin, fils de Nivollau Martin, et de Anne Charlot
de la paroisse de Boullongne ... à courir au chasteau de
Madry ... a esté baptisé le 7 mars 1649 et a reçu le nom
par Nivollau Martin, Gassan fils de la Martin de la paroisse
de Boullongne assisté de Damoiselle Marie de Ricart, fille du
sieur, concierge du chasteau de Madry.

T. I, p. 59. v°.

XLV

Charles, fils de Jean Laurens, portier du chasteau de
Madrie, et de Marie la Saillie, a esté baptisé et a reçu le nom
(26 avril 1650), par Charles d'Estampes (fils de Messire François d'Estampes), chevalier, seigneur Marquis de Mosny,
premier escuyer des grandes et petites écuries de Mgr le duc
d'Orléans, oncle du Roy, et de dame Charlotte Bruslart de
Sillery père et mère, paroisse de Saint-Cosme à Paris, assisté
de damoiselle Marie de Ricard, fille de Jean de Ricard sieur
de la Chevaleraye, concierge du chasteau de Madrie et damoiselle Claude de Chevreuse.

(Signé) Delaunay,

T. I, p. 64.

XLVI

Loys fils de Jehan le Chasseur Lieutenant de la justice du
pont de Neuilly. Baptisé le 5 mars 1636.
Nivollet, fils d'Anthoine le Chasseur, baptisé le 16 mars 1636.

T. I, p. 61 v°.

XLVII

Jeanne, fille de Nivollet ... et Loyse Baudrimont ses père
et mère a esté baptisée le 28e juin 1637 et a été tenu par ...
(Praydin) fourrier du lieut. de la Justice du Pont de Neuilly ...

XLVIII

Rolland, fils de Pierre Lauvelet, greffier du pont de Neuilly
et Simonne Robineau. 15 décembre 1637.

T. I, p. 20.

XLIX

Sébastien, fils de Sébastien Tol, garde des plaisirs du roi.
5 septembre 1741.

T. I, p. 29.

A été tenu par deux des gardes du sieur de Monthauent
lieut. de la capt. du Bois de Boulogne.

L

Naissance de Marie, fille de Le Normand, sieur du Plessis,
et de Marie d'Arnoult, dame ordinaire de la Royne, a esté
baptisée le 14 juin 1643, ...

T. I, p. 38.

LI

Mariage de Marie Pirot et d'André de Bar, tous deux de
a paroisse d'Auteuil.

T. I, p. 32. M.

LII

1674-1699. Jean Le Camus, chevalier, roy en ses conseils,
maistre des requestres ord. de son hotel, lieutenant civil de
la ville et prévôté de Paris.

LIII

Henry, fils de Pierre de la Haye, Me ouvrier en bas de soye
demeurant au chasteau de Madry, et de Anne de Losne... a esté

baptisé le 14 octobre 1674, et a esté nommé par Georges Brent, de la paroisse St-Médard à Paris, assisté de Suzanne Chevallier du chateau de Madry, ses parrain et marraine. Le père a dit ne sçavoir écrire, ny le parrain.

SUSANNE CHEVALIER.   VOISIN.
                                  T. I, N, p. 1.

LIV

Le 5e jour de novembre 1674. Anne, fille de Claude Prodot, garde des plaisirs de Sa Majesté dans la plaine de St-Denys, et d'Anne Trouillot sa femme... a esté baptisée le 5e jour de novembre 1674 et a esté nommée par Anne du Bois, femme de Mgr Cosquillet, greffier du Tabellion du port de Nully, assisté de René Rusé procureur fiscal, ses parrain et marraine. Tous du port de Nully.

LV

Guillaume de Lisle natif de la parroisse d'Auteuil agé de quatre-vingt-huit ans, mourut au pont de Nully, le 18 novembre 1674, fut inhumé le lendemain dans le cimetière de Villiers-la-Garenne après avoir été administré pendant sa maladie.

T. p. 3 v°, 3e cahier.

LVI

Pierre Elisabeth de Ricard, fils de Jacques de Ricard, ecuyer, Sr de la Chevalleraye, et de Catherine Costard... a esté baptisé sur les fonts baptismaux de la parroisse de Villiers-la-Garenne et a eu pour parrain, Pierre de Nicollo, 1er valet de chambre du Roy, et pour marraine, Elisabeth Hindret, femme de M. le Vicomte de Marcilly, capitaine de la varenne du Louvre.

T. I, p. 4, 3e cahier.

LVII

Philippe Vouillon dit la Caude, portier à la porte du costé de Neuilly du Bois de Boulogne, âgé de soixante-quinze ans, mourut le 15 avril 1674, et fut inhumé le lendemain du dit mois, dans le cimetière de Villiers-la-Garenne, sa paroisse.

T. I, p. 5, 3e cahier.

LVIII

Jacques Buffier, fils de Jeàn ... du chasteau de Madrid, fut baptisé le 15 mars 1575 et a reçu le nom, de Jacques Moreillard du chasteau de Madrid assisté de Marie Bertrand.

T. IV, v°.

LIX

Antoinette Garat, fille de Pierre Garat, de Germaine du Val... de la porte du Chasteau de Madrid âgée de cinq mois, fut inhumée dans le cimetière de Villiers-la-Garenne, sa paroisse.

6 sept. 1675.

LX

Marie Honorine, fille de Jacques de Ricard Sr de la Chevalleraye, et d^{lle} Catherine Costard, le 21 nov. 1675 a esté baptisée et a été nommée et tenue par Marie Ligyé, parroisse St-Sulpice à Paris, assistée de Henry de Gaillon du Lude g^d maistre et capitaine général de l'artillerie de France, gouverneur de St-Germain-en-Laye.

Signatures : GAILLON et LA CHEVALLERAYE.

T. I, p. 17.

LXI

Pierre, fils de Jean de Launay, de Madrid, piqueur de Mgr le duc de Vendôme, fut baptisé sur les fonts de Villiers-la-Garenne.

Mardi 21 janvier 1676.

LXII

Louise Catherine Garat, fille de Pierre Garat et de Catherine Noblet... du chasteau de Madrid, a esté ondoyée par Anne Gaboir du Gardin, sage-femme du dit lieu, et la cérémonie du baptème faite par moi S^r curé de Villiers-la-Garenne sa paroisse (a reçu le nom de Louise Lo, assisté de Louis Poignard).

27 juin 1676.

LXIII

Martin Toussaint, du chasteau de Madrid, agé de quatre-vingt-cinq ans, mourut au chasteau le 9 juillet 1676 et inhumé le même jour au soir dans le cimetière de Villiers-la-Garenne.

LXIV

Lambert de Lister du chasteau de Madrid, agé de soixante-
dix-huit ans, y mourut et fut inhumé le lendemain dans le
cimet. de Villiers-la-Garenne sa paroisse — Fut administré.

3 août 1676.

LXV

Joseph Valentin, du chasteau de Madrid, fils de Julien
Dumas et de Catherine David, fut bapt. et reçut le nom de
par maitre Yvan Mestivier, maitre chirurgien de Neuilly,
assisté de dame Valentine Tour.

21 décembre 1676.

LXVI

Marie, fille de Pierre le Gage et d'Anne de Lister du chasteau de Madrid, fut baptisée et reçut le nom de Marie de l'Es-
ter... assistée de Yvan Buffier, tous du chasteau de Madrid.

13 janvier 1677.

LXVII

Mariage de Louis Godet, demeurant à Madrid, fils de mayor
Claude Godet. de Landodry Vinant... et seigneurie de
Moday, paroisse de Poissy et Marie Jangarda... d'une part, et
de Catherine Gavaut, fille de maistre Laurant Garaut et
d'Anne Gaboisse des Jardins, tous deux habitant à Madrid.

(Signature : D'HINDRET.)

28 février 1677.

LXVIII

Le 23 janvier 1748 fut célébré dans cette même chapelle le
mariage « d'un domestique à la porte du chasteau de S. A. S.
Mademoiselle de Charolais »

Et le 17 août 1760, Guillaume Alexandre, marquis de Poli-
gnac, capitaine de dragons, agé de trente-un ans, épousa
dans la chapelle royale de Madrid, Marie Jeanne Louise
de Saluces.

D'autres cérémonies y furent encore célébrées mais sans
grande importance.

LXIX. — PERSONNEL [

EXTRAIT DE L'ÉTAT DE LA FRANCE PAR [

GOUVERNEURS	CHAPELAINS	LIEUTENANTS GÉNÉRAUX DES CHASSES	SOUS-LIEUTENANTS DES CHASSES	CONCIERGES	CONSEILLE GARDES
1716. Fleuriau (Joseph-Jean-Baptiste).	Colybaux (André).	Gaillard (Nicolas).	Reyette de Pennautier (Pierre-Louis).	Ricard (Jean).	Carrel (Françoi Voisin (Louis-Cha
1727. Fleuriau 1729. *Marquis de Pezi.*	Colybaux (A).	Bailly, capitaine.	Moreau de Sechelles (Jean).	Ricard (Jean).	Le Blan (Vincent Rolland (Pi Barthélem
1749. Le Marquis de Beringhen. 1770. *Prince de Soubise.*	L'abbé Brou.	Et autres officiers, les mêmes que ceux de la Varenne des Tuileries.		De la Chevaleraye.	

LXX

« Brevet en papier par lequel M. de Pezé, capitaine du château de la Muette et gouverneur du château de Madrid, en conséquence du décès de la demoiselle de la Chausseraye, qui avait la jouissance, sa vie durant, d'une maison et dépendances située dans l'extrémité du château de la cour de Madrid, en deux portions, l'une qu'elle avait anciennement, et l'autre qu'elle avait acquise de Louis Huot, seigneur d'Hillerin, garde de la prévôté de l'hôtel de Michelle Papion, son épouse, par acte du 5 janvier 1720. Pour jouir de laquelle portion elle avait obtenu brevet de Sa Majesté, et M. le duc de Biron la survivance le 19 du dit mois, ainsi que le tout se poursuit et comporte, desquelles deux portions, l'ancien

HATEAU DE MADRID

E RELIGIEUX AUGUSTIN DÉCHAUSSÉ

RCHITECTES PROCUREUR DU ROI	GREFFIERS	GARDES	AUTRES PORTIERS Reconn. 120 livres de gages.	PORTIERS DU PARC Reconn. 120 livres de gages.
s Bergeries Franclieu (Alexis).	Du Jardin (Benigne).	3o, tant à cheval qu'à pied.	Olivier (François), vers Passy. Récullé (Jacques), vers Boulogne. Guymont (Paul-Jacques), vers Longchamp. Du Chêne (Antoine), vers Neuilly.	Tessard (Michel). Flahaut de la Billarderie (Jérôme). Sageret (Pierre), vers Auteuil.
Plc.	Du Jardin (B).		Olivier (François), vers Passy. Recullé (Jacques), vers Boulogne. De Vougny (Jean-Marie), vers Neuilly. De l'Etendart (Jean-Louis), vers Longchamp.	Sageret (Pierre), vers Auteuil. Dolet (Guillaume), vers la Porte-Maillot. Du Rien de Fargès (Louis), vers Sèvres.
			Mouffle (V⁰ Anne de Vougny), vers Neuilly. Guidelot (Michel) vers Longchamp. Le Blanc (Jacques), vers Boulogne.	Verne (Jean-Gabriel), vers Passy. Dolbelle (Pierre-Victor), vers Porte-Maillot. De la Guesse (Antoine-François), vers Auteuil. Boulonois (Jean), Porte des Princes.

logement et dépendances dès à présent reversibles au sieur de Pezé à cause de sa qualité de capitaine du château de Madrid et des chasses du pavé et bois de Boulogne, il cedde et transporte sous le bon plaisir de S. M. à S. A. S. Mademoiselle avec la pelouse qui est au bout du jardin du dit logement, du côté de Bagatelle, qui pourra être enclos de murs pour en jouir sa vie durant ensemble des augmentations, améliorations que S. A. S..., etc.

Plus cedde dès à présent à S. A. S. la seconde partie du logement en cas de décès du sieur duc de Biron, ou que S. A. S. devint subrogée en son lieu et place par acquisition ou autrement, consentant à cet effet que nouveau brevet en soit accordé par S. M. à S. A. S. pour en jouir sa vie durant[1].

1. Inventaire Conty. 4 mai 1733, Arch. nat. R³ 4.

LXXI

Arpentage : Madrid, 1735.

Un arpent 20 perches de terre à M. Bully en figure triangulaire le large de l'allée des Boulles de Madrid estimée à 350 livres l'arpent, fait la somme de 420 livres.

Plus huit arpens quarante-neuf perches et 1/2 de terre au pré à M. Bellanger tenant à la pièce ci-dessus estimé à 375 livres l'arpent fait la somme de 3183ˡ 15ˢ.

Plus au dit sieur un arpent 95 perches 1/2 de pré estimé à 400 l. l'arpent fait la somme de 782 l.

Plus au dit sieur un arpent 35 perches de pré estimé ainsi que ci-dessus fait la somme de 540 l.

Plus au dit sieur Bellanger 6 arpents 15 perches de pré estimé à 400 l. l'arpent ainsi que ci-dessus fait 2460 l.

Plus au dit sieur 3 arpents 17 perches à 275 l. l'arpent, soit 871 l.

Le total des terres dudit Bellanger se monte à 21 arpents 12 perches, soit 7837ˡ 10ˢ.

Plus au sieur Guiloret, marchand de chevaux, 1 arpent 8 perches en luzernes à 400 l., soit 432 l.

A Marc Fournier :
  2 arp. 34 per. Luzernes à 400ˡ: 936ˡ

A Mouchard :
  2 arp. 4 per. Luzernes à 400ˡ: 816ˡ   }
  1 — 34 —   Avoine à 275ˡ: 368ˡ10   } 1.184ˡ 10

A Mᵐᵉ Langlois :
  2 arp. 87 p. 1/2 Luz.   à 400ˡ: 1.150ˡ

A Augrand :
  3 arp. 2 —   —   1.328ˡ »   }
  7 — 71 —   Avoine à 275ˡ: 2.120ˡ 5 } 3.448ˡ 5

Aux Dames de St.-Cyr :
  2 arp. 6 per. Luzernes à 400ˡ: 864ˡ

A Honoré :
        87 per.   —   275ˡ: 239ˡ 5

Soit : 46 arpents 5 perches 1/2 ; valeur : 1.6511ˡ 10

LXXII

Arpentage de Dubois Géographe.

La grande basse-cour de Madrid, compris tous les bâtiments, basse-cour, le portier et le petit jardin de M. Barbier contenant 3 arpents 47 perches 1/2 non compris les bâtiments de S. A. S. qui excèdent l'alignement de la dite basse-cour sur le jardin.

1° Les logements occupés par S. A. S. dans le G^d bâtiment
de la dite basse-cour, en trois parties et compris l'appartement de la princesse et l'orangerie qui saillent sur le
jardin, contiennent ensemble 285 toises.

Plus la basse-cour neuve de S. A. compris les bâtiments et la cour à fumier en dépendant contiennent
381 toises.

Plus une petite écurie et sellerie à S. A. en saillie dans
la basse-cour de M. de Bully contenant 19 t. 1/2.

2° Plus à Mme la Marquise de Briquemas une écurie pour
neuf chevaux et une remise ayant ensemble 35 pieds de
façade. 22 t.

3° Plus à M. de la Chevalleraye concierge du château de
Madrid 2 remises ayant 18 pieds de façade. 11 t. 1/2.

4° Plus à Mlle Bideau, huit pièces au rez-de-chaussée et un
escalier ayant 19 t. 4 p. 1/2 de face sur la dite cour
fait 76 1/4.

Et au 1er étage, 13 pièces ayant 21 t. 2 p. de face sur
la cour.

Et à lad. demoiselle, 2 écuries pour 10 chevaux et
2 remises, avec 2 pièces au-dessus. 30 t. 1/2.

5° Plus à M. Barbier, avocat au conseil, 3 pièces au rez-de-
chaussée, avec un escalier, remise, écurie pour 3 chevaux et un bûcher ayant ensemble 14 t. 5 p. de face sur
lad. cour faisant en superficie pour le terrain 49 t.

Au 1er étage, 4 pièces ayant 11 t. 4 p. de face sur lad. cour.

Et aud. S^r. Barbier, un petit jardin tenant à la basse-
cour de S. A. S. contenant 82 t. 3/4.

6° Plus à M. de Bully, 1 petite basse-cour avec le logement
d'un jardinier, un fourny, étable, toit à porc, poulailler en
appentis. 14 perches 1/2.

7° Plus le bois de S. A. S. fermé de murs de 3 côtés contient
compris les murs, 13 arp. 70 perches 1/2.

Et les jardins quinconces, potagers boulingrins et la
maison et cour du jardinier 9 arp. 47 1/2.

23 mars 1735[1].

LXXIII

17 mai 1738[2]. — Acq. par Mademoiselle de 2 arp. 34 perches
de terre au pont de Neuilly, app^t à Marc Antoine Fournier,
Catherine Berthelot, son épouse, et Jerosme Philippe Chalot

1. Q¹ — 1075.
2. R³ 4.

et Marie Margueritte Isabelle Fournier, sa femme, moy. 1404[l] payées comptant.

24 août 1738. Acq. à Le Pelletier de 50 arp. en plusieurs pièces au terrain de Neuilly. (12 sept. d'avoine aux dames de St-Cyr, 6[l] tournois à l'abbaye de St-Denis (moyennant 30.000[l] payées comptant).

Anciens titres des terres vendues par Bellanger :

25 mai	1671
2 avril	1613
10 avril	1602
5 octobre	1599

Anciens titres Augrand :

1er juin	1657	7 juin	1727	droit de confirmation
25 août	1657	6 janvier	1701	24 livres
4 juin	1693	28 juin	1702
8 avril	1707	23 sept.	1702
27 avril	1733	20 mai	1703
26 décemb.	1730	10 février	1705
		1er janvier	1717
		14 décemb.	1726

LXXIV

Inventaire de Louise Anne de Bourbon-Condé de Charolais, commencé le 22 mai 1758[1] (décédée le 8 avril 1758).

Louis-François-Joseph de Bourbon-Conty, Comte de la Marche, légataire universel à la charge, substitution au profit de son fils aîné, suivant son testament olographe du 2 avril 1758 déposé chez Mareschal, notaire, le 8 du même mois et contrôlé le 10.

Le dit jour de mercredi 24 mai 1758, 6 heures du matin, sommes partis du dit hôtel avec les parties intéressées, le dit m[tre] Pierron, substitut, le dit m[tre] Behagnon, huissier-priseur et les estimateurs officiers et domestiques nécessaires pour nous rendre audit Madrid, ou étant arrivés sur les 8 h. du matin il a été aux requêtes et présence que dessus, procédé à la continuation du dit inventaire ainsi qu'il suit :

dans les cuisines 14 n[os].	131 à 144
dans l'office.	145 - 153
dans l'office à la vaisselle.	154 - 156
dans une petite chambre ensuite.	157 - 159
le garde manger.	160

---

1. X[I] A - 9[171].

Les dits meubles et effets représentés par la demoiselle
Cadet, concierge, ont été prisés par le dit Behagnon de l'avis
de m^tres Blache et Mariage.

Et après avoir vacqué depuis la ditte heure de 7 heures du matin jusqu'à 8 heures de relevée à l'exception de deux heures employées pour le dîner, la vacation a été, du consentement de toutes les parties et du dit m^{tre} Pierron, substitut, continuée à vendredi prochain, 6 heures du matin.

Vendredi 26 mai.

Samedi 27 mai.

   Fini d'inventorier à 9 heures de relevée.

Chapelle.

12 chaises en prie-dieu et bois blanc foncé et paille dont deux garnies de crin couvertes de velours d'Utrech cramoisi avec leurs coussins de crin couvertes. . . . . xxx[l]

2 banquettes de bois de chêne, garnies de crin, couvertes de velours d'Utrech cramoisi et un coffre à lit de bois de chesne prisé, vingt-quatre livres. . . . . 24[l]

1 tapis de pied de turquie de 4 aunes de long sur deux 1/2 de large. . . . . 200[l]

7 autres de Courir de cuir fond argent à fleurs . . . . 60[l]

2 parties de tables de bois de sapin trois ( ) doubles de différentes grandeurs . . . . . . 12[l]

1 croix, 4 chandeliers de bois doré, 2 petits chandeliers de cuivre argenté, 3 pupitres, 3 missels romains et parisiens, une sonnette de cuivre argenté, 1 petit bassin et ( ) 2 burettes de cristal. 30[l]

1 chasuble, étolle, manipule, bourde et voile à deux envers, l'un de moire blanche d'un côté et d'autre moire cramoisie brodée d'or, avec raideaux et franges d'or, une autre chasuble à 2 faces d'un côté moire verte et de l'autre violette, étolle, bourse, manipule et voile de pareille moire brodée en or avec un petit raideau d'or, une autre chasuble, étolle, manipule, bourse et voile de moire violette bordés, brodés et ornés de raideau et franges d'argent. . . . . 300[l]

1 calice avec sa patène, pesant 2 marcs 6 onces d'argent. . . . . 130[l] 18[s] 5[d]

3 aunes de toile fine dont une garnie de grosse dentelle, quatre nappes d'autel, dont 2 garnies de dentelle, 5 amicts, 2 singulum, 10 pièces de linge corporaux et lavabo. . . . 60[l]

1 devant d'autel gey et perles et feuilles de soye. 96[l]

A l'égard d'un tableau représentant N. S. et la Madeleine dans sa bordure de bois doré n'a été fait aucune prisée et sera tiré pour mémoire seulement.

LXXV

Inventaire des titres d'acquisitions [1] faites par Mademoiselle
à Madrid et ses environs avec les pièces justificatives d'icelles,

4 mai 1733. — Brevet en papier, etc.

Acte passé devant Ballot, not^re à Paris par lequel... la
somme de 28.000 livres sera payée par Le Reboullet en quatre
payements égaux de 7.000 livres dans le courant de la dite
année.

8 février 1734. — Quittance de ce payement.

11 mai 1733. — Quittance d'une signature privée de M. le
duc de Biron, par laquelle il reconnaît avoir reçu de S. A. S.
par les mains de Le Reboullet la somme de 8.000[1] moyennant laquelle somme il se démet de la jouissance de la portion
de la maison, jardin et dépendances, dont jouissait la défunte
demoiselle Chausseraye et par elle acquise du sieur Huot,
garde de la prévosté de l'Hostel, le 15 janvier 1720, qui en
obtint brevet du roi et dont la survivance fut accordée au sieur
Biron par brevet du 9 du même mois, consentant que S. A. S.
en sollicite, le brevet et s'en mette en possession.

12 mai 1733, — Brevet du roi en parchemin, donné à
Versailles en faveur de S. A. S. Mademoiselle, par lequel
S. M. sur la représentation des pièces ci-dessus, lui fait un
don de la jouissance de l'ancienne et première partie et logement dont jouissait la demoiselle de Chausseraye, et de la
pelouze tout au bout du jardin, du dit logement contenant
environ 12 arpens lequel s'étend, etc.

21 février 1735. — Procès-verbal de mesurage.

13 septembre 1735. — Arrest du conseil.

18 janvier 1736. — Enregistrement, signé Orry.

14 novembre 1735. — Quittance de finance, signée de
M. Gruin, garde du trésor Royal.

23 novembre 1735. — Enregistrement, signé Orry.

Achats à la dame Augrand :

5 quartiers de prés en l'Ile du pont de Neuilly.

1 demi arpent, 6 perches.

2 arpents et 1 quartier.

7 quartiers de prés.

5 quartiers de prés en la dite île.

1 — R³, 4.

LXXVI

7 arpents de terres labourables, lieu dit la Porte bleue.
1   —   —   —
2   —   terroir de Neuilly
1 demi arpent   —   —
1   —   —   —
1 arpent.
1 demi arpent.
1 arpent et demi.
1 demi arpent et 2 quartiers.
1   —   quartier.
1 arpent au lieu dit le bois de Picardie.
1 demy arpent.   —   —
1 arpent et demy au lieu dit terroir de Neuilly.
1   —   au lieu dit, pré du Moulin.
7   —   et demy, au terroir de Longchamp.
4 arpents de terre   —
1 quartier de terre,   —
2 arpents.   —

Une grange située au pont de Neuilly sur le bord de la rivière, et une place attenant le tout ainsi qu'il comporte.

24 lives de de rentes aux 2 portiers.

9 septembre 1735. — Contrat de vente par Paul Louis Bellanger, 1er advocat général de la cour des aides à Paris, à Mademoiselle S. A. S., de 22 arpents 29 perches, terroir de Neuilly et attenant les avenues du bois de Boulogne, en sept pièces.

LXXVII

Brevet qui accorde au sr Le Pelletier, 1er président du parlement de Paris, la jouissance sa vie durant, d'un logement qu'occupait au château de Madrid, le Sr de Bully.

Aujourd'hui, 14 avril 1740, le Roy étant à Versailles voulant donner en toute occasion au Sr Le Pelletier, conseiller d'état et premier président du parlement de Paris, des marques de sa bienveillance, Sa Majesté a agréé la demande qu'il luy a faite du consentement du Sr marquis de Beringhen, capitaine et gouverneur du château de Madrid et des chasses du bois de Boulogne du don de la jouissance, sa vie durant, du logement qu'occupait au château de Madrid, le feu Sr Marquis de Bully [1].

1. O¹84. p. 169. 1740.

LXXVIII

Contrats d'achats faits par Rosambo.

Contrat du 19 février 1738. — Nicolas Boulain et M. Claude et Madeleine Boulain ont vendu à Le Béchu de la Ralais, 5 arp. 3 quartiers de pré, situés près le port de Neuilly (Relève de St-Cyr).

Contrat du 28 avril 1738. — Rosambo achète de M. de la Ralais et dame Marie-Anne Cebret, veuve de M. Beisset et de M. Jean-Louis Chevalier, 11 arpents (Relève de St-Denis).

Echange du 16 juin 1738, de 10 arpents appart. à Rosambo, contre 8 arp. appart à dame Mouchard, situés au lieu dit sous le bois de Boulogne, au terroir de Villiers-la-Garenne.

Bail du 5 août 1738. — Pièce de terre de 8 à 9 perches. appart. aux Dames de St-Cyr contre 11 septiers d'avoine, mesure de Paris.

30 août 1738. — Achète à Charles Lhéritier, 3 pièces, contenant 7 arp. 1/2 au terroir de Neuilly.

31 août 1738. — Achète à Guilloré et sa femme, 2 arp, (s. le bois de Boulogne).

16 novembre. — Cède dans l'île du pont de Neuilly, 2 arp. et 1 quartier à la fabrique et église de St-Martin de Villiers la-Garenne, contre 7 quart. de terre à Neuilly (s. le bois de Boulogne).

10 juillet 1739. — Bail fait par les Religieuses de St-Denis, à Rosambo, d'une pièce cont. 1 arpent ou 2 environ, sis au Pont de Neuilly contre 4^l parisis de cens et de 6 livres tournois de Rente foncière.

13 octobre 1740. — Echange. Rosambo donne 5 quartiers de pré en 2 perches, situés dans l'île de Neuilly contre 2 arp. de terre sis sous le bois de Boulogne, appart. aux nommés Fournier, Chalot et leurs femmes.

5 mai 1741. — Achète à Mad. de Vougny, sept quartiers] sis au lieu dit Les Mazures, au terroir de Neuilly.

13 septembre 1741. — Achète a M. Mouchard, 6 arpents 25 perches.

4 janvier 1749. — Echange 142 perches 1/2, à prendre au Pont de Neuilly contre 142 perches 1/2, appart. à Mlle de Charolais, sis au terroir de Longchamp.

Il lui reste en réalité 50 arp.

LXXIX

Il résulte d'une note de juillet 1777, que le gouverneur de Madrid n'a aucun droit sur les jardins.

Que « le gouvernement est aujourd'hui dans les mains de M. le prince de Soubise, qui a succédé à M. de Béringhen, pourvu après M. de Pezé, sous l'administration duquel est née la jouissance qu'a eue M. l'ancien 1er président *Pelletier*, jouissance aujourd'hui parvenue à *M. de Rosambo*, Président à Mortier, son petit-fils. »

« ... Dans une conversation, M. le prince de Soubise (dit) que M. de Rosambo aurait à prétendre 36.000 livres et qu'une autre personne aurait des droits pour 24.000 livres. »

« On est fondé à croire que cette prorogation a eu un prix, mais que M. le Prince de Soubise n'a vu dans ce prix qu'une ressource pour la construction d'une faisanderie qu'il a en effet formée depuis qu'il est gouverneur.[1] »

LXXX

Réparations.

J'ai l'honneur de vous envoyer l'état de la dépense à faire au château de Madrid pour empêcher pendant cet hiver un plus grand dépérissement des appartemens au-dessous des galeries exposées au midy et à l'ouest du dit château. Sauf si Monsieur le marquis le juge à propos et emploie sur l'état de l'année prochaine des réparations qu'il convient y faire pour remettre les choses en l'état à l'égard des portes dont on demande le remplacement, elles sont absolument hors de service, mais les peintures et les pivots en sont bons et peuvent servir aux portes neuves en y faisant fort peu de dépenses.

J'ay l'honneur d'estre avec un profond respect, Monsieur,
Votre très humble et très obéissant serviteur,
PLUYETTE.
Au château de la Muette, le 10 décembre 1755.

LXXXI

État.

Les réparations demandées par Monsieur le président Pelletier au château de Madrid consistent sçavoir :

1. 0ᴸ 1581.

A mettre l'appartement de M. son fils en sûreté pour cet hiver, et à fermer le parc et le potager du dit château de Madrid. Comme la saison est trop avancée pour hasarder de faire les réparations nécessaires aux galleries au-dessus de l'appartement de M. Pelletier le fils, il conviendrait de faire les joints des dalles de pierre dans la dite gallerie avec mortier de chaux et ciment pour empêcher les eaux de dégrader davantage cet appartement. Estime la despence à 30ˡ.

Pour fermer le parc et potager du dit château de Madrid, il est nécessaire de faire trois portes pleines par en bas, et à barreaux par le haut, pour remplacer celles qui sont pourries et tombées de vétusté, dont deux de 9 pieds 11 pouces de large et une de 12 pieds 6 pouces sur 7 pieds de haut chaqu'une. Estimé avec la peinture en trois couches à huille et le rétablissement à faire aux ferrures à la somme de 225ˡ.

LXXXII

Réponse.

A Versailles, le 24 décembre 1755.

A M. Pluyette,

J'ai reçu, Monsieur, avec votre lettre du 10 de ce mois, l'état de la dépense à faire au château de Madrid, montant à deux cent vingt cinq livres. Vous aurez agréable d'y faire travailler et de faire employer comme vous me le proposez ce qui peut servir des anciennes portes.

Je suis, Monsieur, votre très humble
et très obéissant serviteur.

LXXXIII

19 Août 1768.

A M. Soufflot,

... M. le Pelletier m'apprend au surplus que vous vous êtes transporté au château de Madrid pour y examiner la dégradation des couvertures dont il se plaint, il prétend que ces dégradations sont principalement occasionnées par le défaut absolu d'entretien annuel, n'ayant été fait depuis trois ans aucun travail aux couvertures, quoique sur les marchés le couvreur du département y soit obligé. C'est ce qu'il est important d'examiner, je n'ai pas besoin de vous observer combien il est essentiel que vons teniez la main à ce que les entretiens ordinaires soient faits avec exactitude puisque de leur défaut naissent souvent des dégradations qu'il n'est plus possible de réparer qu'avec des frais immenses [1].

DE MARIGNY.

LXXXIV

Préfecture du département de la Seine, domaines nationaux.

Vu la déclaration faite le 13 germinal an 7, en exécution de l'article 13 de la loi du 14 Ventôse an 7 relative aux domaines engagés par Elisabeth-Olimpe-Louise-Armande-Félicité Du (v) i-gier, épouse séparée quant aux biens d'Agésilas-Joseph Gros-soles Flamarens demeurant à Paris, rue de Varennes, faub. Germain, par le ministère du C^{en} Etienne Crignon Bonvallet au nom et comme fondé de son pouvoir spécial y annexé enré-gistré à Paris le 14 du même mois par l'Huillier qui a reçu 1 fr., qu'elle possède une maison, bâtiment, cour et jardin et dépendances, ensemble un enclos planté partie en bois et bos-quets situé dans le bois de Boulogne *entre les maisons de Ma-drid et de Bagatelle,* tenant d'un côté au nord par le mur de la cour aux murs de Madrid, *au levant au chemin de Bagatelle,* au couchant à la prairie, *et au sud à Bagatelle le long duquel Bagatelle* règne un passage charretier entre le dit Bagatelle et le mur de la propriété déclarée lequel passage dépend de la dite maison et appartient à la déclarante au même titre que le surplus.

Que ce domaine a été originairement *aliéné à titre d'engage-ment par arrêt du ci-devant conseil du roi du 13 Septembre 1735 à Louise-Anne Bourbon Condé qui en a fait construire et enclore la majeure partie que* Bourbon Conty *héritier* de la dite dame Louise-Anne Bourbon l'a recueilli dans sa succession et ven-du à la veuve Maurepas qui l'a légué à la déclarante.

Arrêt du préfet du 22 Thermidor an 8, signé Bejan pour le préfet malade, déclarant que Mme Flamarens sera réintégrée dans la jouissance de la maison moyennant le paiement du 1/4 de 96.000^l soit 24.000^l payable par tiers dont 1 de suite en nu-méraire, 1 en obligation ou cedules acquittables aussi en nu-méraire dans les deux mois à courir de l'expiration du pre-mier terme, et le troisième dans les deux mois à courir de l'expiration du deuxième terme, le tout avec intérêt de 5 0/0.

1. O¹ 1581.

LXXXV

Une lettre de Charles IX, au sujet de la mission d'Alava es
datée du château de Madrid, le 6 Octobre 1563.[1]

Une lettre de Catherine de Médicis du 26 Juillet 1566 à
M. de Fourquevaux dit en post-scrìptum :

« Je vous prie que tous les huict jours vous ne faillez de me
despêcher un paquet et l'envoyez à Bayonne, ou vous me
mandiez des nouvelles de la royne, ma fille, jusqu'à ce qu'elle
soit relevée, et aussi si le roy son mari sera continuellement
auprès d'elle, ou à Madrid.[2] »

LXXXVI

Elle écrivait à Charles IX, le 20 Juillet 1573 :

Au roy, Monsieur mon fils,

Monsieur mon fils, aytent tout asteure arrivée, je trove cet
porteur qui vient de là ou et vostre frère et par se qu'il me
mande qu'il ne sauret aystre ysi que dans ouyt jours, je vous
eun'e voleu avertir, sachant que seriès bien ayse de courir un
cerf à Saint-Germayn cet que pouvès aysément faire, mès que
soyès samedi au souyr hà Madrid ce seré asès, et que me
tenié en vostre bonne grasse, mès que je vous voy...[3]

LXXVII

A Passy. — Le 8 juillet 1568. — Lettres patentes adressées au Parlement de Paris, pour l'enregistrement de l'édit
du mois de juillet 1566, portant création de six offices de ser-
gents dans le ressort du Bailliage de Langres. Registré
le 2 août suivant.[4]

LXXXVIII

Au château de Boulongne 10 juillet 1568.

                    18   — Ordonnances de Charles IX
                    19   —   données au chasteau
                                      de Madrid.
          2 du 24   — 1568

1. Lettres de Catherine de Médicis. T. II, p. 102, col. 2, note 1.
2.   —   —   —   T. II, p. 376, col. 1.
3.   —   —   —   T. IV, p. 244, col. 1.
4. 4 vol. des Ord. de Charles IX cotté, 2 b. fol. 319. Blanchard,
page 941.

25 juillet 1568
3 du 28 —
2 du 29 —
4 août 1568
11 — —
12 — —
13 — —
15 — —
Au château de Madrid — — —
au bois de Boulogne 20 — —

LXXXIX

Au château de Boulongne 25 janvier 1571
27 —
1er février
au mois de février 1571
au mois de février 1571
2 du 7 février
8 —
au mois de —
au mois de —
au mois de —
13 février 1571

XC

Au château de Boullongne 15 février 1571
16 —
17 —
au mois de mars 1571
A Passy-les-Paris au mois de juin 1572
Au château de Boulongne — —
Au Bois de Boulogne 9 juin —
Au château de Boulongne 14 — —
18 — —
au mois de juin —
au mois de juin —
— —
— juillet —

XCI

Au château de Boulongne 7 juillet 1572

XCII

Au château de Boulongne au mois de juillet 1573
au mois de juillet 1573
A Boulogne   2 du 3 août
Château de Boulogne   au mois d'aoust 1573

XCIII

En août 1583, le roi (Henri III) se retira quelques jours à Madrid, tout occupé de dévotions, faisant construire une église pour sa nouvelle confrérie des « ermites ». La reine mère était à Passy et le voyait secrètement tous les jours; mais il s'était absolument déchargé sur elle de tout le gouvernement.

Henri III y resta jusqu'au 8 août, jour où il partit pour Ollainville et Fontainebleau.[1]

XCIV

Lettre du duc de Praslin (sans date) vers 1785.

Vous m'avez permis, Monsieur le Baron, de vous adresser directement le mémoire que je voulais avoir l'honneur de vous remettre...

Neuilly, fait le bonheur de Madame de Praslin et des miens, mais il nous serait affreux de voir construire une maison qui plongeat dans mon jardin. Sa petitesse ne nous permettrait pas de trouver un asile contre les regards d'un voisin qui éléverait un bâtiment; et ce motif me rend du plus grand intérêt, la demande que j'ai l'honneur de vous faire d'un terrain, qui, par sa nature, est si mauvais, que la crainte seule qu'on y bâtisse, y met un prix...

Le roy, en économisant des frais de garde et d'entretien, trouve dans ce marché, une augmentation de revenu annuel.

Mémoire.

Madrid, que le roi veut vendre, consiste dans 63 arpents à la mesure de 100 perches de 22 pieds, suivant l'ordonnance des eaux et forêts.

1. Lettres de Catherine de Médicis, T. VIII, p. 118, note. Comte Baguenault de Paihesse.

Ses détails consistent dans 21 arpents environ qui sont occupés par le château, les cours et avant cour, le jardin et un potager.

Un fossé, d'une profondeur considérable, entoure le château en grande partie et serait dispendieux à combler.

Le château, ruiné dans plusieurs parties importantes et dans ses communications, entraînerait de grands frais pour tirer partie de ses matériaux.

Le surplus du terrain en 42 arpents environ, ne présente qu'un sol de la plus grande aridité, sablonneux et la majeure partie en friche, nuls arbres de valeur dans le reste; et le peu de bois qui s'y trouve est fort jeune, ayant été coupé il y a peu d'années, en même temps qu'il n'a point de prix étant ravagé par une multitude de lapins.

La totalité de cette enceinte, est formée des murs, mais ils sont dans un état si déplorable, qu'ils ne présentent qu'une dépense grave pour les réparations.

De grandes inégalités, des trous profonds, quelques mares dont une considérable, telle est la peinture exacte de cet enclos.

Si Monsieur le Baron de Breteuil, a envie de faire la vente en bloc de la totalité, on se flatte que ce sera par lettres patentes enrégistrées sur les conclusions des gens du Roy et que ce terrain enclos de murs ne sera pas en capitainerie.

Dans cet état et sur ces considérations, le Duc de Praslin à l'honneur de proposer à M. le Baron de Breteuil de prendre Madrid à raison de dix boisseaux d'avoine de redevance annuelle par arpent.

Il se flatte qu'une pareille proposition paraîtra avantageuse aux revenus du Roy qui, en trouvant de l'accroissement d'un côté, n'aura plus la charge des réparations et de l'entretien d'une masure pour la garde de laquelle il en coûte encore des frais.[1]

XCV

Inventaire des meubles de la chapelle du château de Madrid et des logements des chapelains.

Madrid.

Logement du premier chapelain :

Chambre.

1 tapisserie de siamoise de la porte à grandes raies bleues et blanches de 19 aûnes de cours, sur 3 aûnes de haut.

1. O¹ 806.

1 lit à châssis en laine de siège d'Aumale gros bleu, de 4 pieds de large, garni d'un sommier, 2 matelas de laine et futaine. 1 lit et traversin de plumes et coutil et 2 couvertures de laine.

4 fauteuils couverts de la d° serge.

4 chaises   idem.

1 commode en bois de noyer.

3 rideaux de 4 lés chacun de toile de coton, sur 11 pieds de haut.

1 grille à 4 branches, avec pelle, pincettes et tenaille.

Logement du second chapelain :

Chambre.

1 lit châssis en laine de fleurs rayé vert et blanc complet de toutes ses étoffes.

La couchette de 3 pieds 1/2 de large à fond de sangle garnie d'un sommier, 2 matelas, dont 1 de toile et l'autre de futaine, 1 lit et traversin de plumes et coutil, et 2 couvertures de laine 4 pointes.

5 pièces de tapisserie du même fleuret.

2 rideaux de fenêtre en toile et coton.

2 bergères couvertes de moquette assortie.

8 chaises couvertes de moquette assortie.

1 commode de noyer à dessus de marbre.

1 commode de noyer à quatre tiroirs.

1 miroir à bordure dorée de 21 pouces de haut sur 17 de large.

1 fauteuil couvert de triple rouge.

2 chenets de fer poli avec pelle et pincette.

Cabinet.

4 pièces de tapisserie de siamoise de Rouen chinée et à mosaïque.

Cuisine.

1 table de chêne.

2 tables de sapin pliantes.

2 chenets avec pelle et pincette.

Entresol au-dessus de la cuisine.

1 couchette à 2 dossiers et fond de sangle de 3 pieds de large, garnie de 2 matelas, 1 traversin et 2 couvertures de laine, 4 pointes.

Chapelle.

1 calice avec sa patène aux armes du roi, trois couronnes pesant... 2,7,4, le ciboire manque.

1 croix de métal de prince, argentée.

1 croix de bronze de 3 pieds de haut.

4 chandeliers de bronze de 20 pouces 1/2 de haut.

1 bénitier de cuivre jaune, avec son goupillon.

2 petits bras de cuivre jaune à 1 branche, avec leurs douilles.

Ornements.

1 ornement d'étoffe de soie fond blanc, à fleurs de plusieurs couleurs, avec son étole manipule, bourse soie et voile garni de dentelle or et argent.

1 ornement de damas noir, fond de lames d'argent, à fleurs de soie blanche, par bandes, composé comme le précédent.

1 chasuble de moire blanche d'Italie avec son étole, manipule, bourse et voile, le tout garni de galon brodé, frange et dentelle d'or.

1 chasuble de tabis cramoisi composée comme la précédente, garnie de dentelle d'argent.

1 chasuble de tabis vert, composée et garnie comme la précédente.

1 chasuble de tabis violet, composée et garnie comme la précédente.

1 chasuble de tabis noir, composée et garnie comme la précédente.

1 chasuble de damas blanc, à fleurs des 4 couleurs et galon de soie aurore, composée comme la précédente.

1 tapis d'autel en indienne.

2 grands rideaux d'indienne à la sacristie.

2 grands prie-Dieu de bois de chêne.

1 grand prie-Dieu moyen.

2 petites caisses dorées.

1 pupitre de bois de noyer brisé.

4 missels.

1 canon, 1 évangile, 1 lavabo de carton couvert de peau de mouton rouge.

1 préparatoire à la messe.

1 boete à pains de cuivre rouge.

Linge.

2 nappes doubles de dessus d'autel de toile blanche, de 2 au 1/4 de long sur 1 au 1/3 de large.

2 nappes de même grandeur.

4 aubes unies de toile demi-Hollande.

1 aube de dentelle à bride.

1 aubes de baptiste garnie de dentelle d'Angleterre à rizeaux.

 8 ceintures d'aubes.
12 omicts de toile de Gand.
 6 corporaux de baptiste garnie de dentelle.
 6 pales garnies de dentelle.
12 purificatoires de toile de Troye unie.
12 lavabos.
24 tours d'étole.
 1 surplis de baptiste uni.

XCVI

Émaux.

Après la démolition du château, neuf des émaux du château de Madrid devinrent la propriété de M. Robertson, professeur de physique, et ornèrent ses collections. Aujourd'hui ces neuf émaux sont suspendus dans la salle des émaux au musée de Cluny.

Alexandre Lenoir ([1]), parle de ces émaux en ces termes : ([2])

« J'ai vu, il y a environ trois ans, chez M. Cave, ciseleur, demeurant à Paris, rue Galande, en face du palais de Justice, neuf tableaux en émail de la fabrique de Limoges et de la main d'un élève de ce Léonard ([3]) dont je viens de parler, représentant les dieux de la fable, portant chacun quatre pieds huit pouces de haut sur deux pieds six pouces de large et de forme ovale. Ces tableaux extraordinaires pour leur volume étaient composés de trois raccords, c'est-à-dire de *trois cuites*. Pierre Courteys les avaient peints d'après les dessins du Primatice par ordre de François Ier qui voulait en décorer son château de Madrid ; ils ne furent achevés qu'en 1559, l'année de la mort de Henri II. Sadeler les a gravés de forme in-8°. J'ignore comment ces chefs-d'œuvre qui devaient être une propriété du gouvernement sont passés dans le commerce. Je proposai au ministre de l'intérieur qui vint les voir chez moi, d'en faire l'acquisition pour le musée ; j'avais le dessein d'en orner la chambre sépulcrale de Henri II : une commission d'artistes et de savants composée de M. Foucroy, Sage, Vincent, David et Percier fut chargée de les examiner, mais les excessives prétentions de M. Cave arrêtèrent le désir où était le ministre d'obtempérer à ma demande.

Un étranger les fit acheter et en priva la France. »

1. Archéologue, né à Paris, 1761-1839.
2. Musée des Monuments français, 1806, T. IV. p. 84, 85.
3. Léonard le Limousin.

Le ministre de l'intérieur, Chaptal, avait répondu ainsi à M. Lenoir.

Paris, le 14 Nivôse, an IX de la République Française,
(4 janvier 1801),

Le Ministre de l'Intérieur au citoyen Lenoir,
Administrateur du musée des monuments français

J'ai reçu, citoyen, la lettre par laquelle vous m'invitez à me prononcer définitivement sur la proposition faite par le citoyen Cave, de céder au gouvernement neuf tableaux en émail, qu'il serait avantageux d'acquérir pour le Musée des Monuments français.

Malgré l'intérêt que peuvent avoir ces émaux, et le désir que j'aurais d'en enrichir notre collection, je vous préviens cependant que les circonstances ne permettent pas en ce moment de faire cette dépense ; j'ai cru devoir en ajourner l'acquisition.

Vous voudrez bien donner connaissance de cette décision au propriétaire de ces tableaux, qui peut en disposer s'il le juge convenable.

Je vous salue,
CHAPTAL.

M. Cave les vendit en effet, mais non à un étranger comme le croit Alexandre Lenoir. D'autre part, il est bien certain que ces émaux firent partie de l'ornementation du château de Madrid. C'est aussi l'opinion de M. du Sommerard. [1] « Ces émaux ont fait partie de la décoration du château de Madrid ». Et il écrit ailleurs [2] : « Les émaux de Madrid ne sont jamais passés à l'étranger. On a prétendu qu'il y en avait douze, et que trois étaient dans le nord de l'Angleterre. Je suis allé les y chercher quand j'ai eu les neuf premiers, et je n'ai pu trouver trace de ces émaux. Leur existence n'a rien de certain. Quant à ceux que possède le Musée de Cluny, ils appartenaient depuis de longues années à Mlle Roussel, marchande de curiosités, rue Saint-Benoît, lorsqu'elle nous les a vendus en 1884. J'ai tout lieu de penser que ces émaux faits pour le château de Madrid y ont été placés. Qu'ils soient devenus la propriété de particuliers, rien de très surprenant à cela. Quand on a démoli le château tout a été dispersé et enfoui comme objets sans valeur. J'ai recueilli moi-même, il y a vingt ans, dans les fouilles d'une petite maison de campagne près Neuilly, et

1. Catalogue du Musée de Cluny, p. 358.
2. Archives du Musée des Monuments français, p. 21, note.

dans les maisons environnantes maints fragments de la décoration en faïence du château de Madrid. M. Salvador avait décoré de fragments semblables toute sa salle à manger à Saint-James et ce n'était rien moins que les frises de Girolamo della Robbia. Enfin les souvenirs d'Alexandre Lenoir manquent d'exactitude au sujet de la fabrication de ces objets qu'il a vus trop rapidement. Les émaux du musée de Cluny sont d'une seule cuite, les pièces ont été rapportées avant la mise au feu. »

Les neuf émaux conservés au Musée de Cluny sont les suivants :

Numéros d'ordre d'après le catalogue du Musée.

Nº 4580 JVSTICIA	La Justice, tenant sa balance de la main droite et son glaive de l'autre.
Nº 4581 PRVDENTIA	La Prudence, un serpent enroulé autour du bras droit, tient son miroir de la main gauche.
Nº 4582 CHARITAS	La Charité, portant un enfant sur son bras gauche et en tenant un autre de la main droite.
Nº 4583 SATURNUS	Saturne dévorant un de ses enfants.
Nº 4584 JVPITER	Jupiter sur des nuages, prêt à lancer sa foudre, un aigle à ses pieds.
Nº 4585 SOL	Apollon conduisant son char.
Nº 4586 MARS	En guerrier.
Nº 4587 HERCVLES	Hercule dans une position fière, s'appuyant sur sa massue.
Nº 4588 MERCVRIVS	Mercure, jouant de deux chalumeaux et ayant à ses pieds la tête d'Argus.

Ces pièces se détachent en un fort relief coloré, sur un fond bleu d'outremer.

Les différents émaux du château de Madrid étaient placés comme suit :

Au-dessus des vingt colonnes des portiques, il y avait vingt-quatre médaillons émaillés, représentant des personnages dont le nom ne nous est pas parvenu. A chaque étage courait une frise émaillée; au premier, c'étaient des chevaux ailés, des médaillons de fleurs, au second et aux deux autres, des métopes.

Sur les montants des fenêtres il y avait également des guir-

landes de fleurs, ainsi qu'aux entre-fenêtres du quatrième
étage. Les colonnes portaient des animaux d'émail, et des
médaillons carrés ou rectangulaires placés également aux
entre-colonnes du perron du pavillon central, ainsi qu'au
revêtement extérieur des cheminées.

XCVII

Ajoutons, que lors de la démolition du château de Madrid
un chapiteau fut recueilli par Alexandre Lenoir, et se trouve
actuellement au rez-de-chaussée du Musée de Cluny. Ce
chapiteau d'un ionique très pur et très élégant, est probablement la seule pierre d'ornementation qui existe aujourd'hui,
dernier vestige de l'immense château. Un chapiteau de
pilastre, en faïence émaillée, a appartenu à l'architecte Guéne-
pin. Nous ne savons ce qu'il est devenu.

XCVIII

M. le baron Jérôme Pichon signale la découverte, qui aurait
été faite dans les fouilles exécutées au château de Madrid, de
différentes monnaies parmi lesquelles le *demi-ange*, pièce qui
n'est signalée que dans les ordonnances et dont on n'avait jusqu'ici aucun spécimen.

Bullet. de la Société de l'Hist. de Paris et de l'Ile-
de-France. 11ᵉ année 1884, p. 86.

BIBLIOGRAPHIE

Notice sur l'ancien château de Madrid par Vaudoyer 1839.
Pièce in-4°.

Le château du bois de Boulogne dit château de Madrid, étude
sur les arts au xviᵉ siècle, Cᵗᵉ de Laborde.

Histoire de François Iᵉʳ et de la Renaissance, par Eug. de la
Gournerie.

Histoire de France, par Henri Martin.

Captivité de François Iᵉʳ. (Recueil de documents inédits) 1847,
par Champollion.

Contes de la Reine de Navarre.

La chronique du Roy François Iᵉʳ, par M. Georges Guiffrey.

Journal d'un bourgeois de Paris, sous le règne de François Iᵉʳ
(1515-1536), publié par Ludovic Lalanne.

Histoire générale de la France (1621-1643), par S. Dupleix.

Séjour à Paris, c'est-à-dire, instructions fidèles pour les voyageurs de condition. J.-C. Nemeitz, Leyde 1727.

Relation du voyage d'Espagne. La Haye 1692.

Entretiens sur l'architecture, par Viollet le Duc.

Geschichte der Renaissance in Franckreich. Wilhelm Lübke,
Dictionnaire. A Lance.

Livre sur l'architecture, par Philibert Delorme.

Mémoires pour servir à l'Histoire de France, par Poncet de
la Grave.

Histoire de la sculpture en France, par l'abbé Texier.

Magasin pittoresque. 1843.

Abrégé chronologique. Ed. 1672, par Mézeray.

Etude sur François Iᵉʳ roi de France, sur sa vie privée et son
règne. Paulin Pâris.

Costumes historiques de la France, par le bibliophile Jacob.

Histoire de France. Edit. 1686, par Arnoul le Ferron.

Vie de Henri II, par Brantôme.

Prosopographie des rois et reines de France (1583), par
Antoine du Verdier.

Dissertation du bibliophile Jacob. (P. Lacroix). Paris, Téchener 1838.

Histoire de François Ier. 1819. Gaillard.

Dictionnaire Bibliographique. Michaud.

Poésies du roi François (lettres autographes de Diane de Poitiers), publiées par Champollion. (Bibl. Nat. sujet français 2722).

Œuvres complètes de M. de St^e-Foix.

Mémoires de Guillaume et de Martin du Bellay.

Mémoires de Arnoul le Ferron.

Mémoires de François Guichardin.

Amours et galanteries des rois de France. St-Edme.

Mémoires de Jean Sledan.

Mémoires de Vincent Carloix.

Commentaires de Blaise de Monluc.

Guillaume Budé, restaurateur des études grecques en France 1846, par Rebitté.

Vie de Charles IX, par Papyre Masson.

Tragiques. Agrippa d'Aubigné.

Journal de l'Estoile.

Préambule de l'Edit d'août 1603. Isambert.

Règlement pour dresser les manufactures en ce royaume. Barthélémy de Laffemas.

Histoire du Commerce en France, par Isaac de Laffemas.

Histoire du diocèse de Paris, par l'abbé Lebœuf.

Rectifications et additions à l'histoire du diocèse de Paris, par F. Bournon.

Théâtre de l'agriculture. Olivier de Serres.

Œconomies royales. Sully.

Relations diplomatiques de Genève avec la France. Henri IV et les députés de Genève, Chevalier et Chapeaurouge, par M. de Cruc.

Œuvres poétiques de M. Bertaut, evesque de Sées, chez Toussainct du Bray.

Journal de Jean Heroard.

Journal de deux jeunes Hollandais à Paris. (1656-1658). Paris. Champion.

Recueil des règlements concernant les manufactures.

Dictionnaire de la Noblesse. La Chesnaye, Desbois et Badier.

Journal de Barbier.

A travers les minutes de notaires parisiens (1559-1577). E. Caron.

Compte des bâtiments du roi sous le règne de Louis XIV. Jules Guiffrey.

Mémoires de d'Argenson.
Mémoires de Duclos.
Mémoires de Saint-Simon.
Journal et mémoires de Mathieu Marais.
Mémoires du duc de Luynes.
Paris artistique. Le château de Madrid par Nadal.
Mémorial de Louise de Savoie.
Mémoires du Maréchal de Fleuranges.

ICONOGRAPHIE

Le Château de Madrid au Bois de Boulogne, dessiné et gravé
par F⁵ Aveline. Pièce in-folio, tirée de son ouvrage des
vues de Paris et de ses environs, etc.

Vue du Château Royal de Boulogne (dit Madrid). Pièce in-4°
en largeur, dessinée et gravée par N. Ransonnette, graveur
ordinaire de Monsieur.

Vue du Château de Madrid, dans le bois de Boulogne, dessiné
sur le chemin venant de Neuilly. Pièce grand in-8° en largeur, gravée par Née d'après le chevalier de Lespinasse.
(Collection du Dʳ Chandebois).

Château de Madrid au Bois de Boulogne. Vignette in-8°,
gravée par Durau d'après Civeton, pour une Histoire des
environs de Paris, de Dulaure.

Vue en esloignement du Château de Madrid, proche Paris.
(Van merle excudit) fait partie d'une suite très rare de quatre
pièces, sujets de chasse, ayant dû paraître sous le règne de
Louis XIII.

Château de Madrid, gravé par *J. Sulpis* en 1863, pour la
renaissance monumentale en France, in-4° oblong.

Ancien château de Madrid, au Bois de Boulogne gravé par
C. Oury, pour le dictionnaire de l'Académie des Beaux-Arts.

Le Château de Madrid. Deux pièces gravées, tirées des galeries historiques de Versailles, publiées par Ch. Gavard
vers 1845. L'une fait partie des mois de l'année (mars) et
l'autre de la suite des châteaux royaux de 1635 à 1724.

Le Château Royal de Madrid scitué à une lieue de Paris, a été
basti par François Iᵉʳ l'an 1529, à l'imitation de celuy d'Espagne ; il est d'un singulier dessein qu'oy qu'il ne soit pas
dans la régularité de l'art des scultures et les poteries qui
l'enjolivent, le rendent agréable à l'abord et les offices pratiquez sous terre sont très singuliers ; il appartenait à la
reine Marguerite et présentement y a établi une manufacture de bas de soye (cette face regarde Paris, celle de
derrière est semblable). A Paris, chez Mariette rue Saint-
Jacques, à la Victoire, avec privilège du Roy).

C'est la planche 146, du grand album des délices de Paris.

Boulogne dit Madrid, planum totius Aedifici.

Château de Madrid, maison royale près de Paris dess. et grav., par Jean Jacques de Boissière.

Idem, en couleurs.

Vue du Château de Madrid et du pavillon de Bagatelle près Paris, dédiée à M. Papillon de la Ferté, l'un des commissaires généraux de la maison du Roi, et au trésorier de Monsieur, frère du Roi, par son très humble et très obéissant serviteur Moreau Junior. Elise Saugrain 1783.

Château de Madrid, Estampe, reproduisant un *Israël Silvestre*, Burton et Challamel, lith (xvie siècle, n° 2 d'une série).

Veuë du château royal de Madrid, à une lieuë de Paris, situé dans le Bois de Boulogne, dessinée sur les lieux et gravée par *Rigaud* (J B).

Veuë et perspective du chasteau de Madrid basty par François Ier, à l'imitation de celuy de Madrid en Espagne. Ce chasteau percé d'autant de fenestres qu'il y a de jours en l'an. Israël excud.

Château de Madrid vers 1724, Galerie historique de Versailles, gravé par Devilliers.

Veuë et fassade du chasteau de Madrid, très agréable en ses issues qui conduisent, d'un costé dans le boys de Boulogne et de l'autre dans la plaine qui aboutit à la rivière de Seine. Il est fort proche de l'abbaye de Longchamp, basti par Saint-Louis. Israël excud.

Le vieux chêne du bois de Boulogne, dessiné et gravé par Bléry, vers 1845. Eau forte in-folio.

TABLE ALPHABÉTIQUE

des noms cités

B

M

Y

TABLE DES MATIÈRES

SAINT-DENIS

IMPRIMERIE H. BOUILLANT

47, BOULEVARD DE CHATEAUDUN, 47

Succursale à Paris, 28, rue Serpente (Hôtel des Sociétés savantes)

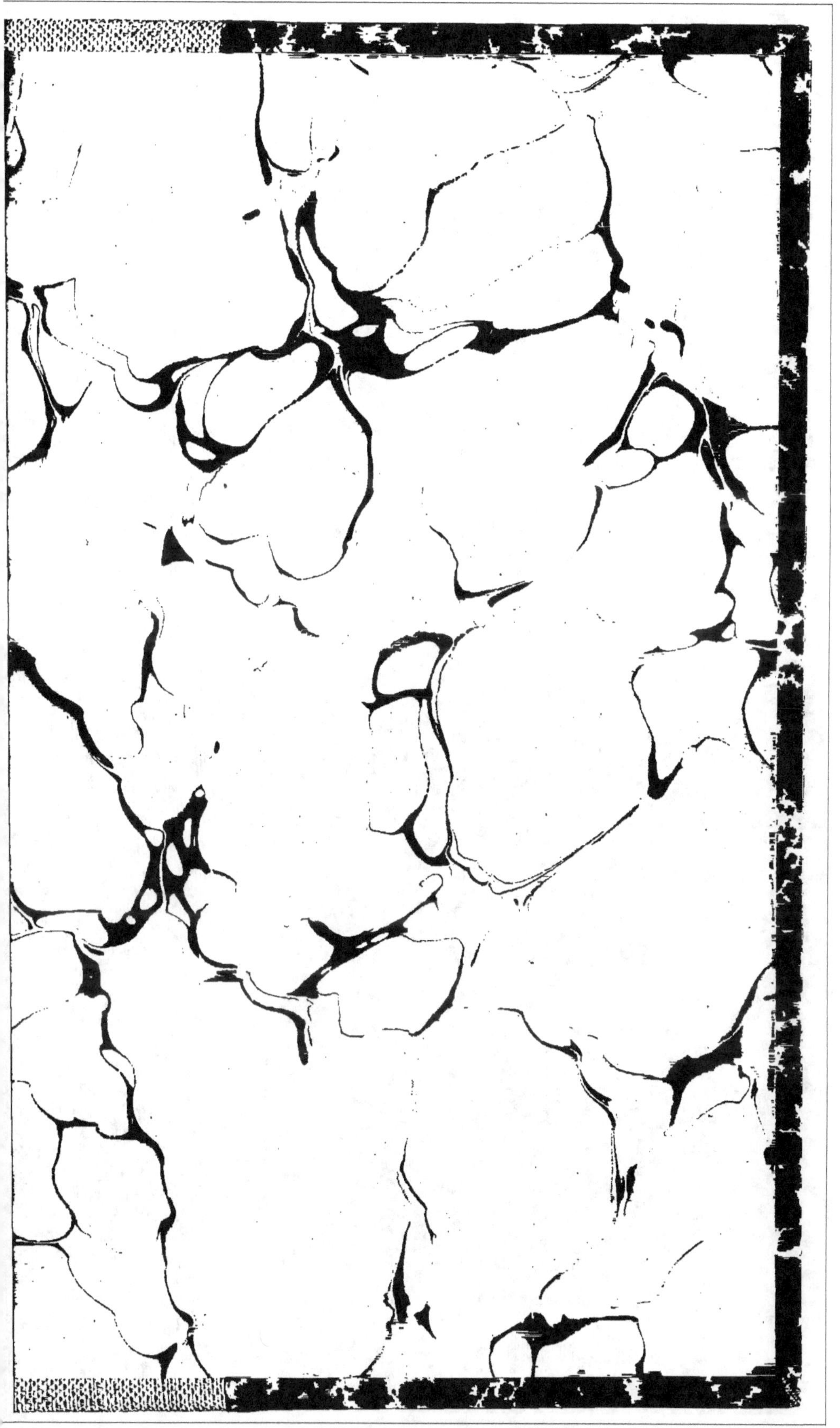

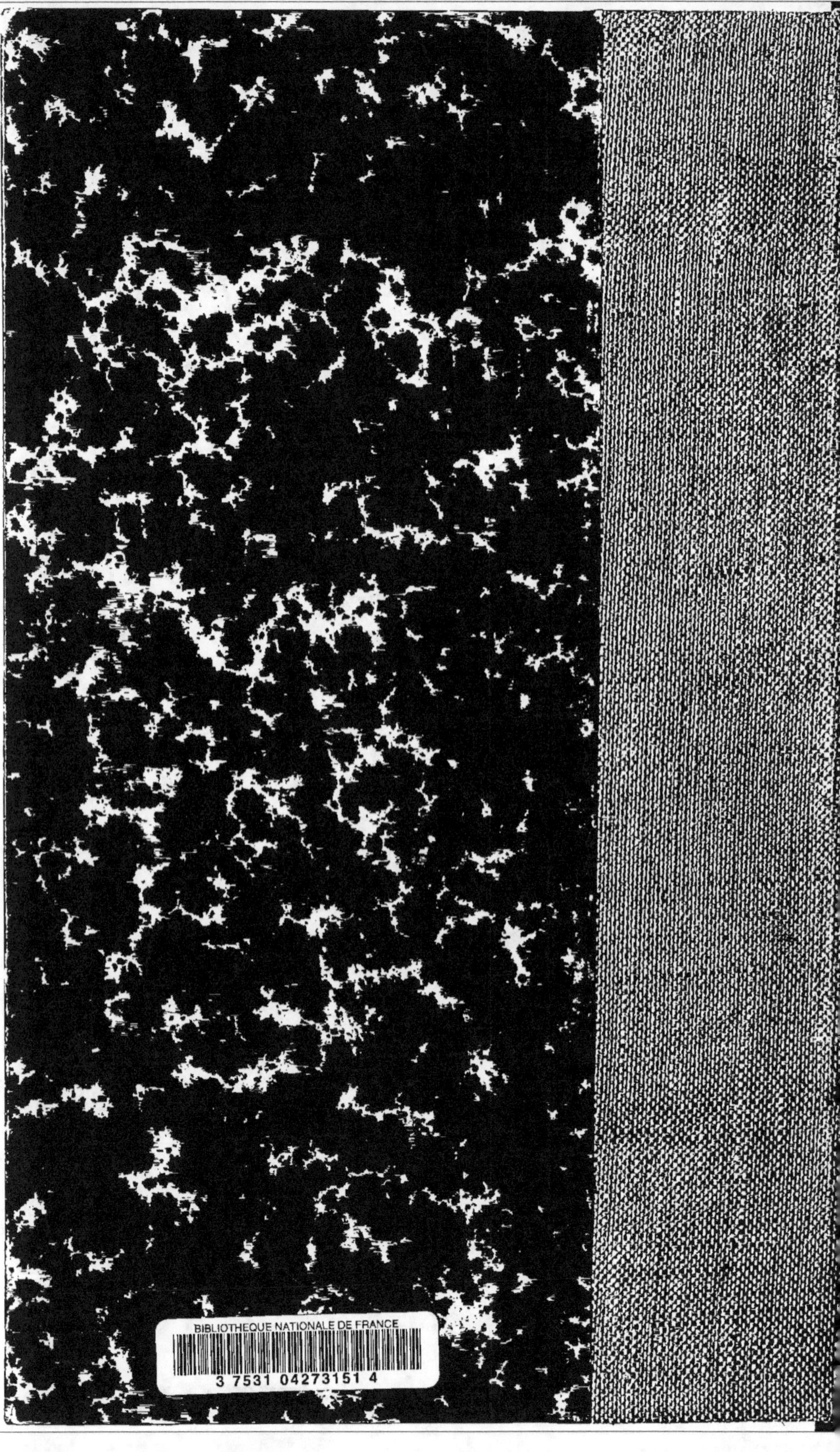

www.ingramcontent.com/pod-product-compliance
Lightning Source LLC
LaVergne TN
LVHW020146030726
842520LV00003B/625